创造
大都会

纽约空间与制度观察

罗雨翔 著

Creating
the Metropolis

Spaces and Institutions
of New York City

上海三联书店

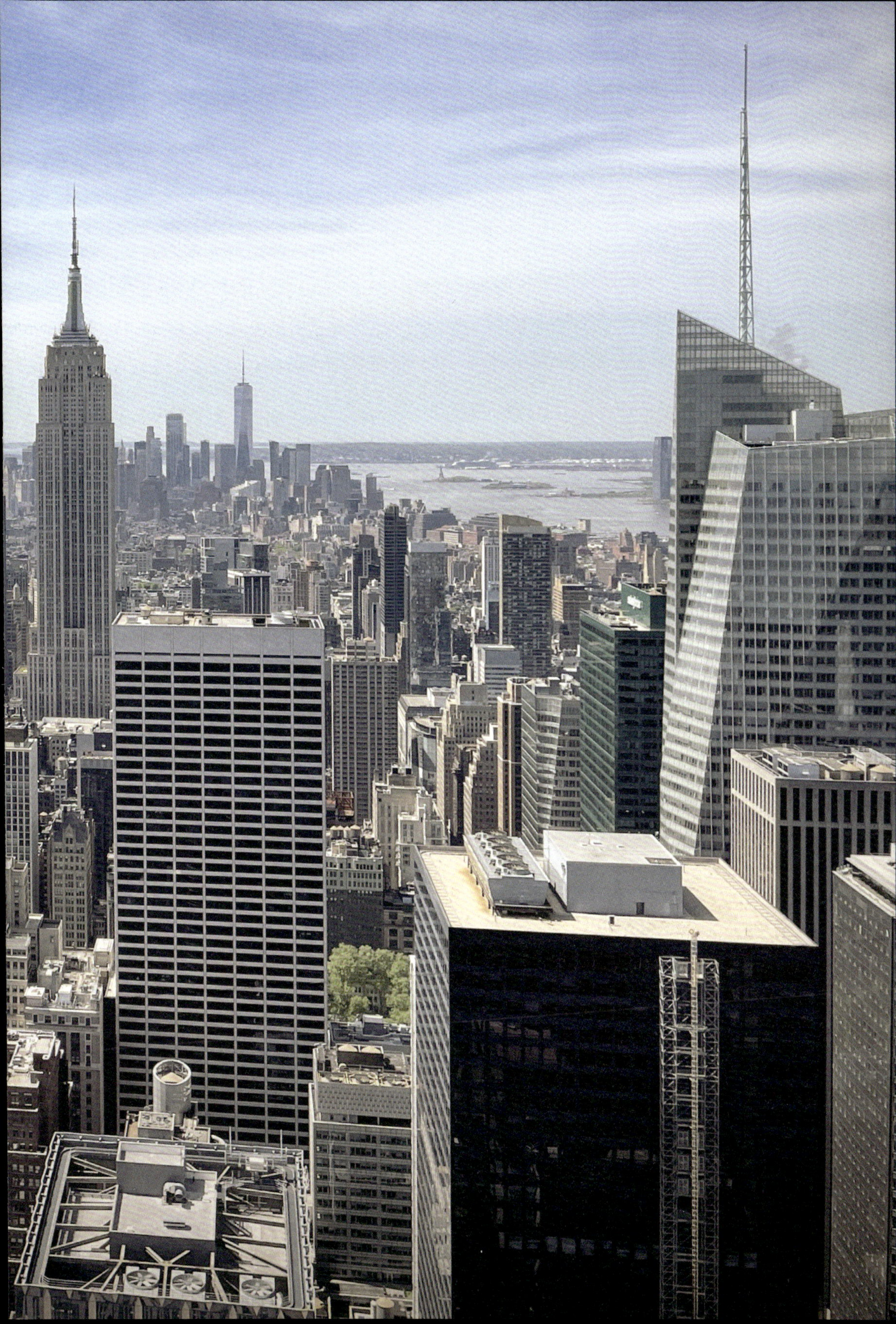

献给我的母亲匡旭晖

目录

引言　**大都会的创造力**　001

一　公共空间　Public Space　011

- 第 1 章　城市的智慧决定城市的颜值：布鲁克林大桥公园　013
- 第 2 章　穿行楼宇间的空中花园：高线公园　028
- 第 3 章　公园界的"草根"：社区花园　042
- 第 4 章　各自打着"小算盘"的政府官员：公园建设的经济账　053
- 第 5 章　金钱、土地与契约：私人领域的公园　063
- 第 6 章　新冠疫情的影响：城市中新增的公共空间　079

二　社区社会　Community　095

- 第 7 章　利益共同体：社区的多重定义　096
- 第 8 章　社区的"人格"：街区协会　124
- 第 9 章　纽约的"街道办事处"：社区委员会　141
- 第 10 章　没有围墙的社区：综合改善区　150
- 第 11 章　纽约的城市"异类"：私人住宅小区　165

三　交通出行　Transportation　187

- 第 12 章　一流城市的三流公共交通：地铁系统　188
- 第 13 章　基建的悖论：拉瓜迪亚机场快线　201
- 第 14 章　社区间的裂痕制造者：拥堵费　210
- 第 15 章　被禁锢的巨头：网约车监管政策　220
- 第 16 章　最大胆也最单调的城市发展蓝图：街道网格系统　229

四　地产开发　Real Estate Development 253

　　第 17 章　房地产背后的游戏规则：规划制度 254
　　第 18 章　从空中"拿地"的开发商：开发权转移机制 274
　　第 19 章　由私人资本买单的公共福利：经济型住房 286
　　第 20 章　建在铁轨上的新城：哈德逊广场 298
　　第 21 章　还没开始就惨淡收场的超大型规划：亚马逊新总部计划 314

五　政府运作　Government 329

　　第 22 章　最易被误解的地方治理根基：房地产税 330
　　第 23 章　政治机器上的一颗螺丝钉：预算局分析师的工作 341
　　第 24 章　勾勒一座城市的权力结构：宪章 354
　　第 25 章　最后，从纽约城市制度的起源说起 365

参考文献 385

索引 401

大都会的创造力

1000多个公园，

约880万人，

加起来长达1万多千米的街道，

100多万栋房屋，

高达1000亿美元的年度市政运营开销……

这些元素构成了纽约[①]独特的样子。

人们初来这座城市，都会被这座全球超级大都会的规模与繁华所震惊，哪怕在这待的时间再久，也常常会驻足望着纽约独一无二的天际线出神，被熙熙攘攘的人群和街道两旁的生命力所感染。

但这座城市也不乏其奇特甚至怪异的地方：

在纽约，好几个标志性的公园都是完全依靠私人资本运营的，政府不需要出一分钱；

来自世界各地的人们组成了多元的社区，甚至连墨西哥裔都学会用

[①] 纽约市为纽约州下的城市。纽约市和其周边多个城市及郊区所在的郡共同构成了纽约大都会区。本书中的"纽约"特指纽约市。

中文打广告；

身为全美最大的城市，却有着最为"脏、乱、差"的地铁系统，令游客和当地人都纷纷苦不堪言；

不断刷新天际线纪录的各种新摩天大楼，竟然不需要纽约规划局的审批就可以提上建设日程；

曾经统治了纽约将近一个世纪的政府机构，居然被美国联邦最高法院判定其违背了美国的宪法……

纽约打破了许多人对于"城市"的固有想法。一方面，它超出了人们对楼房高度、街道密度、绿地覆盖率等物理景观的预期；另一方面，纽约的发展路径违背了不少制度常理，突破了人们对于种种商业逻辑、规划准则以及政策环境的想象。

2009年感恩节时，我第一次来到纽约。当时，在纽约长大的友人激动地带着我前往那年纽约最新、最特别的景点——高线公园，炫耀着这座城市的美好，让我这个"小镇青年"好见见世面。那时，高线公园刚刚建成，开放还不到半年时间，却已经吸引了来自当地和全世界的无数访客，其原因就在于它独特的景观设计以及创造出的全新城市体验。这座公园由原本穿行于工业区运货的老旧高架铁轨改建而来，现在，混凝土、木板和老铁路的轨道相互结合所塑造的人行步道配合着生长在轨道上的各类花草树木，在街道往上二三层楼的高度形成了独一无二的空中花园。公园中，充满好奇心的人们游走在大楼之间，窥视着紧靠公园的房屋和邻里，同时俯视和眺望远处熙熙攘攘的街头景致。和许多人一样，当时的我第一次发现：原来我们可以以这样独特的视角和方式来感受这座城市。

后来，随着我在上学期间一次次再访纽约，并在毕业后来到这座城市长期居住和工作，以及接触到了一些城市规划项目的实际操作，城市景观在我眼中变得不仅仅是设计和空间上的巧思而已了——它们更是城市中社会、经济以及政治生态的代表性产物。

高线公园就是民间力量、政府创新以及商业资本互动的典型例子。它的诞生来自两个素不相识的当地居民在一次社区大会上的思想碰

高线公园

撞。随后，这两位居民通过他们的社会关系网，逐渐组建起了一支民间力量去说服政府和公众，把本来计划要被拆除的老旧铁路改造成新的公共空间。

铁轨穿行于好几十座私有房屋之间，不少业主的私有土地被铁轨跨过，这些土地的业主本来计划着在铁轨拆除后可以建新房子大赚一笔；因此，保留铁轨、改建公园的计划影响了这些业主的经济利益。为了彻底说服这些土地和房屋产权与公园计划有冲突的业主，纽约市政府制定了一套极富创造性的"空中产权交易"机制，允许被高线铁路影响了的业主把土地上空原本应有的房屋开发权卖给周边其他地块的业主。这样一来，被铁轨影响了的业主得以兑现其土地的开发价值，不再有经济损失——高线公园的计划终于可以顺利进行。而那些其他购得了新开发权的业主则有权开发超出原规划1倍还多的楼房面积——高线公园的沿线也因此成了整个纽约市房地产市场最火热、明星建筑师作品密度最高、土地价值增幅最快的街区之一。

政府依靠城市规划政策和直接的建设性投资将高线公园从民间想象变成了现实。但今天，高线公园的运营和维护则完全依靠民间资本。当初在社区大会上相识的那两位创始人所组建的民间组织，如今靠着社会各界的捐赠、筹款活动以及公园设施的租金等现金流，创造出了一年高达1800万美元的高线公园专用基金，并通过民间组织自己的员工、项目方案以及合同，将高线公园打造成了纽约最具特色的地段之一。

从诞生到运营，高线公园依靠的是来自政府、商业以及民间的多股力量。其创造出的价值也不只是公众得以享用的高品质公共空间而已。在金钱方面，高线公园在建成后的这10多年内，陆陆续续地给周边地产开发商带来了现金流，并且这些增值的地产给政府创造了额外的地产税收入。

通过这本书的写作，我想要记录纽约一些最具有这座城市特色的现象，并试图去梳理它们究竟是为何以及是如何被创造出来的。具体地来说，这本书将通过像高线公园这样的案例来重点探讨以下两个方面："公共"与"私人"之间的模糊性，以及这种模糊性给城市所带来的创造力。

在纽约，一些为大众享受的公共资源和福利实际上是属于私人的。比方说，这座城市里有好几百个设计独到、供人们歇息乘凉的小广场、小花园，它们并不是政府掌控的市政公园，而是开发商建造的私人空间。再比方说，供中低收入人口居住的经济型住房现在主要被安插在私人开发商建造的高端住宅里，而不是像以前一样以政府集中建设的公租房的形象示人。

与此同时,纽约原本属于纯私人领域的商业资产与空间,也会因为其政治、社会以及经济层面的意义,而变得越来越像公共财产。纽约的一些超大型住宅小区和商业项目,虽然完完全全由私人地产开发商建设在私有土地上,却因为其"城中城"的规模,吸引了来自全社会的高度关注以及政府部门的直接投资。在这些案例中,或是由于资本的主动选择,或是因为社会和政府的积极介入,本应毫无争议的私人财产变得具有了一些暧昧的公共属性。

"公共"与"私人"之间的这种模糊性,除了体现在人们对于特定空间和资源的使用、感受和认知上以外,还体现在纽约城市中代表"公"的一方(政府)与代表"私"的一方(企业、个人)之间的角色互通现象之中。除了之前提到的民间组织、地产商以及私人资本方承接公园运营、公共空间建设以及经济型住房开发等公共任务之外,纽约市政府本身也像孙悟空吹毫毛一样,积极地制造自己的分身、组建类似于私人企业的机构来为大型项目和市政系统进行市场融资以及专业化管理。甚至在纽约的许多街区,负责提供市政服务的机构本身就是介于"公共"和"私人"之间的主体——它们既不是政府,又不是私企,但可以依法执行公权力,并依靠来自社区民间的人力和财力把公共领域打造得更美好。

纽约的这些行为模式彻底地打破了传统语境下的"公共"与"私人"之间的二元对立。纽约把公共权力、公共福利与私人领域、私人利益串联并糅合起来,这样做,意味着城市建设和发展过程中充满了各种各样的矛盾和不确定性。

然而,公与私之间的这种模糊、矛盾以及不确定,正是纽约这座城市惊人创造力的来源。除了高线公园以外,纽约许多著名的公共空间和重大项目一开始也都诞生于民间,并且在这些项目的规划和建设过程中,私人的力量不断地被集结到社区层面,民间的意志通过社区反馈到政府决策过程之中——倘若个人的想法和力量全然封闭在私人领域、与公共决策之间没有互通的话,那么这座城市的公共领域将会缺乏如今来自民间的各种鲜活的创意。同时,在个人和社区层面以外,纽约也不断地将商业和大型资本所追求的私人经济利益引导到对公众福利有益的方向，诱导私企成为公共领域的建设者，向私人资本"借力"来完成这座城市的公共发展需求——倘若纽约的一切公共建设和运营都只能依靠政府自身的技术和财力的话，那么这座城市将会失去许多如今令纽约人引以为傲的闪光点。

如果说纽约的城市空间令人着迷的话，那么其背后的规划、运营以及治理机制则更值得玩味。这本书的 5 个部分将分别从不同的领域来体验纽约城市中的种种空间，探索这座城市在发展过程中所形成的独特制度与其创造力。每个部分均由 4 到 6 章构成，每一章单独梳理具有纽

曼哈顿下城街头

约特色的案例，可以独立阅读。跳跃在各章之间，或可体验初次到访这座城市时会注意到的种种独特片段；将它们串联，则可以体验在这座城市久居之后梳理出的认知体系。

第一部分的 6 章将重点分析纽约的各种公共空间，除了详细梳理之前粗略介绍过的高线公园之外，还会分析其他具有纽约特色的大型公园、小型社区花园以及新冠疫情期间新增的人行步道。

第二部分（第 7 章至第 11 章）则从公园这些"点"延伸到"面"，讨论纽约的各种社区。这一部分将关注这座多样化的城市中的居民如何通过不同的组织和制度来建立社会关系网，并打造形形色色的空间群落。

第三部分（第 12 章至第 16 章）探讨连接各个社区之间的交通网络，既包括地铁和其他公共交通系统，也包括街道本身。

第四部分（第 17 章至第 21 章）则把关注的重点投向位于社区之中、道路两旁的楼房——包括纽约的一些最具代表性的高楼和其他大项目，试图从房地产开发的角度来梳理纽约的城市建设和治理逻辑。

最后，第五部分（第 22 章至 25 章）则从物理空间中跳出来。在之前的 4 个部分介绍了各个空间案例以及其背后的制度因素后，这一部分将归纳这座城市中政府运作的特点。

在全球历史的舞台上，纽约的历史是简短的。与许多其他著名的新兴城市相比，纽约的增长速度也并不是最快的。但是，这座城市作为全球的经济和文化中心之一，仍然不断地辐射其巨大的影响力：百老汇的音乐剧、华尔街的金融市场以及时代广场灿烂的霓虹灯……这些纽约元素闻名遐迩。

不过，除了那些明信片和百科中的特色景观和概览以外，纽约这座城市作为一个体系也是独一无二的。每一个公园、每一片社区、每一条街道、每一栋楼房，以及这座城市的政府通过与私人领域合作和博弈来推动建设的一砖一瓦……这些最最基本的纽约元素都在不断地打破城市建设的常规，塑造新的城市发展模式。走进纽约，即进入一个充满矛盾的综合体。这些矛盾打破了许多人的舒适圈，带来了种种不平衡，但这些矛盾背后的创造力，或许将启发我们每个人都去重新看待各自所生活的城市，以及构思我们想要的城市到底是什么样子。

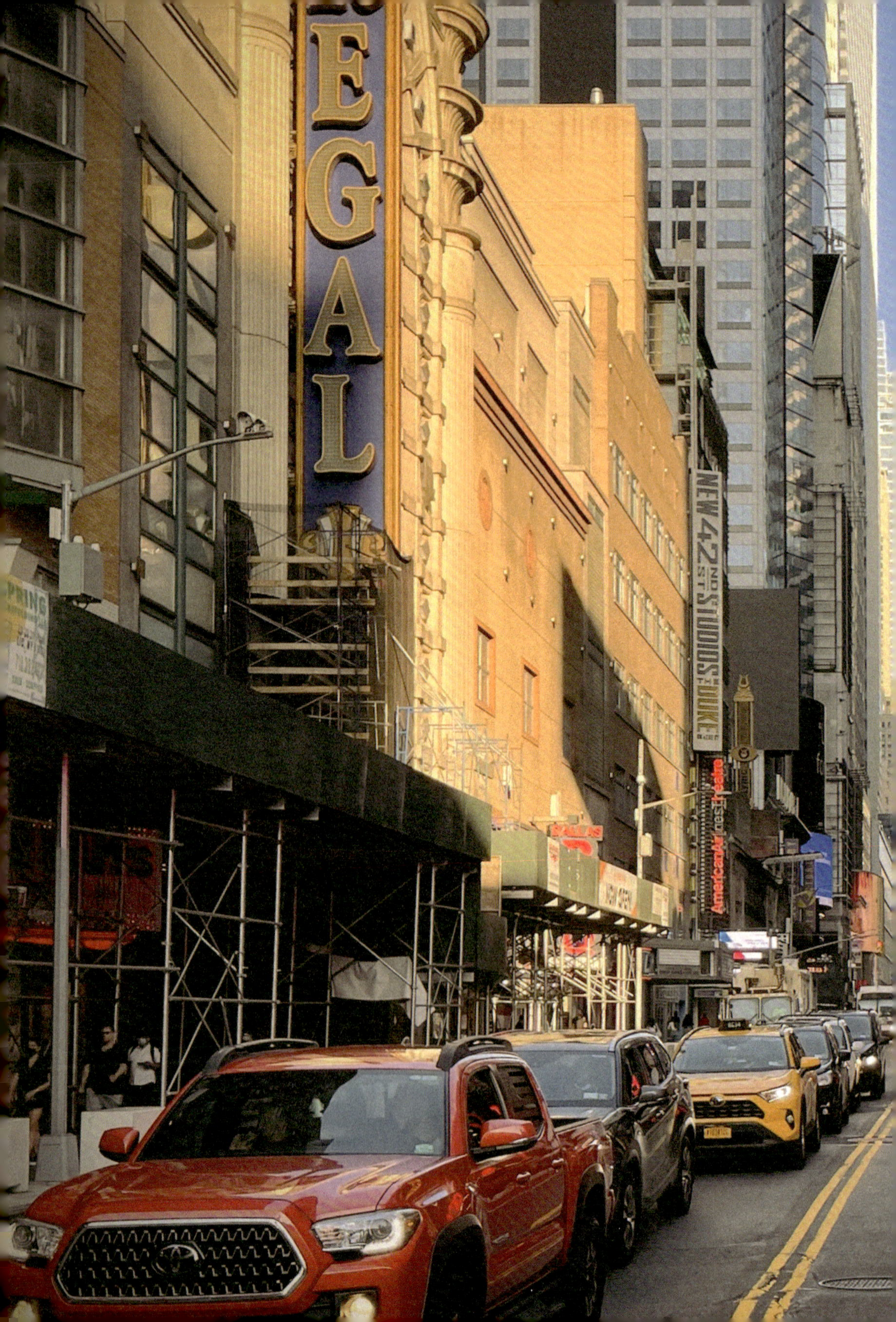
EGAL
NEW 42ND ST STUDIOS
DUKE

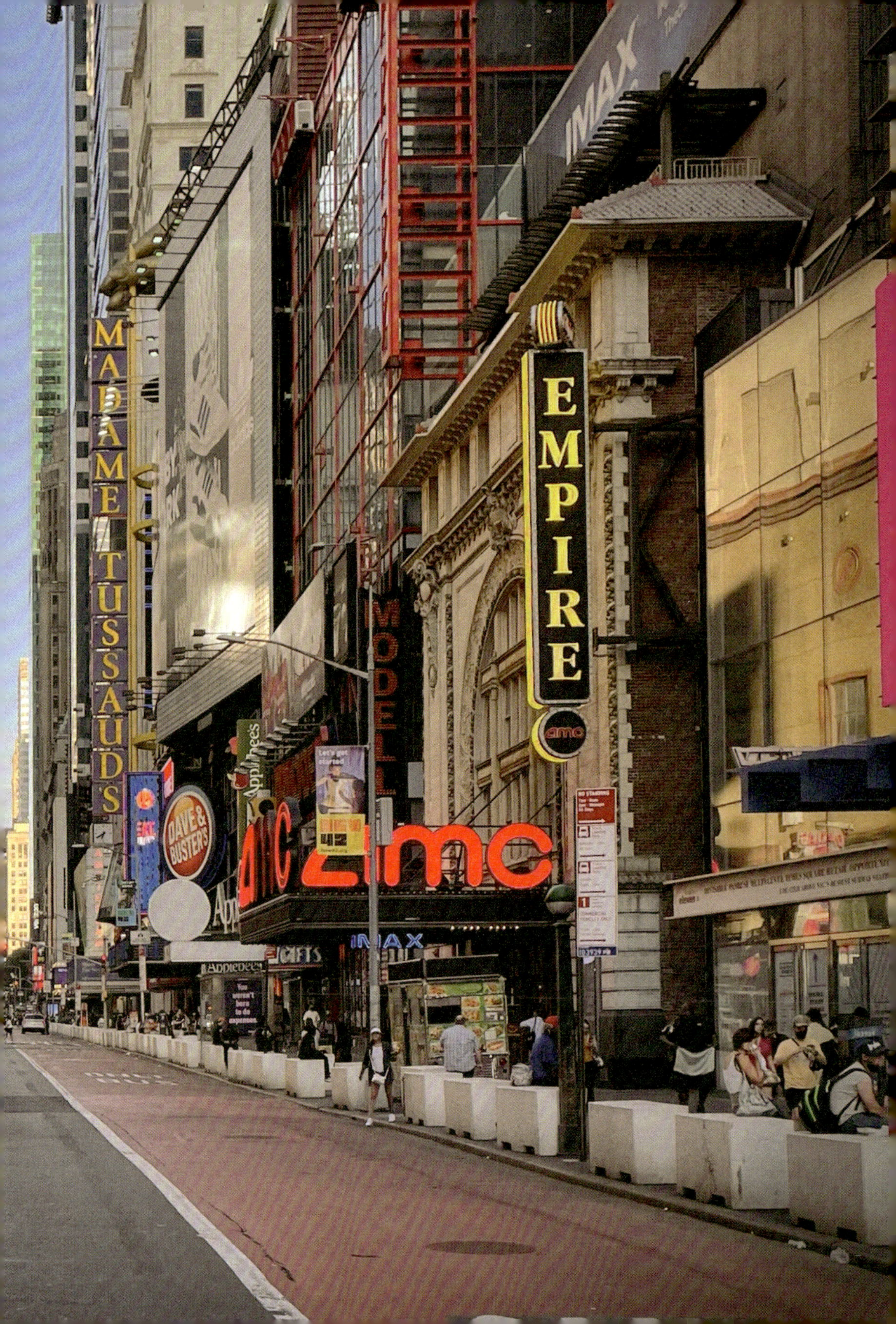
IMAX
MADAME TUSSAUDS
EMPIRE
amc
DAVE & BUSTER'S
amc
IMAX

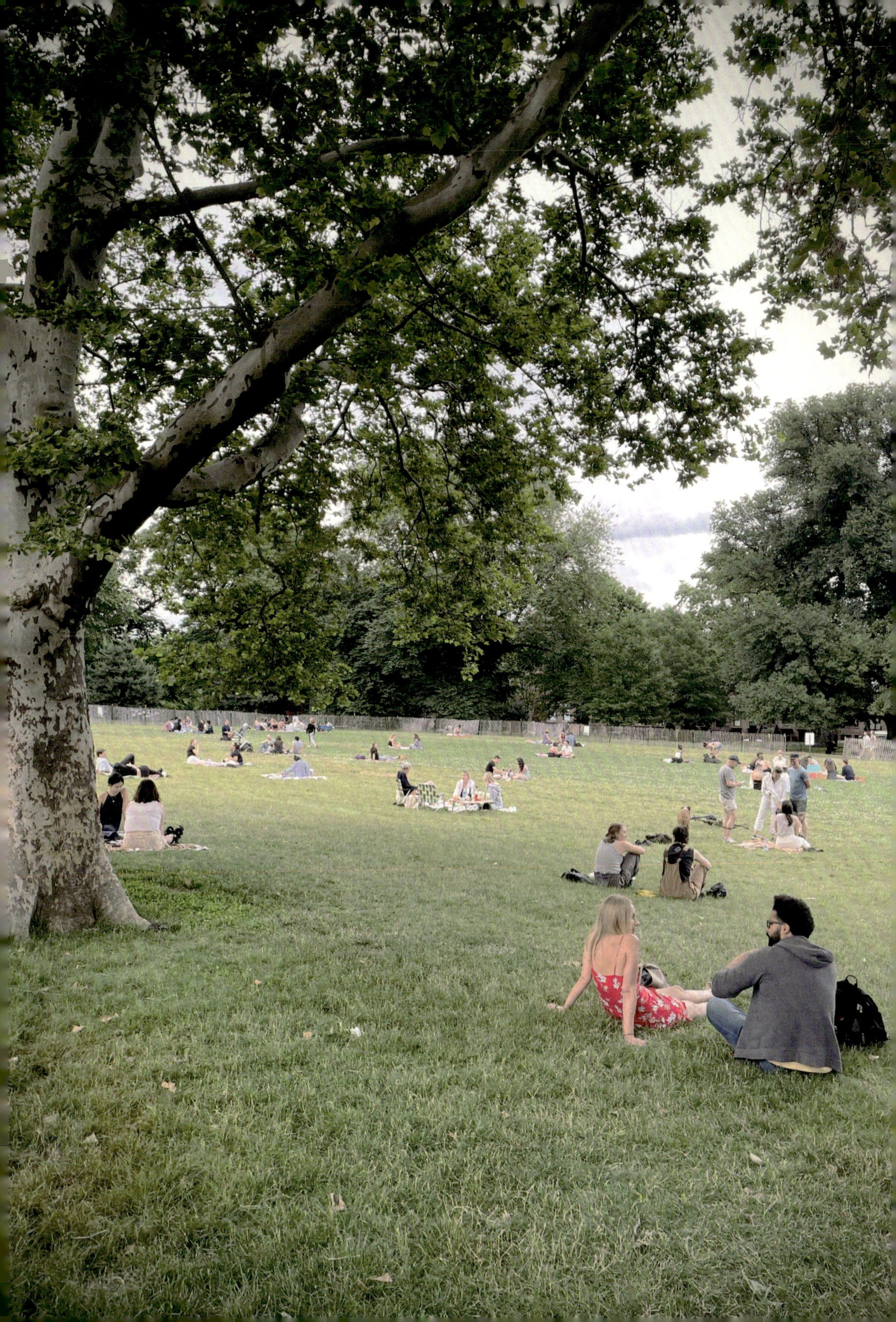

一 公共空间

Public Space

纽约的公园系统（绿色块）与本书中的部分案例

1. 布鲁克林大桥公园
2. 高线公园
3. 枫叶街社区花园
4. 伊丽莎白街花园
5. 格拉梅西公园
6. 祖科蒂公园
7. 多米诺公园

1. 城市的智慧决定城市的颜值：布鲁克林大桥公园

  盛夏，傍晚 8 点半，曼哈顿摩天楼的玻璃幕墙和东河的水波交织在一起，共同映射着西面天空的余晖。有时，一场大雨过后，晚霞将湿漉漉的河岸染成金色，让人无法不为这眼前壮美的景象而驻足。纽约这座城市虽然并不太精致整洁，但在河边，工业、自然和城市景观融合在一起，打造出了独一无二、令人震撼的美。每天，太阳快要落山的时候，无数纽约居民和游客来到布鲁克林区的水岸，走上这片已改建成为临河风光带的老码头，像举行仪式一般地望着太阳缓缓落下，等待河对岸金融区的大楼灯光逐渐亮起。在这里，自然是城市文明的背景，城市同时也成为自然景色的画框。

  也许没有哪座城市的夕阳能比纽约的更美了。不过，黄昏落日从来

在布鲁克林大桥公园远眺曼哈顿

公共空间　13

19 世纪后半叶的布鲁克林水岸工业区码头
图片来源：U.S. National Archives and Records Administration, National Archives Catalog（National Archives Identifier: 169144674）

都不是稀缺资源，但并不是每个城市都能提供优质的城市空间作为取景框。在纽约，与曼哈顿隔水相望的布鲁克林水岸将城市之美以最充满张力的方式呈现在了人们眼前。可许多人不知道的是，布鲁克林水岸以前一直只是一片废旧的工业区而已。直到 2008 年，纽约市才正式动工将水岸改造成一座超大型的临河公园，取名为"布鲁克林大桥公园"。整个项目的总建造预算为 3.5 亿美元，[1] 占地面积 34 公顷，由 6 个码头、2 千米长的滨河走廊以及多组体育和休闲设施构成。现在，布鲁克林大桥公园是纽约市最受游客和本地居民喜爱的公共空间之一，也是全世界最成功的公园建设和运营范例之一。公园全年免费向公众开放，夏季的游览人数高达 500 万人，且有 26 万人参加了公园里举办的各类文化、娱乐和教育活动。[2]

布鲁克林大桥公园的成功与它的规划开发过程密不可分，其独特的历史和经验可以让人窥见纽约城市建设和运营智慧的一角。这座临河公园今天的成就绝非仅仅得益于其瞭望曼哈顿和东河水景的绝佳地理位置——一片旧工业区能转变为高质量的公共空间，体现了纽约这座城市在民间组织、财务创新以及设计多样性这三个方面都达到了极高的水平。毕竟，一座城市的智慧，成就一座城市的颜值。

布鲁克林大桥公园俯瞰图

来自民间的力量

　　法国思想家阿历克西·德·托克维尔（Alexis de Tocqueville）在《论美国的民主》（De la démocratie en Amérique）一书中指出：民众自由集结社团的力量是美国这个国家公民生活和政治发展的推动力之一。在19世纪的美国，托克维尔观察到：当人们遇到了各种各样的问题时，与其等待上层权力机关来提供解决方案，美国人更愿意自下而上地团结起来，共同探索出路。通过组建各种各样的民间组织，民众将自身的力量凝聚起来，解决经济、政治、文化等方面或大或小的公共问题；同时，公民之间的这种自由联合取代了旧社会的贵族权威和金字塔结构,避免了专制和暴政在北美新大陆"复辟"。[3]

虽然托克维尔的时代是在一个多世纪以前了,但在20世纪末至21世纪初的纽约,布鲁克林大桥公园从初始策划到现阶段的运营也都离不开当地民间组织的力量,其过程体现了托克维尔所描述的那种公民自由集结解决公共问题的精神。

早在20世纪80年代后期,当布鲁克林水岸仍是破败工业区的时候,周围布鲁克林高地社区的居民就大胆地提出了"将水岸改造成公园"的想法。但这个想法并未从一开始就得到大多数人的支持。在布鲁克林水岸,土地除了可以变成公园之外,还可以用来建办公楼、住宅等直接促进经济发展的项目——港口事务管理署作为河岸土地的所有者,想将土地出售,并且当时的纽约规划局也支持将河边土地用来开发房地产。[4,5]《纽约时报》在那段时期的报道也将想建公园的当地居民塑造成了反派,认为他们为了保护自家河景不受破坏而不惜阻碍城市发展,损害公共利益。[6]

为了更好地组织这场建公园的运动并说服更多的人,布鲁克林高地居民成立了名为"布鲁克林大桥公园联盟"(以下简称"民间联盟")的民间非营利组织。民间非营利组织是一种非政府运营的私人机构,由私人筹建和运作,但以关注公共议题为己任,将个体的力量团结起来支持集体行动。面对媒体和政府权威机构的阻力,民间联盟最初的主要工作就是通过举行一系列的宣传和教育活动来为公园的策划赢得支持。宣传公园倡议的运动是一场持久战:民间联盟花了10年的时间,通过组织多个会议和论坛,最终得到了更多纽约市民的认可,并获得了社区领袖①、市政府官员以及州和联邦政府官员的背书。[7]

除了开展宣传、教育和游说工作,民间联盟还积极地就水岸的规划和发展问题与公共部门进行协商甚至对抗。在公园最早的筹划时期,港口署曾想将河岸的码头保持为工业用地,并租给开发商用来建设新的仓

---

①在纽约,社区领袖多为社区组织(如社区委员会)和民间机构(如商会)的领导人。这些领袖虽不是政府官员,但与特定区域内的居民往来密切,具有很高的威信。本书的第二部分会更详细地介绍这些社区组织。

库。对此，民间联盟在 1997 年与港口署打起了官司，并多次通过媒体发声，坚决反对工业用途，倡议公园建设。[8] 如果没有这些早期的坚决对抗，现在码头上的绿树和球场会被集装箱和货物取代。

在越来越强的民众呼声下，纽约市政府于 20 世纪 90 年代末开始正式采取行动，与民间联盟一起研究将河岸码头改建为超大型公园的可行性。1998 年，纽约市政府成立了"布鲁克林水岸开发集团"——作为一个由政府牵头的非营利组织，这是一个专门负责公园项目前期规划的地方政府开发集团（以下简称"开发集团"）[①]。开发集团在 1999 年至 2000 年间开展了 70 多场公共讨论与设计会，尽量更加充分地听取全市居民的意见，并在 2000 年正式发布了《布鲁克林大桥公园初步规划》。

终于，在 2002 年，纽约州州长和纽约市市长正式签署合作备忘录，同意以初步规划为基础，将布鲁克林 34 公顷的水岸和码头改建为公园，并同意州政府和市政府为项目拨款——这是布鲁克林大桥公园整个项目推进史上最重要的里程碑，意味着一开始民间发出的声音终于得到了政府的正式采纳。同时，2002 年的备忘录中还指定成立了一个新的非营利组织——"布鲁克林大桥公园开发集团"，后在 2010 年变更为"布鲁克林大桥公园集团"（以下简称"公园集团"）[②]。根据政府的备忘录和声明，公园集团将是公园正式的"主人"，全权负责公园的具体规划、建设、统筹和运营。公园集团是与纽约市政府关系紧密但法律上分离的非营利组织，其董事会虽是由纽约州州长和市长任命，但它的内部运营拥有民间组织的灵活度，并且这样的安排减少了政府在管理上的负担[③]。至于最初为公园发出倡议和举行宣传与游说活动的"民间联盟"

[①] 地方政府开发集团顾名思义是政府成立的用于推动市政项目的集团。但与政府机构不同的是，地方政府开发集团在法律上属于私人机构。政府之所以选择设立私人机构来推动市政项目的建设，是因为私人机构不受政府采购程序、借债融资等方面的限制。

[②] 2002 年成立的布鲁克林大桥公园开发集团是由州政府牵头的非营利组织；其在 2010 年转为布鲁克林大桥公园集团，是一个由市政府牵头的非营利组织。公园的主导权从前者转到后者，意味着公园的主要责任从州政府向市政府转移——这场权力和责任的交接的原因主要是 2008 年经济危机后州政府的财政问题，以及市政府在财政紧缩条件下更高的政策灵活度。

[③] 更多有关这类介于政府和私人企业之间的组织的讨论，请见书末第 25 章。

公共空间　17

则在 2014 年更名为"布鲁克林大桥公园管理委员会"①，主要负责现在公园运营中的活动组织和环保教育工作。⁹

从最初的构想规划到后来的建设运营，布鲁克林大桥公园离不开民间的力量。这支力量不同于政府官僚机构，也不同于纯粹的私人企业；它介于公和私之间，将个体的力量团结在了一起，灵活地调动资源，并积极地与外界多方（尤其是各级政府部门）进行博弈和协作，最终将一场运动的诉求变成了现实，推动并完成了这项一开始看似不可能实现、如今极为受人瞩目的市政工程。

财务"游戏"

建设布鲁克林大桥公园的想法既然来自民间，政府便在 2002 年的备忘录中给公园的支持者们出了一道难题：这座公园必须得在财务上做到自力更生。这句话的意思是，政府虽然同意将水岸工业区改建为公园，并拨款数亿美元用于工程的设计和建设，但公园所有的未来运营成本都将由公园集团这个非营利组织来自己承担，不得从全市纳税人的钱包中再动用资源。

布鲁克林大桥公园的运营成本有多高？根据 2016 年至 2020 年公园集团的公开财报，整个公园在这期间的平均年度总支出超过 2400 万美元，用于支付所有公园员工的工资（包括集团管理人员和公园工作人员）、办公室租金、公园设备所用水电费、器材维护费等。高质量的超大型公园意味着巨额的开销，且布鲁克林大桥公园的运营成本一直在逐年提高。

传统意义上的市政公园几乎是零收入的，因此它们才需要由政府每年拨款、依靠纳税人的钱来进行维护和运营。但布鲁克林大桥公园作为公私合作规划和运营的新型公共空间，其财务手段势必要有自己的创意。

---

①管理委员会是私人非营利组织。

布鲁克林大桥公园（绿色色块）中的地产开发用地（橙色色块）

　　为了做到政府在备忘录中规定的财务自持，公园集团在布鲁克林大桥公园的土地上规划出了7块房地产开发用地，这些开发建设用地的占地面积约为整个公园土地面积的10%。公园集团再将这些地块的土地开发权以地租的形式授予房地产开发商（租期为30年到99年不等），用来建设高端住宅、河景酒店和商业项目。开发商为了"拿地"向公园集团缴纳地租，购房者根据协议缴纳相关的地产税替代费①，而这些钱即成为公园运营的主要资金来源。10, 11

　　房地产的价值主要来自其区位：一个地产项目若是离公园景观近，那么其价值也会比其他地方的同类型项目高。在布鲁克林大桥公园，其

---

①地产税替代费指私人业主根据协议不需缴纳房地产税，但是转而缴纳专门用于支持布鲁克林大桥公园集团运营的费用。虽然这笔费用和房地产税的金额相似或相同，但如果是缴纳房地产税的话，其用途需要通过政府预算局的宏观统筹来决定，而布鲁克林大桥公园内开发项目的地产费则确保了房地产的收益完全被锁定在公园自身的运营上。

公共空间　19

规划中设定的开发用地最终建成后都是"河景房"，自然是价值连城，会吸引富足的纽约投资人。2016 年建好的高级住宅 Pierhouse 位于布鲁克林大桥公园靠近中部的入口处，现房屋售价为 1.8 万至 3.2 万美元每平方米[①]，远高于当地平均水平。

高价值的地产意味着充足的公园运营资金。在 2020 年，公园内的地产项目所贡献的地租和地产费加起来给公园集团带来了将近 2000 万美元的收入，占集团年度总收入的 83%。根据公园集团的最新完整财报，2019 年至 2109 年，90 年内地租收入的总额预计为 15 亿美元[12]，相当于平均每天都有 4 万多美元入账。如此巨大的现金流使得布鲁克林大桥公园可以全年免费对公众开放，并且做到财务上自给自足，运营不花政府的钱。

在布鲁克林大桥公园的运营中，公共空间的财务自持离不开私人开发；如果想要让公园更大更美，就得吸引开发商来建更多的房子——公

布鲁克林大桥公园地产连带开发之 Pierhouse 高级住宅

---

① 数据来源：StreetEasy（2023 年 5 月 20 日）。

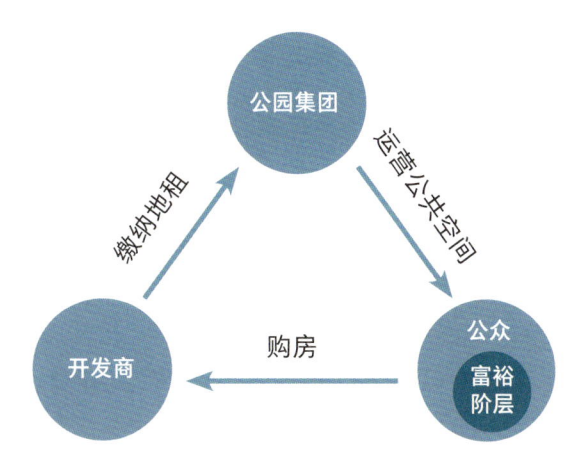

布鲁克林大桥公园运营的民间利益链

共利益的最大化与私人盈利的最大化变得相辅相成。这个逻辑乍一听有些自相矛盾，却体现着一种略带"狡黠"的智慧。的确，通过具有创意的制度安排，市场活力是可以为公共利益买单的。布鲁克林大桥公园的管理者找到了开发商来为公园的运营"买单"，这使得政府、市民和游客得到了一个免费向公众开放的世界一流公共空间，而房地产商则拿到了最热地块的开发权——三全其美，各取所需。

但是，布鲁克林大桥公园这精妙的财务逻辑背后其实仍是政府的老谋深算。

一方面，政府通过规划局对土地利用和开发建设的最终控制权，掌握着公园内的建设用地比重、位置、开发强度等细节的制定，这种掌控确保了建设用地处于公园的边缘区域，且其占地面积不会远超整个园区整体面积的10%——如果开发建设用地"失控"（位于公园的正中心、体量太大或是挡住了周边居民的视线），势必会受到民众和公园使用者的强烈反对，这是政府不想看到的。

另一方面，公园里的新地产项目除了能让布鲁克林大桥公园集团做到财务自持，使得政府不用为公园出维护费以外，商业活动带来的消费

布鲁克林大桥公园地产连带开发之帝国商店与办公楼

税等财政收入还能让政府每年赚到更多的钱。此外，除了直接的税收回报，政府还可以通过在地产开发项目中安插经济型住房，为自己带来额外的公共利益和政治回报。2019 年建成的地产项目 The Landing 位于公园最南侧的入口，有 140 户住宅，其中包含的 100 户经济型住房让低收入市民享受政府管制的优惠租金①。

全世界各个城市的政府都会为公共服务的融资和预算而发愁。布鲁克林大桥公园为此提出了极具创意的解决方案。通过房地产开发，"河景"和"夕阳"被转化为房地产市场上明码标价的地租，最终使得公园的高质量运营和向公众的免费开放均成为可能。这一切的背后不仅体现了公私合作在纽约大型市政项目中发挥的关键作用，更体现了政府的精明：政府在一开始给布鲁克林大桥公园提出"财务自持"这道难题的同时，也在或直接或间接地通过政策和规划掌握着民间解题的思路和过程；

---

① 更多关于经济型住房的开发和规划，请见本书的第 19 章。

最终，政府在让公园集团、公众和地产商都满意的同时，自己也能从整个项目中得到巨大的好处。

规划设计和建造上的巧思

布鲁克林大桥公园的空间和景观设计没有辜负这个项目在政治上的投入和财务上的创新。超大型公园很容易就会被设计得有些千篇一律。尤其是在现在这个刺激太多、人们注意力难以集中的时代，如何让公园吸引游客持续的注意力并乐在其中就成了一个价值不菲的设计题。

布鲁克林大桥公园的设计方充分利用了公园用地长条形的版图和旧工业区的码头结构，打造出了充满惊喜、别具巧思的公共空间。整个公园串联着 6 个旧码头的改造，每个码头按照其形状和地理位置，被赋予了不同的功能和主题。酒吧、冰激凌店、草地、树林、花丛、沙滩、足球场、篮球场、沙滩排球场、溜冰场、野餐区以及烧烤区被依次排列在公园不同的方位，为人们提供了多样的去处以及多种休息、观光和拍照机会。将大公园切分成多个小单元进行设计，除了有利于打造多样的空间体验之外，也使得公园更易于分期建造并逐个开放，这大大减少了建设过程中公众的等待时间。

在项目的设计上，前文提到的各个非营利组织也都起到了关键作用。民间联盟在 2000 年前组织的一系列宣传游说工作最终形成了一套公园规划建议，这些建议在后来布鲁克林水岸开发集团所做的初步规划中被参考，同时公园集团也在规划的过程中收集了各个当地组织和居民的意见——这些公众参与是公园设计多样性得以成功的基石。现在，公园集团与公园管理委员会（改名后的民间联盟）合作，前者负责主要的维护和管理工作，后者则负责提供一系列的露天电影、瑜伽等面向大众的公园活动，[13] 让好的设计得以有好的运营。

今天，布鲁克林大桥公园已基本全部分期建造完毕，各有特色的码

布鲁克林大桥公园 2 号码头（内有多个体育设施）以及其旁边的景观步道

头由河边绿道连接成一个整体。每天，不同的人群在码头和绿道上自在地行走着：有慕名而来的观光客，也有在附近上班的文艺青年，有扛着专业器材等待日落的摄影发烧友，更有晚上来骑自行车、遛狗、野餐、跑步的当地居民。

　　走在布鲁克林的水岸，可以感受到这个城市的活力和包容性。就连公园里实用的烧烤架都彰显着纽约社区的多样性和不同文化的市民对这座公园的喜爱。有时周末的午后，年轻人聚在一起伴着香槟和水果野餐；还有时，非洲裔大家庭在这为孩子开生日派对，好不热闹；夏季伊斯兰教的斋月时期，日落后，穆斯林家庭在这庆祝一天严格的把斋结束，烤肉的香气弥漫河边……

　　这座公园提供了欣赏纽约城市文明和自然景观的最佳平台。不管是当地人还是游客，都会为置身这座公园而感到幸运。

一座城市的智慧

公共服务的升级考验着城市的创意。在纽约，建设和运营世界一流的公共空间不仅需要依靠政府的支持，也要依靠民间组织、开发商、设计师以及公众的配合和努力。在这场"游戏"中，政治动力、财务创新以及设计巧思三者缺一不可。

纽约这座城市的智慧，在于它将看似相悖的概念和目标用巧妙的安排整合了起来，化解了不同利益群体间的矛盾，将多方的利益串联并最大化。市政旗舰项目得交给非营利组织来主导；要想有大公园，就得多建房子。这些安排出乎常规，但纽约这座城市通过多年的尝试和努力，充分借力、善用巧劲，让民间资源成为公共项目的最优解。

不管是在美国还是其他国家，许多城市的政府都尝试着通过建造大型公园和市政项目来提升城市的宜居性，进而吸引人才和投资，提升竞争力。布鲁克林大桥公园的故事体现了大型市政项目的成功和价值，但也更体现了这类项目在操作上的复杂性。毕竟，规划并不是在蓝图上画几条线就可以了。规划的精髓，在于设计一系列的制度安排和游戏规则，使得民间和商业的力量能被巧妙地导向公共利益。这对于不同地方的政府、企业和公民来说，既是启示，也是挑战，考验着一座城市的智慧。

延伸讨论：

世界各地越来越多的城市在着手着改造升级旧工业区以及打造地标开放空间和城市景观——这些项目是各地提高城市形象和经济发展战略中的关键一环。在中国，政府推动这类大项目的案例也很常见，许多项目和布鲁克林大桥公园一样，达到了显著提升区块品质的效果。

相较于中国的地方政府和融资平台，纽约市政府其实在项目融资和地产开发方面的权力和能力都面临着更大的局限性。因此，在布鲁克林大桥公园项目的推动中，纽约市政府虽然在土地规划和公园建设上起到了决定性的作用，但在住宅和商业项目开发这关键的一环上，则是通过公开的需求建议书这种招标方式将地产开发和融资的主要责任转移到了市场一方。

但是，布鲁克林大桥公园中的地产开发和其他大部分美国政府直接出售市政土地给开发商的案例不同的是，纽约市政府是以前文提到的地租的形式将开发权授予私人（30年至99年租期），政府在此期间仍然保留土地的所有权。与直接出售土地的方式相比，这种土地和房屋产权分离的地租模式其实更接近于中国城市的国有土地开发权出让机制。在纽约，地租模式让政府得以继续担当土地所有者的角色，并对地产项目的开发和运营保留了更大程度的制约权，以此确保地产项目能符合公园整体所需的公共利益。

不过，纽约市政府和中国城市在对待开发权出让机制方面所不同的是：布鲁克林大桥公园的地租协议规定，除了在一开始向开发商收取高额的费用以外，每年还以地租以及其他地产费用的形式向开发商和业主收钱，为公园集团提供持续的现金流，确保健康稳定的运营收支平衡。

现金流对城市的发展至关重要。中国城市规划学会副理事长、厦门大学教授赵燕菁指出：当城市的增长模式从以大规模基础设施为主（如地铁、道路、桥梁等，这个阶段为城市化1.0阶段）过渡到以公共服务运营为主（城市化2.0阶段）时，经常性的运营成本将成为政府推动城市发展的主要资金需求。这时，传统的资本建设如果不能为政府带来持续稳定的现金流，那么城市"从1.0阶段向2.0阶段转变时，必定会出现资本过剩而现金流不足,导致'现金流缺口'"。[14]

在纽约,布鲁克林大桥公园的开发和运营模式使得最初的政府大型资本投入(公园建造)得以转换为稳定的现金流来支持公园运营,而公园内的房地产则是这一资金链得以维持的关键。这套模式建立在美国以及纽约独特的产权、地租、房地产税费、土地规划等制度基础之上,中国城市在未来应对转型时的风险和挑战时,纽约的经验和方法或可给予一定的启发。

2.   穿行楼宇间的空中花园：
　　　　　　　　　　　高线公园

在 20 世纪即将结束时，位于曼哈顿西部的一条老旧高架铁路日益衰败。这条铁路于 1934 年由当年的纽约中央铁路公司建设，穿行于切尔西区、肉类加工区等社区内的仓库和楼房之间，主要用于货物的运输。繁忙的铁轨曾是曼哈顿西部繁荣工业景观的象征。然而，自 20 世纪 60 年代起，随着产业的改革和新型交通工具的流行，纽约的铁路经济开始萎缩。之后的数十年间，政府和当地业主不断地提出要将这条铁路拆除的计划。但是，由于一系列与产权、法律和项目成本有关的因素，这些要将铁路拆除的计划并没有被马上执行。当年的人们可能根本无法想象，千禧年后，那条曾经废弃的铁路非但没有被拆除，反而变成了纽约最具人气的公共空间之一。今天，这条铁路现存部分全长 2.3 千米，穿过城市中的 25 条街道，以高线公园这座空中

高线公园与曼哈顿第 17 街相交的路段

花园的姿态，每年吸引800万来自全世界各个地方的访客，彻底改变了曼哈顿西部的空间、经济和社会形态。

不可思议的缘起

1980年，原高线铁路上行驶的最后一辆货车载着三车厢的冷冻火鸡经过了切尔西区。自那天起，铁轨便处于无人使用的状态。之后的几十年内，对于这条高架铁路未来命运的争论便没有停过。一些住在附近的居民想要将铁轨保留下来，用来改建为之后人们可以使用的市内公共铁道交通设施。不过，当地大部分的地产持有者们则持反对观点，提议将铁路彻底拆除。[15]

私人地产持有者们的声音非常响亮也很重要，因为他们的土地产权和高线铁路有直接关系。从法律的角度来说，铁轨和铁轨下方的土地属于两种不同的财产；尽管当时的铁路公司具有铁轨本身的所有权，但私人业主对众多铁轨所经过的土地持有所有权，而铁路公司对那些土地仅有通行权而已。在美国的产权法中，通行权是一种地役权，即一方使用另一方所拥有的财产的权利。铁路从土地上空经过，而铁路的所有者（铁路公司）不一定拥有铁轨所经过的土地的所有权[①]——铁路公司之所以可以在他人拥有的土地上经过，是因为双方签署了地役权/通行权协议。在20世纪30年代前后的纽约，建设高线铁路的铁路公司与众多土地所有者签署了一系列的地役权协议，确立了高线铁轨所经过的土地的上方空间的地役权，并将这些地役权从土地所有者手上移交给了铁路公司。

[①]铁轨的物理结构和铁轨所占的空间属于两种不同的产权，后者即为一种地役权。后来，在铁路被改建为高线公园之前，铁轨和地役权的所有者——铁路公司——除了将铁轨结构本身的所有权移交给了公园的建设和所有者——纽约市政府——以外，也将铁轨的地役权一并交给了政府。

地役权是永久、强制且可以被"继承"的①。这意味着，当初所有与高线铁路签订了地役权协议的业主在未来进行任何与土地有关的产权交易（如买卖、租赁等）时都必须附上最初的铁路公司地役权协议，并要求所有未来的土地买家都要接受"土地上方的铁轨通行权已经通过地役权协议的形式永久地转给了铁路公司及其继承人和受让人"这一条款。

正是因为铁路公司对私人土地的地役权是永久性的，所以只要铁路还在，私人业主对自身土地的使用权就会受到限制。换句话说，对于掌握着高线铁路下方土地所有权的私人业主来说，铁轨就像他们脖子上的枷锁，其存在降低了他们土地的价值，并且不利于之后的房地产开发建设②。因此，这些业主团结起来，大力支持将高线铁路拆除。

然而在 1992 年，联邦政府管理铁路的机构裁定：只有当私人业主可以为整个铁路的拆除工程提供足够的资金和保险时，高线铁路才能被合法拆除。业主虽然热情高涨，但无法满足这些条件，因此高线铁路暂时躲过了一劫。[16]

当时，纽约市政府与私人地产所有者立场相同，也支持将铁路拆除，因为这样才好为曼哈顿西区未来的开发建设腾出更多的空间，有利于城市整体经济发展。于是，在 20 世纪的最后几年内，时任市长和其他官员也寻求着各种法律和政治途径，试图推动高线铁路的拆除工程。[17]

---

①高线铁路的地役权协议部分原文如下："[Grantor] does hereby grant and convey unto the Railroad Company, its successors and assigns forever, the permanent and perpetual rights and easements to construct, maintain and operate, without interference or right of interference, its railroad and appurtenances … together with the exclusive use of the portion of the parcels of land … for railroad purposes and for such other purposes as the Railroad Company, its successors and assigns, may … desire to make use of the same, subject only to the permanent rights and easement herein specifically reserved…"（大意：业主即授权人将建造运营铁路的地役权转让给铁路公司及其继承人和受让人。该地役权为永久权利，铁路公司及其继承人和受让人有权使用该地役权用作铁路或其他用途。除本协议中特别指定的授权人保留的权利以外，铁路公司及其继承人和受让人的地役权不受任何干涉）。
②地役权强有力的法律效力可以从与高线铁路有关的多次法庭诉讼中体现出来。在高线公园建成之后，一些业主曾将政府告上法庭，称原先的地役权协议是土地所有者和铁路公司签订用来专门运营铁道交通的，政府无权将铁路改建为公园这种非运输设施。针对此案，美国联邦巡回区上诉法院于 2016 年判业主败诉，其主要依据就是 20 世纪初的地役权协议——该协议明确地允许了铁路公司及其继承人和受让人（纽约市政府为铁路地役权的受让人）凭地役权来建造铁路或者将土地用于其他用途（英文原文为 "for railroad purposes and for such other purposes"）。更多有关这场官司的信息，详见 437 51 LLC v. UNITED STATES (2014)。

在这期间，铁轨的所有权和地役权又经转手，从最初的铁路公司转到了新东家 CSX 公司。CSX 公司是一家经营铁路运输和房地产的上市公司，作为高线铁轨的新主人，它并不急着将铁路拆除，而是转去研究铁路未来用作商用或公园等用途的可能性——这引来了当时纽约市长和当地业主的强烈不满。

终于，时间来到世纪末的 1999 年，在一场社区委员会的公众会议上[①]，铁路附近的当地居民讨论着高线铁路的未来方向。就在那场会议上，画家罗伯特·哈蒙德（Robert Hammond）和作家乔舒亚·大卫（Joshua David）结识了。两人并不知道铁路未来究竟应该作为何用，但他们都认同高线不应该就这么被拆除。于是，同年，哈蒙德和大卫两人组建了一个名为"高线之友"的私人非营利组织，用来推进保护高线的工作。

与之前尝试保护高线的当地热心居民不同的是，哈蒙德和大卫具有超群的公关头脑。2000 年，两人找来著名摄影师乔尔·斯滕菲尔德（Joel Sternfeld），并说服铁路的新主人 CSX 公司允许摄影师来到鲜有人至的铁轨上进行为期 1 年的摄影记录。在高线铁路被废弃以及未来该何去何从备受争议的这些年间，轨道上已经灌木丛生，杂草野蛮生长，别有一番味道。然而，由于铁路并不向公众开放，没有任何市民曾上去亲眼见过铁路上长满植物的景象。那里的工业废墟和自由生长的绿色植物相结合所打造出的神秘的城市景观，都被摄影师斯滕菲尔德用浪漫的艺术镜头——记录了下来。后来，这组照片成为高线之友推动公园倡议工作的一大武器——许多人正是通过斯滕菲尔德的照片，第一次直观地看到高线铁路上的景色，并对铁路的未来抱以各种遐想。

借着专业摄影师的照片所带来的动力，"高线之友"将前期工作的重心放在了举办各种以筹款为目的的活动上。哈蒙德和大卫这两位创始人动用自己的社交资本，很快就让纽约的各色上流社会名人成为高线保护计划的支持者。有了名人的参与，高线之友筹款活动的吸金能力惊人：在一场由著名时尚设计师黛安娜·冯·弗斯滕伯格（Diane von Fürstenberg）为高线举办的慈善晚宴上，高线之友仅一个晚上就筹得了 60 万美元善款。[18] 各种成功的筹款活动和名人的加入也为高线带来了许多主流媒体的报道，进而引发了全社会更加广泛的关

---

①社区委员会是纽约市政府最低一层的行政机构，是连接居民和政府部门的桥梁和公众参与市政议题的主要渠道。社区委员会定期召开公众会议，居民可以自由参与来了解和讨论公共事务。本书的第 9 章会详细分析社区委员会的特性和职能。

注。与此同时,两人将大部分高线之友所筹得的资金用来聘请纽约最好的律师;这些高线之友的律师熟识政府法规和铁路法,并将纽约市政府告上法庭,进一步阻止当时政府极力推动的铁路拆除计划,为高线保护工作争取了更多宝贵的时间。[19]

最终,试图将铁路拆除的时任市长没有斗得过时间。在 2001 年,纽约市长改选,当时的新市长候选人们与之前政府的态度截然不同,全部支持保护高线铁路——其中自然包括最终在选举中获胜并于 2002 年就任纽约市长的迈克尔·彭博（Michael Bloomberg）。彭博认为,将高线铁路保存下来并将其打造成一流的公共空间,非但不会阻碍经济发展,反而将有利于曼哈顿的复兴;在刚刚经历了"9·11"恐怖袭击事件的纽约,这种促进地区恢复活力、聚集人气的公共工程变得尤其重要。于是,在彭博的带头下,纽约市政府不再计划将铁轨拆除,并于 2002 年正式向联邦政府管理铁路的部门提出申请,让高线铁路成为一座公园。之后,联邦政府开始对该计划进行审理。

有了政府的支持,高线之友的工作推动得越来越顺利。2003 年,高线之友举办了畅想高线未来的创意大赛,收到了来自全世界的 720 份参赛作品,也借此机会提高了高线在社会上的关注度。[20] 2004 年,高线之友举办了正式的公园设计竞赛,并最终选择知名景观设计所詹姆斯·科纳场域运作事务所和著名建筑公司迪勒、斯科菲迪奥和伦弗洛事务所来设计高线公园,获奖模型在纽约的现代艺术博物馆展出,供全世界的游客欣赏。终于,2005 年 6 月,联邦政府正式批准高线铁路可被改建为公园;同年 11 月,铁轨的所有者 CSX 公司将铁路的所有权和地役权免费移交给了纽约市政府。高线公园的施工建设于 2006 年正式开始,一期和二期工程总造价 1.5 亿美元,绝大部分（近 3/4）由纽约市政府买单,其他部分由联邦政府、州政府拨款和高线之友募捐支付。[21]

2009 年,高线公园一期建设完成并向公众开放,无数访客终于可以第一次来到铁轨上,享受纽约以及整个美国独一无二的、由旧工业基础设施改建成的空中花园。

一座公园的经济价值

高线公园的最高处距离地面约 9 米,上面栽种着 210 多种精心搭配的植物,这些自然景观和崭新的公园设施与部分保留下来的旧铁轨结合,其别出心裁的设计令人称道。但更让访客感到新奇的是那种"腾空"穿梭于楼宇之间的体验,以及这种穿行所带来的新视角——公园旁边房屋的二、三楼的窗户和露台,现在则成为公众会路过的地方;行人们穿梭于花草树木之间,也打量着周围人居住和办公的空间,带有一丝偷窥的刺激。

行人在高线上看风景,看风景的人也在楼上看着行人。随着高线公园的成功,越来越多专门为了迎合高线公园而设计的新建筑也应运而生。这些新建筑大多造型奇特,衬托并呼应了这座空中花园所打造出来的全新城市体验。

根据统计,在高线公园开放后的 10 年内,其一期和二期工程周围的新建楼房数量高达 20 栋。[22] 这些公园周边的建筑除了是访客眼中新

高线公园与曼哈顿第 25 街相交的路段

高线公园与曼哈顿第 29 街相交的路段

奇的城市景观以外，也是用来欣赏高线公园的绝佳私人观景台，具有很高的房地产价值。根据对 2011 年至 2016 年间房屋销售数据的统计分析，高线公园一期周边区域内房地产的销售价增长了 50.6%，且售价是其他相邻区域的 2 倍。甚至当曼哈顿其他地方的高端房产市场相对低迷的时候，高线公园周边的房价仍然坚挺——公园一期周边的新建高端住宅售价是相邻区域的 2.3 倍，公园二期周边的高端住宅售价则是相邻区域的 3.1 倍。[23] 随着昔日用来运货的铁路变成了纽约最具特色和人气的公共空间，往日工厂、贫困人口和艺术家们所聚集的曼哈顿西区如今成了豪华住宅、精品时装店、高端画廊集聚的富人区。

高线公园的成功证明了设计质量高、维护得当的公共空间可以提升周边房地产的价值，甚至对一个区域内的总体经济发展产生促进作用。对于想在曼哈顿买房子的人来说，如果能在高线公园周边置地，就相当于得到了价值连城的配套公园设施。开发商见到这些市场信号，果断地加大了在高线公园周边的住宅地产投资和建设，并请来明星建筑师打造出了各种争奇斗艳的建筑奇观。位于西 28 街 520 号的豪华公寓由美国最大的地产公司之一 Related Companies 开发、普利兹克奖得主扎哈·哈迪德（Zaha Hadid）设计，于 2016 年建成，包含 39 户高级公寓。

除了激活住宅市场以外，高线公园作为纽约的新旅游胜地，也为周边商业带来了源源不断的客流，大大促进了当地服装、餐饮、文化等行业的发展，打造出了生机勃勃的商住混合街区。纽约著名的文化艺术机构惠特尼美国艺术博物馆也在高线公园置地——惠特尼博物馆的新馆于 2015 年建成，直接位于高线公园的入口，由著名建筑师伦佐·皮亚诺（Renzo Piano）设计，耗资 4 亿美元。

高线公园对于周边地块的价值促进作用是纽约房地产界的一则神话。事实上，在铁轨前途未卜、公园还在倡议阶段时，当年高线之友用来游说政府建设公园并最终获得支持的主要论据之一就是铁轨改建为公园之后所能带来的经济价值。根据高线之友在 2002 年用来游说政府的经济分析报告，高线公园建成后给周围房地产增值所带来的额外房地产税将会远远超过政府投资建设公园的市政府成本。当年的分析表明：公

高线公园旁西 28 街 520 号高端住宅

高线公园旁的西 23 街 515 号高端住宅

惠特尼博物馆新址选在高线公园的入口处

36　创造大都会

园一期和二期所需的市政府总投入为 1 亿多美元，而其将带来的房地产税增值预计在未来 20 年内累计为 2.5 亿美元，[24] 其投资回报率非常可观。后来，在高线公园实际建成后，现实甚至远超了当年的预期——根据 2014 年的分析，随着房地产市场的蓬勃发展，高线带来的额外税收将在 20 年内达到累计 9 亿美元，[25] 比当年的预期还要高出 2 倍多。

纽约市政府在大工程上总是算着精明的经济账，常常要让项目的收益大于支出才能得到政客的认可；民间组织也深知政府的算盘，因此高线公园在区域范围内的经济价值从一开始就是双方协商的重要议题，并成为最终让政府下决心支持并促成高线公园建设的重要一环。

重新审视政府的角色

尽管高线公园的经济价值现在有目共睹，但在 2002 年彭博刚上任市长并宣布支持高线公园时，当地那些一直想将铁路拆除的老业主其实仍对公园建设持反对意见。业主的反对其实也是情有可原：虽然大家都明白公园建成后会将轨道周边的房地产市场变得异常火爆，但对于土地被高线地役权给限制住了的老业主来说，热闹都是别人的，自己所持有的土地上因为有铁轨的存在而建不了新房子、赚不了钱。

最终，还是纽约市规划局出面，让老业主松了口，摆平了高线公园建设前所面临的最后一份阻力。为了说服老业主，规划局重新制定了高线公园所在区域的开发规则，瞬间将原本无法建设的铁轨底下的土地"盘活"了，[26] 消除了老业主的顾虑。

具体来说，规划局设计了以高线公园为中心向两边辐射 30 米宽的"高线开发权转移走廊"，允许走廊内的土地业主将自身地块未用完的容积率以市场价卖给周边特定区域内的其他地块业主。打个比方，如果有一个地块紧贴着高线铁轨或在高线铁轨正下方，它的法定许可容积率是 10，但因为铁轨的关系实际上只能建设容积率为 2 的房子，那么在新的规划下，那块地的业主可以将剩下的容积率为 8 的开发权卖给相对远离高线的地块的业主，买方则可以建设总容积率为 18 的高楼（原

公共空间　37

高线公园（绿色部分）和西切尔西特别规划区（橙色区域）

先既有的 10 加上新购得的 8）①。这样一来，纽约市政府用灵活的规划规则把紧邻高线被铁轨"套牢"的土地给盘活了，让老业主可以直接通过出售未使用的容积率来赚钱，顾及了老业主的经济利益，使他们支持高线的建设，并促进了整个区域内更多新高楼的建成。

除了允许开发权进行转移之外，规划局还将以高线一期二期辐射出的近 30 万平方米、跨过 10 多条街的区域设定为"西切尔西特别规划区"，并调整了该区域的用地属性，提高了容积率。之前，该区域所涵盖范围内主要都是工业用地和商业用地，并有不少空地和基建设施，鲜有住宅用地，这和其东边仅一街之隔的住宅区格格不入。修改规划后，规划局增加了住宅建设用地，大大提高了允许建设的容积率，并设立诸多能让开发商得到额外容积率的优惠政策（比如：如果开发商为高线公园的建设出钱，或是建设一定数量的经济型住房，都可换取更高的容积率）。原先，该工业区的容积率仅为 5，规划局修改区划后，该区域内最高的基本容积率为 7.5，再加上一系列额外优惠后最高可达 12，相当于比之

---

①更多关于开发权转移的讨论，详见之后第 18 章。

前允许的建筑密度增加了 1 倍还多。[27]

之前提到纽约市政府是高线周边房地产开发的获益者，但其实说到底，政府也是房地产市场火爆的真正幕后推手。规划局的开发权转移机制和"西切尔西特别规划区"，不仅打消了老业主的顾虑，还直接确保了新的大楼得以建成，高线公园对房地产市场的促进作用也因此从理论变成现实。政府在面临大型公共项目和市场发展时，并不是抱着袖手旁观的态度，而是积极制定新的游戏规则，熟知公众和私人的利益，将资源朝着对政府最终目标有利的方向盘活。

高线的遗憾

高线公园这座空中花园曾经只是热心市民臆想的"空中楼阁"：在这个项目建成之前，一切都显得那么难以实现。最终，在民间组织的强力游说、政府的建设投资，以及新规划法则所释放出的巨大经济价值作用下，高线公园从想象变成了现实。

但若是要论成败，高线公园并非没有不足。

首先，根据纽约市政府和高线之友签订的合作协议，前者将负责公园的建设，后者将负责公园的维护和运营。这对于政府来说是一笔好账，对民间组织来说却是一个难题。因为建设公园可以靠发放债券来融资，而维护和运营却得在每年做到收支平衡，前者易，后者难；将维护和运营的责任交给民间组织，为政府省掉了不少的麻烦，对民间组织而言却是具有挑战。高线之友的资金来源主要依靠社会捐赠（根据高线之友 2019 年的财政报表，其总收入为 1800 万美元，其中 87% 来自私人捐赠，政府的拨款只占总收入的 2%），相当于让全社会的热心人士为市政公园的运营买单①。

其次，高线的成功和周边房地产的火爆也会带来不良的社会影响。前文提到的房价飙升对开发商和富有的地产投资者来说是件好事，对于当地的老居民来说

---

① 虽然布鲁克林大桥公园的维护也是由非营利组织负责，但与高线之友不同的是，布鲁克林大桥公园集团的主要收入来源是公园土地上的地产开发权带来的收入——这笔收入是由政府的规划所直接创造出来的，相当于一笔政府给予公园运营者的隐形补贴。

却是噩梦。高线公园所处的切尔西区曾经是工业区,且紧邻政府建造的廉租房;对于住在公园附近的低收入群体来说,这座新建成的游客胜地非但没能成为他们平时休闲的场所①,反而由于其对房地产的推动作用而不断地吸引收入是他们3倍以上的富人入驻,成为他们继续在社区生存的威胁。根据《纽约时报》的报道,在高线公园旁的廉租房里出生长大的年轻人越来越感到自己未来无法继续在他们所熟悉的街区生活:"每年(这个街区里的)房租都在上涨。人这样为了住房而挣扎,甚至都无法享受生活,实在是不应该②。"[29]

纵观高线公园的开发史,以及政府在其中起到的作用,我们会发现:纽约社会中不同阶层的利益在公共资源的规划和建设中有着不同的分量。在私有产权的制度框架下,地产所有者的利益受到高度的保护。尤其是在大型公共项目的推进过程中,一小部分土地产权人的反对可能会导致整个项目难以进行。在高线公园的案例里,对于持反对意见的地产所有者,纽约市政府绞尽脑汁,通过新的制度设定来"讨好"他们,而不是去削弱或拿走他们的私利。并且,当公园项目最终建成后,受益于政府投资而赚得盆满钵满的还是地产业和周边的产权所有者。至于地产所有者阶层之外的普通市民,虽然他们得以共享高线公园这一流的市政设施,但在更加深层的经济利益上——比如房租以及公园的维护基金,政府给予的关注和保护显然是不够的。

纽约是否有机会让高线公园更好地平衡不同阶层之间的利益呢?这最终将取决于政治。

高线公园的成功为城市带来了巨大的价值。这些新创造出来的价值——尤其是房地产价值——如果可以被"高线之友"或政府"捕捉"起来的话,或许就可以为公园的运营提供更加稳定、可观的资金来源,甚至被用于服务周围社区、为低收入人口建设新的经济型住房。这些捕捉价值的机制需要政府动用额外的政治资本、制定新的游戏规则(比如向地产商和业主征收额

---

① 根据纽约城市大学研究者的分析,高线公园绝大部分的使用者为白人,远高于整个纽约以及曼哈顿的白人人口比例。[28]
② 英文原文为"Every single year, prices increase. You shouldn't constantly struggle to live somewhere. At that point you're not even enjoying it."。

高线公园第 15 街路段

的税费①，或是将周边房产的税收收入存入一个用于公园和周边区域发展的专项基金）。然而纽约市政府在大刀阔斧地动用了规划权力和政府项目资金来推动高线公园最初的建设后，并未再继续使用自己的影响和力量来为公园长期的运营和周边社区的发展铺路，这是高线公园耀眼的成功背后的一道阴影和遗憾。

---

① 事实上，高线之友曾在 2009 年试图申请成立一个综合改善区来向公园周边的业主收取公园维护费，但这个方案却由于少部分业主的强力反对而没能实现，从而败给了政治。综合改善区是由业主自行成立的、用于改善区域内部公共服务的非政府组织；区域内部的业主每年根据其所持有地产的价值计算并上缴额外的费用，用于支付区域内额外的、更高质量的公共服务。纽约有 70 多个大小不等的综合改善区，之后的第 10 章会详细分析这种制度。

公共空间　41

3. 公园界的"草根"：社区花园

在布鲁克林区中部的一个街道内，有一块大约 600 平方米、并不太起眼的空地。以前，这块空地上曾盖了楼房。1997 年的一场大火后，这块地被闲置了 10 多年。自 2012 年起，周围的居民开始自行筹款并清理空地上的废墟，渐渐地将这块地改建成了一个社区花园，并把它当自家后院一样爱护，取名为"枫叶街社区花园"。同时，他们组建起了一个非营利公益组织，来专门管理、维护这个小且温馨的公共空间。

社区花园这个概念在美国尤其是纽约具有特殊的政治和经济意义。在 20 世纪 60 年代后期，曾担任纽约市公园局长官一职 20 余年的"铁腕"罗伯特·摩西（Robert Moses）卸任。摩西掌权时主张大兴土木和自上而下的城市规划，建设了很多纽约著名的大型公共设施。摩西走后，一股新的发自社区、自下而上的公园建设模式得到了人们的推崇。同时，20 世纪 70 年代的财政危机和经济下行使得纽约市的街区布满了废弃建筑、烂尾楼和空地，这些废墟和空地也为各种新的小规模社区绿地提供了生长的土壤。

和传统的市政公园相比，社区花园通常占地面积非常小，选址灵活，且不需要专门的设计和规划；居民在地上种些花草蔬菜，摆上一些桌椅，就能为自己的社区打造出一个简单别致的小花园。社区花园的这种自发性和灵活度，为市民参与城市建设以及营造社区归属感提供了绝佳的机会。随着越来越多的花园填补了城市中的空地，这股运动用一种性价比极高的方式，帮助修复了 70 年代金融危机带来的城市伤口。

纽约社区花园地图

公地悲剧

纽约的社区花园是一个出人意料的公地治理成功案例。

社区花园是典型的公共品（public goods）。作为城市里的公共空间，社区花园大多像市政公园一样对公众免费开放。传统的经济学理论认为这样的公共品很有可能经历"公地悲剧"：由于公共资源的使用者无需负责或付费，会导致资源过度使用而被耗尽。化解公地悲剧的方法，往往是让政府来加强监管或干脆由私人组织来提供收费的服务。然而纽约的社区花园却反其道而行之。政府并不插手，花园也不收费，这些花园许多都得到了其使用者自下而上的自觉维护，管理得当，运作正常，成为城市内的特色景观。

虽然枫叶街社区花园自行运作良好，但是在花园建成的短短几年后，其管理组织和周边居民相继表态，希望纽约市政府能买下这个花园并将其转为公共用地。为什么自行运转良好的社区组织仍希望政府介入？居民是希望让政府接

公共空间　　43

> **延伸讨论：**
>
> 诺贝尔经济学奖得主埃莉诺·奥斯特罗姆（Elinor Ostrom）认为：除了政府和私企之外，民众和社区之间既有的社会凝聚力和约定俗成的"软规则"也可以化解公地悲剧。
>
> 以布鲁克林区的这个由火灾废墟改建的枫叶街社区花园为例，它的日常使用者大部分是住在同一个街道的居民，大家抬头不见低头见，社会关系融洽，且他们成立的公益组织制定了相当详细的花园使用规范和组织内部运营与管理规范——当正式制度（formal institution，如公益组织的规章）和非正式制度（informal institution，如居民间的互信关系）共同发挥作用的时候，人们便会更加遵守游戏规则，并主动筹钱支持花园的运营，因此公共资源可以由使用者自身而不是政府来进行有效的管理，公地悲剧得以避免。

管这个公共空间并承担其未来的开销吗？

原因并非如此。就布鲁克林区这个案例来说，即使纽约市政府买下了枫叶街社区花园的土地并将这块土地注册为正式公园用地，按照计划，此花园仍将保持其"社区花园"的使用属性，政府并不会接管公园的维护或提供大规模的人力和财力资助——之前就一直承担管理社区花园责任的自治组织仍然会是这个花园的实际运营者。这块土地从私有到公有，改变的仿佛仅仅是土地的属性而已，除了这个"标签"以外，其他和这个花园运营有关的各个方面似乎都将大致维持现状。既然如此，市民让政府花钱买下这块地的需求究竟从何而来？为什么居民哪怕可以用自身的凝聚力来维持花园的日常运作并避免公地悲剧,却仍希望政府能给自家后院贴上"公共公园用地"这个标签?

土地性质的意义

原来,政府收购带给社区花园最大的好处并不是政府对运营的直接投资,而是正式公园用地在法律上具有的稳定性。对于纽约市的众多社区花园来说,稳定性比运营要难得多。

在纽约,私人与私人、私人与政府之间买卖土地并改变用地性质是再平常不过的了[①]——通常情况下,土地可以在公家、私家之间以市场价自由流转。可一旦市公园局将一块空地标为正式的公园用地,日后任何人想要再改变它的属性将会非常难。

这是因为,在纽约,将一块私地转变为公地只需要买卖双方谈判和市规划局的批准就好了,而如果要将一块正式公园用地变成其他用途(比方说楼房、公共设施、道路等),这个转变的过程则需要纽约州政府的立法部门进行批准。这个州政府立法部门通过投票而许可的"拆公园"的过程并不是普通的行政途径,而是立法行为,需要花费巨大的时间和政治成本[②],[31] 这就意味着:在纽约,"建公园"和"拆公园"的难度极其不对等,而这种不对等其实正是政府在有意地从立法层面保护城市中公共绿地的稳定性。

枫叶街社区花园建在火灾废墟上,那座被烧毁的房屋的产权人其实一直都是土地的所有者——土地原产权人虽然一直默许居民将土地改造成社区花园,但他其实也随时可以行使其对这块土地的所有权,赶走居民,将花园夷为平地,并在上面盖新房子,或是卖给其他开发商。因此对于社区花园的守护者来说,只要产权属于别人,土地不是正式公园用地,那么花园的未来就充满不确定性,随时可能要为地产开发让步。

[①]本书第 25 章会分析一些纽约历史上早期的公私之间的土地交易。
[②]纽约州审计官在对公园出让所做的调查中详细列举了公园出让所涉及的程序。[30]

公共空间　45

纽约最有名的社区花园之一——伊丽莎白街花园

城市发展中的拉锯战

在纽约，"公共空间"和"开发建设"之间的拉锯战是这个城市的永恒议题。在新冠疫情到来之前，纽约市的人口不断增长，经济蓬勃发展，这样一座超级大都会对住宅和商业地产的需求是巨大的。开发商和其他利益团体都在不断地寻找机会，希望在纽约拿地，用以建设更多的楼房。在这个大环境下，绿地等公共空间是处于"危险"中的：枫叶街社区花园并不是个例，许多其他居民自行运作良好的社区花园，也因为其土地并不是正式的公园用地，都面临着开发商拿地建楼的风险。

公共空间和开发建设之间的拉锯战，甚至可以在同一个政府内部的不同部门之间产生，因为政府的目的是复杂的，有时也会扮演着开发商的角色，或者向开发商靠拢。

纽约最出名的社区花园伊丽莎白街花园所面临的困境就是这样一个例子。这个花园大约有 2000 平方米，位于曼哈顿下东区，其前身是一所中学的一部分，后变成空地，于 20

世纪 80 年代起处于闲置状态，产权所有者一直是政府。1991 年，政府将这块空地按月计费租给了它隔壁古董店的店主。店主起先只是将空地清理干净，用来陈列古董店的商品，后来园子则成为对公众开放的社区花园，由周围志愿者成立的非营利组织负责自行筹钱来维护和运营这个花园。在伊丽莎白街花园这个小世界里，各种不同的雕塑和古董被绿色植物环绕，其独特的艺术氛围让这个起初不起眼的花园渐渐吸引了无数周边居民、文艺青年和游客，成为下东区最具标志性的景点之一。

但伊丽莎白街花园的土地所有权终究还是在市政府手上，并且不属于正式的公园用地——市政府完全有权也有需求对该土地做其他的规划和开发。曼哈顿的新住宅需求极高，尤其是在贫困人口比例高、房价疯涨的下东区，经济型住房的建设是政府的工作重心之一。面对建设的需求，纽约市住宅开发局会重点清算产权在政府手上的土地以控制开发成本。于是，住宅局看上了伊丽莎白街花园的土地，想在社区花园的土地上建设经济型住房，并于 2017 年推出了一项在花园地址上建设 123 户专供老年人居住的经济型住房的开发计划。

伊丽莎白街花园内的雕塑和古董

公共空间　47

伊丽莎白街花园内的告示，让大家捐款来"阻止市政府拆毁花园"

在纽约，到底是将一块空地保持为花园还是在上面盖经济型住房会成为市议会议员选举大战的焦点。在 2017 年的纽约市议会换届选举中，当地的时任议员陈倩雯（Margaret Chin）在连任竞选中受到了来自政治新人克里斯托弗·马尔特（Christopher Marte）的挑战。两者在保留伊丽莎白街花园还是在其上建房这一问题上持相反意见。陈主张在园址上建经济型住房，这受到了花园保护者们在选举过程中的强烈反对，许多花园的拥护者因此将选票投给了没有从政经验的马尔特。可见，虽然同样是政府，不同部门和不同官员代表的利益不一定完全相同，就像城市生活中的方方面面不一定全都是完美合拍的，同一个物理空间所承载的利益群体也常常会有许多区别。

最终，在当年的选举中，支持建房的时任议员还是连任了，纽约市政府也于 2019 年通过了在伊丽莎白街花园上建房的计划。2021 年 5 月，花园的创始人逝世。如今，志愿者仍在积极争取保护这座纽约最具特色的社区花园，但前途未卜。

自治的韧性，以及制度的意义

新制度经济学的理论认为公地是可以由使用者自治的，前提是要有社会风俗和制度关系来约束使用者的行为，纽约众多社区花园的成功运营也确实证明了这一点。可是这些年来，社区花园和楼房建造者之间的拉锯战，却说明了自治机制的韧性也许有限。社区花园的自治组织虽然可以用自己的力量来为公地提供日常运营和维护，但在一个极度成熟和发达的市场经济大环境下，自治模式可能无法从根本上避免"土地被更强的人买走"这一种新的公地悲剧。幸好，纽约州法律对公园土地出让过程的制约为那些有幸成为正式公园用地的公共空间提供了强大的稳定性。

在许多发展迅速的城区里，土地是市场上各家争相竞逐的稀缺品，从旧用途到新高楼的改变，往往只需要短短几年的时间。而纽约的公共公园用地却可以享有极高的稳定性，不会让房地产市场和一心想着开发的政府部门见缝插针。甚至许多初到纽约的人都会不自觉地惊叹这座超级大城市的公园绿地之多——对于那些见惯了高速发展城市的人来说，他们会问：开发商为什么没有想办法在这些公园上盖房子呢？这都是因为，纽约的法律其实已有意地给"拆公园"带来了额外的阻力，加大了在公园上盖房子的经济和政治成本。

最后，再说回枫叶街社区花园。2017 年，纽约市公园局得到了当地居民、社区组织以及布鲁克林区区长的支持，积极申请从原土地所有者手中买下这块土地，并在同年达成交易，将土地登记为了正式公园用地，而购地的资金由布鲁克林区区长、市议会议员和市长三方共同提供（区长拨款的资金在其中占大部分）。最终，当土地从私有转为公有后，居民仍将承担社区花园的管理和维护责任，不过政府将利用自己的规模效应，为这个花园提供一些工具和设备上的小额支持。虽然这笔政府收购并没有给枫叶街社区花园带来大规模的新投资，并且收购支付的钱也不会流到花园运营者的手里，但在"千金难买稳定性"的纽约，政府买下这块地并将其登记为正式公园用地，使得花园的运营者们不用像伊丽莎白街花园那样面临担惊受怕、极其被动的局面，其实正是纽约市政府为枫叶街居民带来的一笔价值可观的政治补助。

延伸讨论：

在任何城市，只要有发展，就会有新旧利益之间的冲突和对抗。纽约许多社区花园的维护者所面对的不稳定性，其实从本质上来说是那些不具有完整产权的人所面临的"拆迁"风险。伊丽莎白街花园是纽约最有名的社区花园，其支持者想借助花园的名气来筹钱并和建设方（政府）打公关战，寻求公众对自身立场的支持。但这种硬碰硬的成本是巨大的，政府和开发商可动员的资本更多，社区志愿者以卵击石的前途并不乐观。

中国城市里老城区——尤其是棚户区——的租户其实面临着和纽约社区花园支持者相似的困境。在"旧改"的大政策背景下，开发商、政府以及房东有着充足的动机来推动"旧改"。老城区的租户哪怕想留在原地，但因为没有房屋的完整产权，所以很难在拆迁的拉锯战中有赢面。

在纽约，枫叶街社区花园维护者作为非产权所有者，在面临拆迁风险时所使出的方法，是具有创意的。

如果我们将花园土地何去何从看成一个土地交易问题的话，那么在纽约的制度和市场环境下，有两个大前提：首先，法律面前人人平等，既然土地交易合法，政府就很难对个别的人或群体给予特殊照顾——谁的实力强，谁就可以对土地获得掌控权；其次，社区组织的经济实力是肯定不如开发商的。所以，枫叶街的居民没有像伊丽莎白街花园的拥护者那样尝试硬碰硬地和建设方对抗，而是把关注的重点从自身实力转移到他们脚下的土地本身，试图改变土地的性质，将花园从可以被正常交易的普通土地变成难以交易的公园用地，寻求法律制度对特殊土地的保护，而不是对法人个体的偏袒。

法律中对特殊资产的保护，可以被拆迁中的弱势一方利用起来，改变拉锯战的格局。在中国，一些老城区的居民也采取了相似的手段来改变与建设方交涉的格局。我在《纽约社区花园 vs 深圳城中村：社区组织和开发商之间的拉锯战》一文中分析了老城区居民在不具有产权、处于弱势的情况下，采用迂回的方式来探索保障自身利益的过程：

"文物保护就是这样一种方式。如果'旧改'对象被认定为古建筑并具有了文化价值，那么城市更新项目的正当性和合理性就会被质疑，开发商和政府的行动也会受到来自社会各界的阻力。

"传统的旧改拆迁拉锯战的焦点是人与人之间的对抗：钉子户不搬，开发商也不撤，但最终的结局常常也还是原居民接受补偿走人。但是，如果'古建保护'在旧改的过程中被提了出来，拉锯的焦点则从'人'被转移到了'建筑'。这时，在新的语境下，争论的核心不再是'人'而是资产本身。双方谁能获胜，并不是仅仅取决于哪个人的实力更强；谁输谁赢，取决于整个社会对于文物价值的认知：如果旧城区的资产被认定确实具有文物属性，保护派就更有可能靠着社会认为文物应有的稳定性在这场拉锯战中获胜——即使国内现行立法和政策方面可能对一些文物保护并无明文规定，但这场讨论至少也会牵动社会舆论的敏感神经。

"深圳市在对湖贝村进行城市更新时所遇到的阻力，就是这样一个典型案例。湖贝村是深圳罗湖区的城中村，其拆迁和改建的过程艰难；原因之一便是这座村子的青砖黛瓦房屋结构、三纵八横的村落格局以及传统的人文风俗得到了学界的关注，并在公众舆论中激起了'城中村是否是文物'的讨论。在这种情况下，专家的一个判定可以影响开发派和保护派之间的谈判砝码；双方各自在这场拉锯战中的力量，将在学术研究和社会舆论中被重新衡量。"[32]

尽管城市发展的主旨是建立共识和协调利益，但有时，赢家和输家之间也不可避免地会进行零和博弈。纽约社区花园和深圳城中村遇到的问题是普遍存在的：在政府和开发商占有巨大优势的土地交易过程里，原资产的保护者（比如原居民）往往其实并不具有完整的产权，处于非常被动的局面。原居民要想以小博大，就得寻求更有创意的方法，重新定义他们试图保护的资产并利用制度对某些特殊资产类型的保护来争取自身的利益。

中国和美国的城市在各个方面都有很大的区别，但只要城市还在发展，就会面临新、老势力就资产的未来该何去何从这一问题的对抗。一块空地，是应该盖房，还是应该作为绿地？一片城区，是应该变成新的经济增长点，还是应该供原社区居民居住？纽约的公园用地管理法和中国的文物保护对这些问题提出了特定的价值观。无论是在中国还是在美国，拉锯战中不占优势的一方，也都一次次地通过对制度的理解和运用来试图改变博弈的格局。

然而，不管是美国的公园还是中国的文物，一个社会在法律和道德层面对这些特定资产的价值观其实也是不同利益群体在或长或短的历史中激情碰撞的结果。[33] 我们作为一个社会，为什么选择要保护公园、重视文物？在纽约，当今制度对公园出让的限制是由自19世纪以来一场场不同势力在法庭上的对抗和法官的判决塑造成的；在深圳，湖贝村城市更新的经历虽然仅有10多年的历史而已，但它的故事已启发着社会对之后的城市更新项目的期待和构想。人类社会制度的精神以不同的方式对待不同的资产——这既是城市发展中各方重建权力关系的基础，也是人们彼此间斗争的产物。

4. 各自打着"小算盘"的政府官员：
公园建设的经济账

也许全世界的官员都是喜欢政绩的——在纽约亦是如此。通过修路、建学校、造桥梁等大型公共项目，官员可以积累自己的政治资本，拉拢自己和群众之间的关系，为未来的政治抱负打下基础。

在纽约，官员[①]们喜欢拨款建设大大小小的市政公园，尤其是靠近市民生活和工作场所的中小型公园。这主要是因为，与其他超大型公共项目相比，市政公园——特别是社区尺度的中小型公园——具有投入相对较低、建设周期较短的特点，是一种"多快好省"的讨选民欢心的方法。同时，社区中的中小型公园往往难以吸引大笔的州政府、联邦政府以及私人富豪的捐赠，因此是地方官员施展拳脚的主战场。

纽约市 14% 的土地都是公共绿地，城内分布着 1700 多个市政公园、

维护良好的社区中的公园

---
① 本章中提到的纽约官员专指由选民投票产生的民选官员。

公共空间

游乐场以及体育设施。[34] 虽然公园类项目一直很受官员的青睐，但是纽约市政府里不同类型的官员对于公园建设却有着各不相同的拨款倾向和行为模式。了解公共空间背后的政治算盘，可以帮助人们从侧面"窥视"纽约这座大城市独特的政治生活。

纽约市政厅里的官员

无论是在中国还是在美国，公共权力的运作都涉及不同的部门和人物。在中国城市，市长和市委书记分别执行着不同的权力。在纽约，与市民生活接触最密切的民选政府官员则有三种：市长、行政区长以及市议会的成员。

市长是纽约这座城市的首席执行官，统领全市的各个政府部门。全市的选民每四年通过投票选出纽约的市长。作为全美最大城市的掌舵者，不少纽约市长在全国的政治舞台上都是名人[①]。

行政区长（简称"区长"）则处于市长之下。就像许多中国的城市也分成不同的区一样，纽约也是由经济、人口以及地理状况各异的 5 个行政区构成。每个行政区拥有自己的区政府以及长官，住在各个区的选民投票选出各自的区长。

市议会的成员（简称"市议员"）则掌管了这座城市的立法大权。和美国许多城市一样，纽约市拥有自己的法律；城市生活的方方面面都依照宪章以及其他法律条令来运行。市议员即为立法机构里的市民代表。今天的纽约市被分成了 51 个市议会选区[②]，每个区的选民投票选出代表自己这个区的市议员，参与制定纽约市的法律和政策。

虽然这些官员的角色有别，权力所涉及的范围也不一样[③]，但他

---

①详见第 24 章的讨论。
②第 7 章会更详细地讨论这些区的边界。
③第 24 章会更加详细地梳理纽约权力机构的特点和历史变迁。

们都想要政绩，都在为公园的建设出钱。那么，在这些不同的官员里，谁的公园建设拨款比较多？他们的拨款倾向又有哪些不同？对于普通的纽约市民来说，不同官员背后的"小算盘"又对他们的生活有着怎样的影响[①]？

官员追逐的政治利益

在纽约，纳税人的钱是政府资金的重要组成部分。民选官员就像基金经理一样，负责制定"投资"策略，帮客户（纳税人）将钱投入到符合他们利益的项目上——公园就是这样一种产生公共利益的项目。对于官员个体来说，为优质的项目"投资"还能积累竞选时所需的政治资本：每当一个公园项目建成时，为它拨款的官员会参与现场剪彩仪式，与群众见面，并发布新闻，宣传自己为社区做的贡献。公园和游乐设施是纽约市政府最受居民欢迎的公共资产之一，投资其建设是官员用有限的时间与金钱为民众谋福利的方法，也是官员增加自身正面新闻曝光度最有效的途径之一。

为了分析纽约公园背后的经济账，我收集了从 2013 年 7 月至 2017 年 6 月这 4 年间纽约市政府批准建设的各种公园类项目的公开资金数据。除去一些非常特殊的项目以外[②]，在这 4 年间，纽约市政府投资建设了 379 个公园项目，累计金额高达 9.6 亿美元，相当于平均每天都有 60 多万美元的政府资金流入市政公园的建设。

前文提到，单个公园项目的价格普遍相对较低。在政府的公园投资里，绝大部分项目是社区中的中小型公园（包括其中部分设施的翻新），

[①] 除了市长、议员和区长以外，市民还会投票选出审计官等，但鉴于其他官员在公共项目投资上的作用有限，本文不予讨论。
[②] 本研究的样本排除了预算金额超过 1000 万美元的超大型项目、金额小于 5 万美元的超小型项目、横跨多个行政区的项目、设备采购类项目以及缺失完整时间表的项目。

公共空间

有一半的项目预算在 210 万美元以下[1]（作为对比，在纽约建造新的公共厕所需要大约 400 万美元）。这也就难怪官员喜欢为公园投资，因为这类项目确实既受欢迎又相对便宜。

投入产出比和利益最大化

由于为公园项目拨款是积累政绩的好途径，市长、市议员和区长都争相加入了公园项目的投资潮中。不过，不同类型的官员在投资时是有着不同的效率的。

各类官员所投资的项目和金额在总数中的占比			
	市长	市议员	区长
投资的**项目**在总项目数中所占的比例[2]	67%	61%	33%
投资的**金额**在总金额数中所占的比例[3]	50%	31%	13%

通过对比公园投资的项目个数和项目金额，我们会发现：市长和市议员都为纽约带来了大量的公园项目。不过，市议员参与投资的项目个数达到了市长的 9 成，却只动用了相当于市长拨款 6 成的资金。也就是说，和市长相比，市议员更善于把美元转化为项目个数。

市议员是如何安排自己的投资策略，从而"以小博大"、优化自己的投入产出比的呢？

其实，虽然市长和市议员投资项目的总数差不多，但是他们投资的项目性质并不是完全类似的。

---

[1] 样本中的公园项目的平均预算是 250 万美元，其中最昂贵的预算为 970 万美元，金额最低的则为约 6 万美元。
[2] 这 3 种官员的百分比相加大于 100%，因为一些项目是由多类官员共同投资的。
[3] 这 3 种官员的百分比相加小于 100%，因为总数还包含了其他投资者，如州政府拨款、私人捐赠等。

项目比例
30%

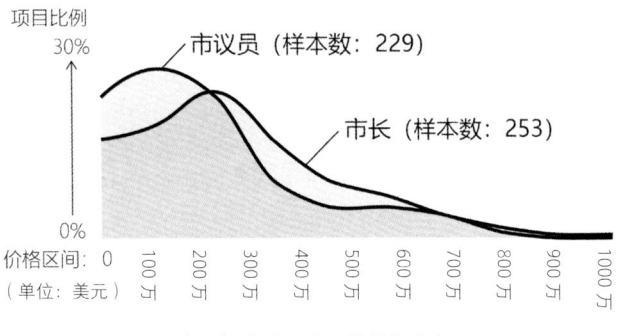

市议员（样本数：229）

市长（样本数：253）

0%

价格区间：0 100万 200万 300万 400万 500万 600万 700万 800万 900万 1000万
（单位：美元）

官员投资公园项目的价格分布

首先，项目造价是个重要的区别——市长参与投资的项目大多比市议员投资的项目贵。在分析的样本里，市长所投资的项目平均预算为 290 万美元，而市议员则为 240 万美元，两者均值相差了 50 万美元[①]。尤其是在 300 万到 600 万甚至是 800 万到 900 万这些高额区间内的项目里，市长的参与度要明显高于市议员的参与度。

但是，只研究项目的价格是不够全面的——我们还得研究各官员投资在项目总成本中所占的比例。这是因为，给公园拨款的政治收益可能不仅仅跟投资的项目个数有关；如果多个官员同时对某一公园项目进行了投资，那么每个官员的实际"曝光度"很有可能与他在这个项目内的投资占比有关。

打个比方，如果两个官员同时给某一公园的建设拨了款，一位投资了其造价的 60%，另一位投资了 40%。那么前者很可能会比后者在剪彩仪式上分到更长的发言时间以及更多的新闻版面，或是在被提及时排在另一位官员之前。

从这个角度想问题的话，纽约官员为公园拨款就像股权投资。官员有 3 种不同的积累"公园股"的方式：

- 官员可以对项目进行全额投资，即自己购买该项目所有的"股份"，成为"独资"投资人；
- 他们也可以选择和其他官员一起联合投资，且确保自己的股份在一众投资者中是最多的，即成为项目的"大股东"；

---

① 这个差距虽然不是特别明显（市议员均价是市长均价的 83%，Cohen's d——一种统计学中对变量差异效应的测量值——为 0.28），但在统计上是显著的（p 值小于 0.01）。

公共空间   57

- 除了这两种方式以外，官员也可以做"小股东"，即和其他人一起投资，但仅拿少数的"股份"。

常做"独资"投资人和"大股东"的官员，其政治收益要高于"小股东"。那么，从"所占股份"这个角度来看问题的话，市长和市议员的投资结构是否有所不同呢？不同的投资结构，是否也与不同的"投资－收益"比例有关呢？

答案是肯定的。

在被分析的项目中[①]，市长把他67%的"股"投到了自己"独资"的项目里，市议员则只把39%的"股"投到了自己"独资"的项目里。市长有18%的股份是在自己做"大股东"的项目中，市议员则有47%的股是在这个类别里。

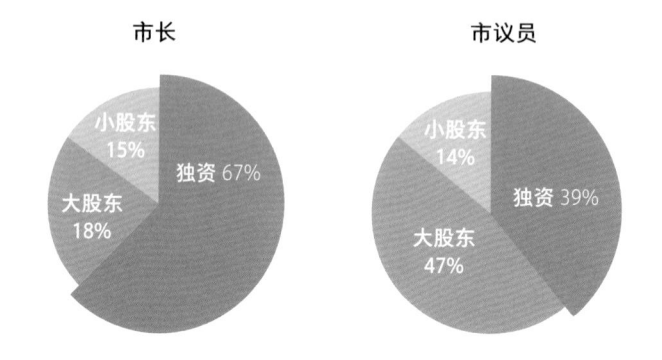

官员的股份分配模式对比
独资项目：该官员对此项目进行全额投资
大股东项目：该官员和其他官员对此项目联合投资，但自己的股份数领先于其他人
小股东项目：该官员和其他官员对此项目联合投资，但自己的股份数少于其他人

这组数据表明，市长和市议员有相像的地方：他们通常只要投资了公园项目，就会成为项目投资方中的领导者，很少只做"小股东"[②]。但是，市长和市议员占据领先地位的方式很不同。市长的偏好是将大量持有的"股份"分配在"独资"项目里，而市议员则更喜欢和其他投资者合作，但要在合作项目中仍保持占比领先的优势，既要善用杠杆，又要懂得争取政治收益。

与此同时，对于那种投资占比领先的项目，市长也常比市议员付出更高的"股价"。如下表所示，市长不仅从数量上比市议员更加钟爱"独资"项目，

[①] 该分析假设所有统计的项目均由100支"股"构成。
[②] 市长和市议员都只有约15%的股份投到了自身投资但占比不领先的项目中，而作为对比，区长则有35%的股份投到了自身不领先的"小股东"项目中。

各类官员的投资成本		
	市长的每股买入价	市议员的每股买入价	市长和市议员的每股买入价相差
独资项目	2.88 万美元 （共 107 个项目）	1.38 万美元 （共 55 个项目）	1.50 万美元 （p 值小于 0.001， Cohen's d 为 0.91）
担任大股东的项目	3.40 万美元 （共 41 个项目）	2.50 万美元 （共 99 个项目）	0.90 万美元 （p 值小于 0.001， Cohen's d 为 0.49）

且其"独资"项目的"股价"也要比市议员平均高出 1.5 万美元——这个差异非常明显。对于做"大股东"的项目，市长的"股价"也要比市议员平均高出 9000 美元。

这也就是说，市长不仅常对项目进行大比例甚至全额的投资，且这些让他选中的项目也常是纽约较为昂贵的公园项目；市议员们不仅倾向于给造价相对较低的项目拨款，并且他们也更常与其他人合作投资，从而将自身的资金需求进一步降低。

从投资结果来看，市议员不需要像市长那样总是给大项目全额资助，他们做的有可能就是找到价格较低的项目，和别人联合投资，然后比其他的合作方多投资一些，这样就能成为曝光度领先的"大股东"——这样一来，议员们优化了自己在公园建设方面的投入产出比。

不过，仅从投资的数据上来比较可能也会漏掉一些更细致的因素。事实上，官员在每个项目内的投资份额并不只与价格有关——投多少还可能受到其他社会经济因素的影响。纽约作为一个有着非常多不同社区的多元城市，官员给各个项目的投资份额可能与各社区的特征有关[1]。于是，控制这些可能影响投资份额的变量（如项目所在地的人口数量、居民收入水平、主要人种等），可检验各类官员对于公园项目的"股份"数与其项目总价之间到底是否真的有统计上的关联[2]。

分析的结果表明，当考虑了其他可能影响官员在任一项目中所持"股份"数的

---

[1]第 7 章会详细介绍纽约各种不同的社区。
[2]控制变量包括：资金来源的多样性；项目所涉及的政府部门数量（纽约市的公园项目有时会涉及除了市公园局以外的其他部门，如市交通局、经济发展署、市环保局等。行政组织较为复杂的项目，可能会吸引某些特定类型官员）；特殊项目类型（市政府负责建设的项目，除了传统意义上的公园和绿地以外，还包括游乐场、体育设施和公园内的建筑。特定的项目类型可能会对应官员不同的投资偏好）；项目所在社区的家庭收入；项目所在社区的亚裔比例（由于白人、黑人和拉丁裔人口的比例均与家庭收入高度相关，这份研究不将其他人种比例作为控制变量进行研究）；项目所在社区的已有公园数量（公园越少的社区可能越吸引投资）；项目所在社区的常住人口（人越多的社区越有可能得到官员的拨款）。

公共空间

社会经济因素之后，市长在公园项目中的投资份额确实仍会随着项目总价的提升而增加，市议员的份额则随着总价的提升而减小[1]。

具体地来说，当其他社区因素都相同时，公园项目总价每提升100万美元，市长的平均投资份额会相应地提高5.9"股"，而市议员的平均投资份额则降低5.1"股"[2]。如果只分析市长和市议员共同投资的项目，这种增减关系仍然存在。

各类官员的投资偏好

		市长	市议员
		倾向于造价更高的项目	倾向于造价更低的项目
项目造价每提高100万美元，官员在这个项目内的投资占比的变化	全市所有项目（样本数：306）	增加5.9个点（R2为0.30，p值小于0.001）[3]	降低5.1个点（R2为0.17，p值小于0.001）
	仅限市长和市议员均参与投资的项目（样本数：94）	增加3.5个点（R2为0.28，p值小于0.05）	降低3.5个点（R2为0.25，p值小于0.05）

换言之，市长和市议员的投资规律相反，且非常有可能确实是和项目造价有关[4]。当市长和市议员同时投资一个项目，如果这个项目的造价高，那市长就更有可能占有更多的份额，反之则是市议员占更多。

总的来看，市长所资助的项目通常是更贵的项目，且市长一旦拨款，就大概率会全额支持；市议员的项目通常更便宜，并且市议员更倾向于和其他出资方一起合作而不是"独资"。回到一开始的假设：如果全市范围内每"股"公园投资所对应的官员"曝光度"真的是相同的，那么

---

[1] 虽然相关性不能确定是因果关系。
[2] 用于回归分析的样本数量为306，小于之前分析的379，因为有73个项目涉及多个社区——这些项目无法采集确切的相关社区数据，因此在回归分析中被剔除。
[3] R2，p值以及Pearson's R均为统计学中检测显著性和相关性的系数。R2越高，模型解释力越高；Pearson's R越高，因子相关性越高；p值越低，统计越显著。
[4] 因为市长份额与市议员份额高度相关（在总样本中Pearson's R为负0.69），所以将这两个指数分别放在两个模型中单独做回归分析。在检测市长"股份"的模型中，除了造价之外，显著的因素还有：资金来源的多样性（每增加1个资金来源，市长持"股"减少19.0，p值小于0.001）、项目涉及的政府部门数量（每增加1个政府部门，市长持"股"增加19.5，p值小于0.001）以及亚裔比例（每增加百分之一的亚裔人口，市长持"股"减少0.6，p值小于0.001）。在检测市议员的模型中，显著的因素还有：资金来源的多样性（每增加1个资金来源，市议员持"股"增加7.6，p值小于0.01）以及项目涉及的政府部门数量（每增加1个政府部门，市议员持"股"减少14.8，p值小于0.01）。

这份统计分析表明了一个重要事实：不同类型的官员在纽约通过公园建设来积累政治资本的金钱成本有显著差异。当然，这个假设有些过于简单了，未来的研究可以继续拓展这个政治收益模型的结构[1]。不同官员的政绩投资规律在统计上的区别，为继续深入研究政府行为与城市建设提供了探索方向：市议员比市长更常与其他投资方合作，且市议员比市长更钟爱造价较低的项目，这到底是官员主动选择的结果，还是已有的制度条件、预算程序甚至某些社会环境因素造成的必然现象？不同官员在公园领域投资行为的区别是否是公平且符合公众利益的？……这些问题需要更深入的定量或质性研究来回答。

普通市民的政治生活

人们常说，"有事找政府"——然而在世界上的任何一个地方，"政府"都并不是一个结构单一的组织。在美国"三权分立"的政治架构下，政府的行政和立法分属不同的机构。在国家层面，总统掌管着行政权，国会掌管着立法权；在地方层面，一个城市的市长和议会也以类似的机制分管着政府运作的不同方面。

不过，无论是行政部门，还是立法部门，官员都想要有自己的政绩，只是不同类型的官员发力的方向和招式不同而已。对纽约公园投资的统计分析表明，不同官员的投资成本也有着显著差别。

所以，普通市民们又可以做些什么呢？

在纽约，既然行政和立法机构都在直接影响市民的生活，且市长和市议员都是选民投票产生的，那么市民就可以通过向这些官员表达意见来参与跟城市运营和发展有关的决策，这包括各类公共项目的计划、选址和建设。以公园建设来说，如果市民想让自己关心的项目尽快提上建设日程，就需要借助政治的力量向官员表达自己的意见。

但是，普通群众要想成功地通过向官员提出意见或施压从而达成自身目的，也是需要策略的。

---

[1] 这份初步研究的假设是每一"股"所对应的单位政治收益相同。进一步的研究可以加入新的变量，假设单位"股份"的政治收益与股价相关，或是收益与股份数呈非线性关系。

如本文所分析的，在纽约，不同类型官员的投资规律有差别。了解各类官员独特的投资习惯和潜在偏好，对于市民找到"对的人"很重要：

- 如果市民想要推进的市政项目价格较低，那么他们也许应该去找市议员，因为市议员确实更常投资造价低的项目；而且只找了市议员还不够，因为市议员的投资习惯是以合作为主，所以热心市民还得要多拉一些其他人员或机构来为该项目提供小比例的资金。
- 对于价格高的大项目，市民应该首先尝试找市长——根据市长常给大项目全额拨款的投资习惯，说不定市长一个人就会把项目的资金全额解决。

说到底，为什么市长和市议员会有着不同的投资逻辑呢？这可能与他们和市民之间的关系有关。

由于美国行政机构和立法机构在选举逻辑上的根本差异，不同机构的官员有着不同程度的"代表性"（representativeness）。行政机构的官员由一个地方全体的市民选举产生，立法机构的官员则分区选举，后者的"官员∶选民"比例大于前者，所以对于单个选民来说，立法机构官员的代表性通常比行政机构更强。

在纽约，市长代表的是整个纽约 880 多万人的利益，其所代表的行政部门难免会和不少群众有距离——就公园建设来说，市长关注的是大且贵的项目，不会总是顾及市民家旁边的小花园。而 51 位市议员则代表着各自的选区（平均每个区只有 16 万人），这些议员往往离市民们更近，更能代表不同群众的独特利益和诉求——因此，市议会对社区和邻里内的小项目关注度更高。这座城市里不同政府机构的不同代表，有时会产生摩擦，会对城市的政策和建设产生深远影响[①]。

当我们在讨论政府的时候，我们讨论的并不是一个行动逻辑清晰、组成架构单一的整体。政府内部是多元的：无论是在国内还是在国外，各个政体都有着自己选举或任命官员以及划分权力的特殊方式。而权力如何产生，往往会决定不同类型官员的政治偏好和投资习惯。政府官员行为的差异，除了直接影响市民的政治生活以外，更会影响一个地方的公共资源分布，改变城市空间的发展。

---

① 第 13 章和第 17 章从基础设施建设和城市规划这两个角度更加深入地探讨了这种矛盾。

5. 金钱、土地与契约：私人领域的公园

占地面积：0.8 公顷

在纽约，闹中取静的地方往往都是价值连城的富人区。曼哈顿东部就有一个居民收入是全市平均值 2 倍的、宁静的老街区，其中央坐落着一片名叫格拉梅西公园的绿地。这座公园占地面积 0.8 公顷，在纽约属于中型的公园，但因为其设计精致且维护质量高，并在绿树成荫的园中拥有著名现代艺术家的大型雕塑作品，因此显得格外高级。

格拉梅西公园四周有铁制的围栏和大门，这在纽约的公园系统中也并不罕见。我第一次来到这，正准备将门打开进入公园时，却发现门是上了锁的，没有钥匙则无法打开。园子里的人"躲"在各自的树荫下，

格拉梅西公园

公共空间

格拉梅西公园的围墙

似乎并不能察觉到围栏外尝试开门进入者的尴尬。

事实上，格拉梅西公园是一座如假包换的私人公园——整个曼哈顿有且只有这一座公园是需要有钥匙才能进入的。并且，这座公园的钥匙是"限量款"：公园四周的 39 栋楼房一共配有 383 把入园的钥匙，1/3 的钥匙放在各大楼的前台供住户享用，另外 2/3 则以 350 美元一把的价格出售给这 39 栋楼的住户任其自行保管。公园的门锁和钥匙一年一换，且钥匙非常难复制。钥匙若有丢失，补配则需缴纳 1000 美元的罚金。用钥匙开门入园后，门会自动上锁，防止外人尾随进入。所以说，这片占地相当于一整个街块大小的绿地，只是这几百户居民的"私家后院"。

私家后院确实正是这座公园规划建设的初衷。1831 年，一位名叫塞缪尔·拉各斯（Samuel Ruggles）的地主在自己所拥有的一大块土地上勾勒出了格拉梅西

格拉梅西公园的门锁

    公园的蓝图，将作为公园的土地的永久产权授予了公园四周的地块的所有者，并成立了格拉梅西公园信托作为公园产权的执行人。公园信托每年向周边业主征收一笔公园维护费，且只为缴费的业主提供公园大门钥匙。

    所以说，格拉梅西公园成立的本质是一种私人之间的地产契约，且这份契约的法律效应是永久的；在直到快 200 年后的今天，那份私人地产契约仍然主宰着公园的运营，使得格拉梅西公园成为纽约最私密的高级绿地。

    为了不断提升公园的品质以及确保它的私密性，1994 年，格拉梅西公园周边的居民成立了名为"格拉梅西公园街区协会"的非营利社区组织，负责公园的维护、行政、公关等事务。作为代表这片富人区业主权益的社区组织，协会的使命是保持该街区的生活品质，并确保格拉梅西公园的高级私密属性。纽约是一座不断发展的全球性大都市，酒吧、夜店和收容所都曾想要入驻格拉梅西公园所在的街区。街区协会认为这些商业项目和政府设施会扰乱当地人生活、破坏社区风格，是居民的敌

公共空间　　65

人。所以，协会主导了众多公关战，阻止了这些项目的落地，并将这些引以为傲的"战果"——记录在了协会的网站上①。

精致的私人公园加上高端的生活品质使得本就处于黄金地带的格拉梅西公园周边房产变得更加价值连城。根据房地产数据公司 CoStar 于 2023 年 5 月提供的信息，该街区每户的平均房屋售价比曼哈顿均价要高出两倍；根据房地产网站 StreetEasy 于 2017 年的详细统计分析，配有格拉梅西公园钥匙的房产平均每户要比同一地区其他房产贵 30 万美元，这充分显示了这座高级私人公园极强的溢价效应。[35]

但关于房地产价值的讨论正是格拉梅西公园最具争议的一点，尤其是在房地产税这个方面。

在纽约，一般来说，凡是私有土地，无论用途如何，都需向政府缴纳房地产税，除非政府对其有特殊的优惠条例。格拉梅西公园的土地是私有的，所以按理来说这个公园的土地本身是要缴纳地产税的。然而 100 多年前，格拉梅西公园四周的业主赢得了官司，让政府无权对格拉梅西公园这块私人土地征收地产税——其理由正是公园的地产溢价效应②。当年，格拉梅西公园周边业主在公堂上的逻辑是：既然公园的价值已经转化为其四周房产的额外价值了，那么公园应缴的税其实也就已经附加在了公园四周房产的税单上，既然这样，如果政府还要继续对公园征税的话，那就是双重征税了，这不合法；并且，这座公园既然无法在市场上销售（公园创立者的授权书中规定了格拉梅西公园将永久作为空地，不得开发和转卖），就不具有实际的地产价值，无需缴税。[36]

就这样，多年以来，虽然针对格拉梅西公园是否可以不向公众开放的同时也不向政府缴税的争议不断，但当年法院的判决并未被挑战过，这块 0.8 公顷的土地仍然是曼哈顿唯一一座不需缴税的私人绿地。

---

①更多有关街区协会这类组织在纽约社区生活中的作用的讨论，请参见第 8 章。
② 1832 年，格拉梅西公园建成之初，其原地主拉各斯向纽约市政府申请让公园土地不必缴纳房地产税，政府批准了该申请。100 多年前，纽约市政府试图对格拉梅西公园的土地征税，但受到了公园周边业主的强烈反对。1910 年，法院判政府败诉。详见：People ex rel. Poor v. O'Donnel, 139 App. Div. 83, 124 N.Y.S. 36。

占地面积：0.3 公顷

2011 年，数以千计的示威者来到纽约金融城，抗议越来越严重的社会贫富差距，发起了轰轰烈烈的"占领华尔街"运动。这场运动的中心在金融城内的祖科蒂公园。同年 9 月 17 日，将近 1000 名示威者聚集在这个占地面积仅有 0.3 公顷的小公园里。随后的几个月，示威者在祖科蒂公园搭起了帐篷，并以此为据点占领了华尔街附近为数不多的几个公共空间。

祖科蒂公园

占领华尔街的示威者们之所以选择祖科蒂公园作为抗议运动的根据地，除了因为这座公园的地理位置位处金融城的中心，具有象征意义以外，也因为这座公园是 24 小时对公众开放的，不像纽约的大多数公园那样会在凌晨 1 点至 6 点之间关闭。然而，有趣的是，祖科蒂公园之所以在运营上与众不同，其实是因为这座公园是由私人建设和运营的。它的掌管者是布鲁克菲尔德资产管理公司和高盛集团，不属于市政公园系统，所以就连警察都无权在示威者占领公园期间进行清场，除非布鲁克菲尔德和高盛以土地所有者的身份向政府正式提出驱逐占领者的请求。

祖科蒂公园虽是由私人建设并运营的私人资产，但和需要有钥匙才能进入的格拉梅西公园不同的是，祖科蒂公园并不设围墙，是如假包换的完全对公众开放的公共空间。这种虽由私人掌控但对公众开放的公园在纽约叫作"私有公共空间"。纽约现在一共有 500 多个大小不一的私有公共空间，它们的面积通常不大，主要集中在曼哈顿。除了祖科蒂公园以外，著名的西格拉姆大厦广场也属于私有公共空间。与传统的市政公园不同，私有公共空间通常在设计和建造上都更具创意，也不一定都是绿地（大部分私有公共空间是广场，而且不少是在室内），为市民

纽约市内的私有公共空间（黑点）

和游客提供了更多的休闲选择。

在纽约，私有公共空间的起源和房地产以及城市规划的发展息息相关。1961年，纽约市政府颁布了新的区划法规，其中引入了一项新的地产开发机制，允许并鼓励开发商通过在自己的土地上提供公共空间来换取额外的开发面积，相当于让开发商用公园来换房子。根据统计，在1961年到2000年之间，纽约的开发商一共建设了500多个大大小小的私有公共空间（总占地面积32公顷，相当于1/10个中央公园），以此换来了148万平方米的额外建筑面积（相当于4个帝国大厦的总面积）[1]。祖科蒂公园（0.3公顷）当年就为建设它的开发商换来了额外9层楼的建筑面积。

今天的纽约市政府对于私有公共空间的建造和运营有着非常严格的标准。[37]在建造上，规划局对这些公共空间的大小、采光、设施等方面都做了硬性规定。在运营上，规划局规定这些空间除了特殊情况获批以外，需要对公众全年24小时开放。

用公共空间来换取额外的地产开发体量是一种公私双赢的安排。

从规划的角度来看，私有公共空间在城市建设的至密与至疏之间找到了平衡点——每当一个地方因为额外的开发面积而变得更密了，那个地方也会因为提供了新的公共空间而同时变得更疏。政策让这些新公共空间的私人建设者同时承担其全部的维护和运营责任，则更是减轻了政府的财政负担。

对于开发商来说，这笔交易也是值得的。首先，建造公共空间可以换来超出原规划许可的额外开发面积用来创造现金流；其次，高品质的公共空间本身也可以提升地产项目的价值，尤其是对项目底层商业的人流具有带动作用。

但是，对于私有公共空间的批评也是存在的。批评者们认为：与传统的市政公园相比，私有公共空间更容易因设置餐桌等设施而变得过于商业化，并且私人物业雇的保安在看守这些公共空间时，有时会排挤一

---

[1] 数据来源：Advocates for Privately Owned Public Space, The Municipal Art Society of New York, and Jerold Kayden. "What Are POPS." Privately Owned Public Space in New York City, n.d. https://apops.mas.org/about/what-are-pops/.，文中引用2021年8月时的数据。

私有公共空间的标识

位于曼哈顿的私有公共空间弗莱森广场

些特定人群，或是直接（错误地）声称这些空间是私人空间，公众无权进入。虽然纽约市政府针对私人公共空间的运营政策明文禁止了商业化和歧视行为，但这些政策执行的效果存在争议。私人公共空间究竟能否创造更多的公共利益，在于其运营的细节。

占地面积：2公顷

纽约现在最新潮的中型公园莫过于多米诺公园了。多米诺公园坐落于威廉斯堡街区的河畔，这里聚集了众多时髦年轻人。公园占地2公顷，长达380米，于2018年建成开放，由著名景观建筑事务所詹姆斯·科纳场域运作事务所设计，拥有沙滩排球场、绿植、广场、宠物公园等。在2020年新冠疫情肆虐期间，公园的草地上画出了间距2米的圆圈矩阵，供公园使用者们一边在草地上晒太阳一边保持安全距离，此举立刻在网上蹿红，成为公共空间面对疫情的创新之举的代表。

多米诺公园虽然对公众开放，但完全由房地产开发商（私人企业）负责建设和运营。事实上，这座公园属于一个大型河畔地产开发项目的一部分，代表了纽约城市更新政策的重要一环。

在多米诺公园建成之前，威廉斯堡街区的河畔曾是纽约重要的工业区，船舶将各种货物运往全国各地。19世纪中后期，一家名叫多米诺制糖公司的企业在河边开设制糖厂，但后来随着工业和运输业的衰退，工厂于2004年停业，但老厂房后被市政府于2007年指定为历史文物建筑。终于，时间来到2012年，一家名为"两棵树管理公司"的地产开发集团购得了4.5公顷的临河地产（包括多米诺老厂房），并在2013年向纽约市规划局申请提高这块地的开发容积率，用来建设4栋新的大楼以及将老厂房改建为高端办公楼。两棵树管理公司所申请的项目开发总面积达27万平方米，包含2000多户住宅以及大量办公、商业和社区设施，是当时布鲁克林河畔最大的城市更新地产项目之一。

多米诺公园南部

　　在纽约，开发商要想申请提高地块的容积率来推动城市更新项目，得要和政府谈条件，除了满足政府对于经济型住房等环节的硬性指标以外，有时还得用各种额外的公共福利来交换申请新增的开发面积[①]。在两棵树管理公司的计划中，花钱建造并负责维护一个新的大型公园便是这个项目中开发商为了说服规划局通过审批而做出的承诺之一。针对这个新的多米诺公园，政府和开发商签订了协议，指定设计和建造的标准，规定公众具有永久使用多米诺公园的权利，以及要求开发商在运营多米诺公园期间需要提供一系列让公众参与的活动，并且，这些由开发商负责提供的公共活动需要由一个新成立的、代表公众利益的审查委员

---

①第 17 章会详细分析纽约城市更新中的政策特点和多方博弈。第 19 章会更加详细地介绍经济型住房开发和融资政策。

会进行批准,确保活动的高频率、高质量以及受众的广泛性。虽然开发商拥有维护多米诺公园的责任,但两棵树管理公司和政府的协议中实际给予了政府相当大的权力,包括控制公园维护标准的权力以及对开发商的公园维护预算进行年度审批的权力。可以说,政府在这笔交易中对开发商提出了非常苛刻的要求,并且要求多米诺公园的运营标准要远远高于纽约市政府自己建设和管理的普通公共空间——这些也都是多米诺公园为何如此成功的原因。

对于这样一个全新、高质量的大型临河公园,政府无论是建设还是运营都不需要花一分钱,并且与同样是私人建设、私人维护、向公众开放的祖科蒂公园等私人公共空间相比,纽约市政府对于多米诺公园的设计、建造以及维护方面都有了更强的掌控权。但对开发商两棵树管理公司来说,这并不吃亏,相反,和祖科蒂公园所代表的私人公共空间类似,开发商在城市更新项目中在公园上的投入是一笔好账:首先,通过建设并维护公园,开发商赢得了额外的开发容积率,这意味着更多的住宅和商业现金流;其次,新的公园由于其超高的质量而迅速在纽约蹿

多米诺公园周边地产开发项目渲染图

公共空间

多米诺公园北部

红，提升了地产项目的人气和价值，使得新建的房屋租得更快，并带来了公园对整个区域的溢价效应。这个模式显然让开发商尝到了甜头：就在多米诺公园开放的1年后，两棵树管理公司宣布了将在项目北端的另一块临河地段上做新的开发规划——它会复制多米诺模式，同样承诺建造维护一个向公众开放的新公园。

公与私之间的权益交换

从格拉梅西公园，到祖科蒂公园和多米诺公园，私人建造并维护的公共空间在纽约并不罕见，甚至变得越来越常见，但其背后所代表的政府与私人之间的关系却经历了颇大的变化。

格拉梅西公园的诞生是一桩直截了当的私人间的地产交易——地主将自己的土地授予了指定的一群土地所有者，并在契约中规定了这块土地必须永久作为绿地供这群土地所有者享用。祖科蒂公园和多米诺公园则是私人与政府之间的交易——开发商为了争取更多的开发面积和经济价值，以承诺建设以及运营新的公共空间来作为交换条件。

祖科蒂公园和多米诺公园虽然都是开发商项目的一部分，但政府的角色有着微妙的不同。在以祖科蒂公园为代表的私人公共空间政策中，政府是"有求于人"的一方：规划局将额外的开发面积和公共空间联系起来，其本质是用前者来吸引地产商帮助解决市中心太过拥挤、缺乏绿地的城市病。而在以多米诺公园为代表的城市更新政策中，政府则是被求的一方：开发商看中了一些旧地块来做新开发，为了征得规划局的许可提高建设的容积率（或是让原本的工业用地被改为住宅和商业用地），开发商用新的公共设施（如公园）作为交换条件。在城市更新类的项目中，政府对容积率的把控和垄断权是价值连城的谈判筹码，且整个项目的体量越大，政府能要求的公共福利也会越多。

不管是私人公共空间也好，还是城市更新规划审批中指定的新公共空间也好，这些私人建造、私人运营的公园都是开发商在算了经济账后自愿提供给社会的公共福利。这些私人公园的土地仍属于地产商，并且需要每年向政府缴纳房地产税。在祖科蒂公园，公园土地本身就是和它旁边大楼的土地连成一体的，所以整个地块都在市政府的纳税财产清单中。多米诺公园的2公顷土地虽是单独划定的，不和其周围建筑的土地连成一块，但多米诺公园的土地和其他私人资产一样需要缴纳房地产税——尽管其用途是向公众免费开放的公园。根据政府2021年的税单，多米诺公园土地的市场价值为868万美元，1年所需缴纳的房地产税为42万美元。

那么再回到在分析格拉梅西公园时谈到的纳税问题：这座私人公园到底是否应该缴纳房地产税？回答该问题的关键在于理解政府和私人之

交易1:

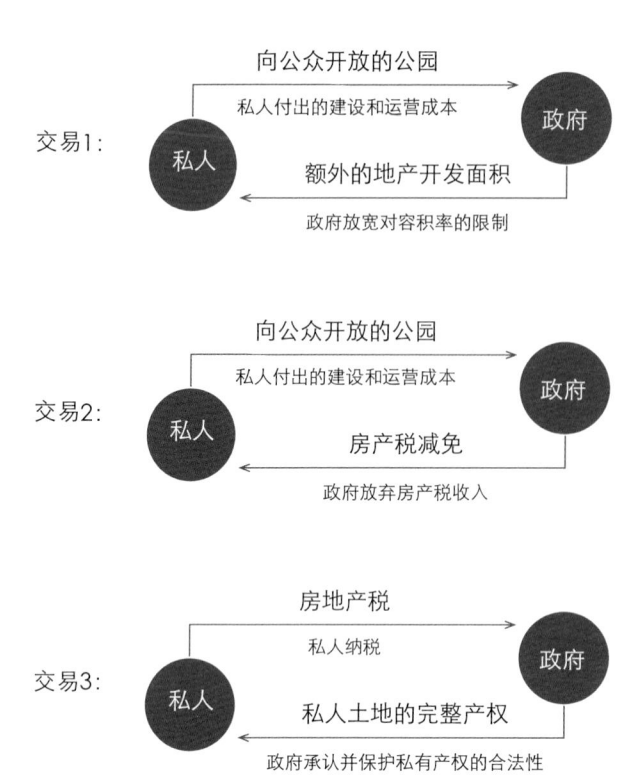

向公众开放的公园
私人付出的建设和运营成本

私人 → 政府

额外的地产开发面积
政府放宽对容积率的限制

交易2:

向公众开放的公园
私人付出的建设和运营成本

私人 → 政府

房产税减免
政府放弃房产税收入

交易3:

房地产税
私人纳税

私人 → 政府

私人土地的完整产权
政府承认并保护私有产权的合法性

思想实验

间就土地使用而达成的利益交换。

在未来法庭对这个问题给出新的判决之前,我们不妨来做一组思想实验:假设格拉梅西公园并不是私人有钥匙才能进入的公园,而是完全对公众开放的话,那么它是否需要缴纳房地产税呢?

祖科蒂公园和多米诺公园的例子似乎意味着:(假设中)对公众开放的格拉梅西公园也应该像其他私人公园一样缴税。但这种对照是不严谨的。格拉梅西公园的诞生本就不涉及政府与私人之间的利益交换——这使它和其他地产商建造的公园有本质区别。

祖科蒂公园和多米诺公园的建造是用对公众完全开放的新公园从政府的手上换取经济利益(额外的房地产开发权),如思想实验中的"交易1"所示,政府和私人双方各有所得也各有付出,交易是一个完整的闭环,所以当政府和开发商就地产和公园之间进行完交易之后,祖科蒂公园和多米诺公园的土地完成了其交易职能,变得在其他方面和普通私人土地再无差异,所以应该每年正常地缴纳房地产税。

如果格拉梅西公园自愿开放给公众,并且从不要求政府给予其相关地产任何经济利益,那么以"政府和私人之间的交易需要双方平等"作为分析原则的话,政府在收获了新的公共空间之后就需要有所付出才公平。这时,减免(假设对公众开放的)格拉梅西公园这块私人土地的房地产税或许可以是一种政府在交易中选择付出的利益,相当于思想实验中的"交易2"。毕竟,格拉梅西公园由私人出资维护,如果它免费开放给大众,那就相当于是私人业主用自己缴纳的公园维护费给了政府一笔补贴,相应地,在这种情况下,政府理应给私人业主一些好处。

然而现在的实际情况是:格拉梅西公园并不向公众开放,在这种情况下,政府和私人之间还存在任何交易吗?其实是有的,且这种交易更加触及制度问题的本源。

如思想实验中的"交易3"所示,格拉梅西公园象征着一种最基本的公私交易——政府和私人之间通过土地产权构成的契约。这是一种城市中最普遍的契约——当私有土地的业主向政府缴纳房地产税时,政府动用由税收来支付的各种公共资源来保护私人业主的产权不受侵犯。那么如果一块私人土地的业主不交房地产税的话,政府就有理由不承认那块土地业主的权利。通过和政府之间以纳税的形式达成协议,财产的所有者可以享受私人的自由[①]。

所以,如果通过"公私交易"的视角来审视私人公园的话,那么格拉梅西公园既然不涉及其他与地产开发政策有关的公私谈判,就应该像正常的私人土地一样,用缴纳房地产税的方式来换取政府对其私有财产权利的认可和保护。格拉梅西公园虽然特殊,但其本质就是一份私人财产。

100多年前,当纽约市政府试图对格拉梅西公园征税时,业主说服了法庭判定政府不得征税,理由是"公园的价值已经转化到四周房产的

---

① 第22章在分析纽约的房地产税制度时,会更加深入地讨论这种契约。

价值上"——业主的逻辑并不是公园不产生税，而是其应交的税已经通过地产增值而扣在了房产的税单上。但在100多年后的今天，由于纽约市政府现行的房地产法律里的种种特殊规则和漏洞，格拉梅西公园四周房产虽然市价要高于其他房产，但其实际所需缴纳的房地产税则和其他房产无异甚至更低①。这也就是说，格拉梅西公园这块私人土地的价值并未如之前业主声称的那样转移到了周边房产的税单上，这座高级的私人公园作为普通的私人财产存在"漏税"的嫌疑。

格拉梅西公园是否要缴房地产税的争议如今越来越大，许多人讨论以及质疑这片土地到底是否还应该保持其私有属性。虽然格拉梅西公园的私有属性在法律上是天经地义的（其成立的本质即是一份私人之间的地产契约——地主将自己的土地授权给特定的私人进行使用），但越来越多的市民认为这座公园应该变成公有土地。公有化的支持者认为：格拉梅西公园的土地如果不交地产税，就不应该成为富人用来给自己地产增值的工具，而应该成为所有市民都能享用的公共资源；[39] 毕竟，如果一块土地不用交税，就未和社会签订"契约"，不该得到政府对其私有产权的承认。或许双方之间针对这块城市绿地的争论，得等到下一次法庭纷争才能解决。

---

① 关于对格拉梅西公园四周房地产税的分析，详见 Robbins 等人（2018）的报道。[38] 之后第22章也会更详细地分析纽约房地产税制度。

6. 新冠疫情的影响：
城市中新增的公共空间

疫情下的紧急政策："封路"

新冠（COVID-19）疫情于 2020 年初席卷纽约。随着确诊病例和死亡人数的攀升，纽约成为当时全球疫情最严重的灾区。大量店铺关门，市民居家办公，地铁和地面交通异常寂静，只有救护车的声音在这座城市的焦虑和恐惧中回响。

纽约市政府于疫情肆虐初期推出了众多政策，其中有一条显得有些不太符合常理：在学校停课、餐厅关门的春季，市政府紧急下令封锁了全城总计 300 条马路，专门供市民进行室外活动。被封锁的道路会被设置路障禁止机动车穿行，行人和自行车则可以在马路上自由行走或行驶。

纽约的这个政策叫作"开放街道"。通过这个政策，政府增加了市区里人行道和"步行街"的数量，打造出了一个个行人自由穿行的新公共空间。

最初，开放街道仅限于纽约少数几个区域。2020 年 4 月纽约刚提出开放街道的计划时，政府公布了一张表格，指定了具体被封锁的道路清单。这些疫情早期的开放街道大部分位于公园周边，其效果主要是缓解室外空间的拥挤，帮助人们在外保持足够的社交距离。

但随着政策的成熟，纽约的开放街道越来越多，如雨后春笋一般出现在不同的社区。在当地疫情最初几个月的爆发期和开放街道早期试点阶段结束之后，政府不再垄断开放街道的布局，这套政策的推进建立在政府和民众之间自下而上的合作基础上。

在 2022 年的政策下，任何的民间社区组织、学校和三个以上店铺组成的团队都可以登录纽约市交通局的网站，申请将自己所在的道路对机动车进行封锁，用作供行人和自行车享用的开放街道。相应地，政府也将开放街道的管理和执行任务下放到了民间：申请者在提交开放街道

延伸讨论：

疫情期间，个人外出的愿望和政府为控制疫情而采取的隔离措施会产生矛盾。纽约"反其道而行之"，在疫情的初期创造了更多的户外空间来鼓励人们外出，这似乎显得有悖常理。

牛津大学哲学教授艾莉森·希尔斯（Alison Hills）在《卫报》上发表的文章《"能否在公园晒太阳"现在已是一个伦理问题》（"'Can I sunbathe in the park?' is now a deep moral question"）帮助我们思考公共利益和个人自由之间的关系。以下段落选自2020年5月8日在《澎湃新闻》上发表的文章《疫论·空间｜纽约"封锁"：把车道开放给市民散步晒太阳》。

"希尔斯指出，伦理哲学和政治哲学的一个重要议题就是个人选择和公共利益之间的矛盾。对该矛盾的不同理解会支持个人主义、集体主义以及两者之间的多种社会文化和意识形态，并对'疫情期间能否在公园晒太阳'这个问题做出不同的回答。

"第一种观点以约翰·斯图尔特·密尔（John Stuart Mill）为代表。在自由【意志】主义、效益主义的世界观中，伦理道德的终极目的是要追求最大的幸福。在疫情期间，远离他人、不染病是最基础的幸福；在此同时，如果其他人都待在家中，而你自己可以出门晒太阳不影响他人，那么你就是在已有的基础幸福上又增加了额外的幸福。用博弈论的逻辑来说，如此晒太阳让你更好的同时，并未让其他人更差，因此晒太阳是正当的行为。

"第二种观点以伊曼努尔·康德（Immanuel Kant）为代表。康德认为最重要的伦理问题并不是'我是否可以这么做'，而是'如果每一个人都这么做，那么会怎样'——在他看来，正当的行为应是符合普世规范的。疫情期间每个人都出门晒太阳显然不是社会可以承担的，所以这时候出门的人，其实是或有意或无意地指望其他人能尽量待在家中；晒太阳的人将自己特殊对待，这样从道德上来说有失公平。伦理道德在这种框架下并不只是利益得失的问题，而是公平与尊重的问题。

"第三种观点以卡尔·马克思（Karl Marx）为代表。个人的选择得放在社会的大背景下来看，而社会背景往往并不是个人可以选择的。对于不同的人来说，居家隔离是非常不同的体验。坚持隔离本就不容易，但对于那些房子小、缺少阳台花园、多人共同居住和有孩子的人来说，一直待在家里会是更加艰难的挑战。事实上，居家隔离加剧了社会中已有的种种不平等。对于疫情期间外出者的评价，不应脱离对他实际情况的理解。

"不同的社会面对疫情会制定出不同的措施。在同一个社会中，随着疫情的发展，政府和民众的举动也会发生改变，映射了希尔斯在《卫报》评论文章中所总结出的不同世界观。"[40]

的申请时，需要同时提交开放街道的管理和活动组织计划，详细地列举道路封锁的具体时间、路障的设置、垃圾的清理以及阐述如何让道路上的店铺和居民参与其中。

有了开放街道，纽约在度过了疫情最初几周的死寂后，渐渐地变得热闹了起来。随着天气的回暖，开放街道上充满了欢声笑语，尤其是孩子在路上玩耍和年轻人在行道树下聚会的场景，和许多其他国家和地区在疫情期间（尤其是初期）倡导居家隔离为主的景象不同。

在疫苗尚未面世、新冠疫情肆虐的早期，减少病毒传播的需求和公众外出活动的愿望之间产生了矛盾。在纽约，不同的人群、文化和社区交织在一起；相应地，在这座城市里，对个人自由与公共利益的关系的解读也是多样的。

疫情期间的开放街道（2022 年 6 月时的数据）

纽约是一个矛盾的综合体，它既是重视个人利益、自由意志主义（libertarianism）的象征，也是全美国在政治上最进步主义（progressivism）、保护弱势群体的大城市。在不同的社区里，纽约人有的年轻，有的年迈；有的是亿万富翁，有的则是贫困线以下的穷人[①]。开放街道政策是自由意志主义和社会关怀等多种世界观和价值观的糅合产物。

早在北美疫情最初于纽约暴发、政府倡议大家减少外出的时候，纽约州州长和市长曾多次在电视上严厉批评执意出门、在公园聚集的人们。政府甚至将篮球筐拆掉、关闭游乐园等设施来让市民能好好地待在家里。尤其是随着 2020 年夏天的到来，天气变好，纽约公园人满为患的现象更是登上了《纽约时报》的头条。

---

① 第 7 章会详细介绍这些不同的群体和他们所在的社区。

开放街道对机动车禁行，供行人和自行车使用

　　纽约人外出活动的愿望非常强烈，且在美国的社会、文化以及法律环境下，政府不能明文限制个人外出。那么，政府要想保证市民的健康和安全，就只能想办法让人们外出活动的空间变得更宽敞，减少病毒在人员密集处传播。开放街道这种举措其实承认了市民哪怕在疫情肆虐的情况下仍有去公园散步的自由和权利，是一种对自由意志主义的妥协。

　　现在，纽约市交通局让社区组织参与到开放街道政策的制定和实施中来，相当于给了更多的市民和组织发声的机会，是以达成社会公平、保护弱势群体为价值观的进步主义政策。在纽约，公园等传统的户外空间分布并不均匀，穷人聚集的社区相比富人区，植被和开放空间的覆盖

公共空间　　83

率都要更低。于是，在一些公园相对较少或是人行道狭窄的高密度区域里，开放街道这种参与式的决策机制可以帮助那里的社区、店铺和居民为自己争取到更多的户外活动空间资源。

在街头"摆摊"的餐馆

虽然开放街道让普通市民有了更多的户外活动空间，但疫情仍重创了纽约这座城市——尤其是在经济上。新冠席卷纽约的初期，由于疫情严重，州长下令所有餐厅不得在室内营业。于是，很多无法只靠外卖为生也没有户外就餐空间的餐厅因此歇业或倒闭。根据纽约州审计官的报告，2020年4月时，纽约市餐饮行业就业人数比3个月前减少了2/3。[41]

为了帮助餐厅运营下去，纽约市政府于2020年6月推出了"开放餐厅"政策，颁发特殊执照允许餐厅在原本供机动车行驶或停车的街道上以及餐厅外的人行道上摆设桌椅，用来供客人在户外就餐。和开放街道一样，开放餐厅也是由纽约市交通局管理的。餐厅如果想要在马路或是人行道上摆设桌椅，就可以到交通局的网站上递交申请。系统允许餐厅在申请时自行认证其计划符合规定，这大大减少了行政关卡，降低了申请的难度。在申请通过之后，政府机构再不定期地对餐厅进行抽查，对违章的餐厅吊销开放餐厅许可。

一时间，餐厅的桌椅板凳摆上了纽约街道，这座城市的街头有了一番大排档的热闹景象。起初，纽约户外就餐的设施大多非常简陋：各餐厅用交通锥在马路上隔出一块地方，从餐厅里的电源接出照明设施，一些稍有情调的店主则会摆上几盆花花草草，在车流和餐桌之间做一些视觉上的隔离；若是下雨，很多餐厅则无法在室外营业，一些餐厅撑起雨伞，但仍难以抵抗横向的大风大雨。

不过很快就发展出了更加专业的户外就餐建筑。有些餐厅在路边搭起了用塑料和木头制作的大棚，有些餐厅用布料支起了帐篷，更有不少

位于曼哈顿中国城的户外就餐区

餐厅直接在街上盖起了"小房子"——有墙、屋顶、地板，一些甚至还有门。户外就餐不仅仅是"大排档"的体验了，不少高端餐厅也加入了这个行列，并雇佣专业的建筑师和设计师来打造别出心裁的户外就餐空间，让户外就餐设施成为疫情期间的新"网红"建筑。

更加专业的户外就餐建筑不仅仅满足了人们对美的需求；进入冬天，低温和降雪也使得更高质量的临时建筑成为正常营业的必要条件。然而，许多小型餐厅或低收入地区的餐厅却既没有资本又没有技术来搭建这些坚固的临时建筑。根据统计数据，纽约近一半的开放餐厅位于曼哈顿，

公共空间

其他相对贫穷社区的餐厅则较少参与到这个项目中来①。这时候，民间的各类非政府组织采取了行动，为缺少资本和经验的餐厅给予设计和建造上的帮助。

位于曼哈顿中国城的非营利组织"心目华埠"发动了"共建华埠"项目，与当地建筑师联手，免费为中国城的小餐厅提供户外就餐建筑的设计和搭建服务。纽约的建筑师和设计师们还组建了名叫"设计倡导者"的非营利组织，作为建筑师们和设计师们合作为小企业提供免费服务的信息网络和互动平台。民间组织的介入，让更多的餐厅和社区得以享受开放餐厅带来的经济利益。在这项为了应对疫情而推出的应急政策执行了1年后的2021年夏天，纽约全市一共有1万多家餐厅在马路和人行道上经营，纽约市政府也尝试立法让开放街道这个疫情期间的特殊政策能变成纽约市的永久法律。

开放餐厅给疫情期间的纽约注入了极大的活力。尤其是在没有了机动车的街道上，开放街道和开放餐厅这两条政策相结合，路上满是自由行走的路人和户外就餐的人，马路的中央变成了现场演奏等活动的舞台，有些市民甚至直接拿出野餐布在开放街道上野餐、玩桌游，让人竟觉得眼下的这一切其实要比疫情到来之前那充满车辆的马路更加美好。②

不过，随着疫情逐渐被控制，政府取消了起初的餐厅室内营业限制，很多人也随之意识到：一些餐厅既在室内营业，又在室外通过开放街道和开放餐厅的政策添加桌位，这使得这些餐厅的营业面积变得比疫情之前还大。这些供餐厅在户外营业的场所属于政府的公共用地（人行道、马路），且餐厅通过开放餐厅政策在公共用地上营业并不需要缴纳任何的申请费和租金，这相当于政府通过开放街道和开放餐厅政策对这些餐厅提供了一笔可观的补贴。如果未来疫情对餐饮行业的打击变得很小甚至消失，那么政府这种继续对餐厅进行补贴的政策或许也会变得不再正当。

---

①数据来源：纽约市交通局，文中引用2021年8月的数据。[42]
②在道路封锁执行期间，一些驾车群体担心开放街道和开放餐厅会增加其他道路的拥堵情况。不过，研究表明：封锁机动车道、增加步行街反而会减缓城市的交通堵塞。这是因为：当道路的选择变少时，司机的行为也会跟着调整，自私、插队的情况会变少，从而降低整体道路拥堵和交通事故的频率。[43,44]

位于布鲁克林音乐学院对面的户外就餐区

开放空间的未来

开放街道和开放餐厅改变了城市的总体面貌，体现了纽约这座城市面对疫情时的创造力和行动力，其成功以及争议的本质是关于政府与私人之间的关系，以及个体与公众之间的关系。

面对疫情，由于美国的法律框架和社会文化使得地方政府无法全面地禁止市民外出，纽约市必须在公民的个人自由与阻断病毒传播中找到平衡点。开放街道和开放餐厅这两套政策的推出是一种对抗疫情的缓兵之计（鼓励市民将社交活动转移到病毒传播风险低的户外空间），并为市民创造出了许多以往不存在的权利（行人在机动车道上行走的权利以及餐厅开在马路和人行道上的权利）。

虽然开放街道和开放餐厅是由政府发起并管理的，但其执行的特色在于民间的参与。纽约市政府将这些新公共空间的规划权力下放，让社区组织、学校和商家来告诉政府哪儿应该封路、哪里可以摆摊，并且让封路和摆摊的申请者承担起管理和运营的责任。这种模式大大提高了政

位于布鲁克林区第五大道的户外就餐区

策执行的效率，使得这套新政策能在短时间内在纽约城内迅速推行。

但是，让民间的个人和组织来主导政策的执行也会产生负面作用。

首先，不同社区有着不同的能力和政治影响力。虽然市交通局尽量将开放街道和开放餐厅的申请做得便捷，但成功将道路封锁、允许餐厅在外营业的地方仍然主要集中于曼哈顿和其他相对富有的社区。贫穷、弱势的社区则显得更加无力。所以说，政府将这部分权力下放的同时，也相当于舍弃了政府以往直接承担的关注弱势群体、维护社会公平性的责任。

其次，虽然开放街道和开放餐厅使得行人和店家体会了前所未有的愉悦和经济利益，但许多住在这些街道旁和餐厅上方的居民对此持保留意见甚至反对意见。噪声、气味、垃圾等因素让许多住在店铺楼上的市民不得不问：餐厅和店铺的成功，要建立在牺牲当地居民的利益之上吗？但这些居民的声音也受到了其他市民的反对。毕竟，成功的开放街道和开放餐厅吸引和服务的是来自全市其他地方的人们。若是禁止或限制这些政策的执行，岂不是牺牲了全市大部分人的利益，来满足住在这些街道旁的居民这一小部分群体的利益？

既然开放街道和开放餐厅政策将一部分公共利益让渡给了私人商家（比如餐厅在公共领域营业不必缴纳额外的租金），那么或许私人商家也应该在运营时将一些利益回馈给公众。现在，一些餐厅和社区组织尝试着在这个方向上探索可能性。之前提到的非营利组织设计倡导者在布朗克斯区帮助一家餐厅建造的户外就餐设施就融合了社区画廊，并为住在附近的居民（非餐厅顾客）提供了聚会和活动的场所。位于布鲁克林区的公益组织"游乐场咖啡店"也通过开放餐厅政策申请了户外空间搭建温室、栽培蔬果，并将蔬果提供给纽约低收入家庭的小孩。这些探索正在试图将个人利益和公众利益更好地融合在一起。

说到底，开放街道和开放餐厅政策给纽约提出的挑战是：这座多元的城市能否形成一个团结的整体去捍卫这座城市的公共性？

在充满多样性的大城市中生活，意味着每个人都能保持他与其他人的区别。但作为城市的一分子，人们也在不停地进行着思想、文化和意识形态的碰撞和交流。尤其是在公共空间内——街道、公园、餐厅，人

公共空间　89

们尽情地展现自身、观察他人并或直接或间接地互相交流，建立起了"纽约人"这个共同的身份。

　　无论是在疫情肆虐时，还是疫情被控制后，城市的韧性以及复苏将取决于"纽约人"作为一个整体在社会中的信任度——这既包括市民对政府的信任，也有政府对市民的信任，更有市民之间不同群体和个人的相互信任。自由意志主义者也好，马克思主义者也好，无论一个人的价值观、社会背景以及文化身份是什么，他能够和880多万不同的个体生活在同一个大城市的基础，在于对公共领域和制度的基本信任。人们只有相互信任并对制度有着基本的认同，才能有效地合作；若是信任和认同感丧失了的话，那么就算疫情结束了，整个社会也将难以调动所需的大量资源来重建经济。

　　开放街道和开放餐厅政策虽然有其不足的地方，但它们让纽约人在疫情肆虐期间看到了城市生活新的方式。熙熙攘攘的街道让在疫情中疲惫的人们感受到了快乐和一种作为"纽约人"共同面对困难、解决困难的归属感——这种新的城市运营模式的成功之处离不开政府和民众之间的信任。但其争议也暴露了个人、群体以及政府机构之间或潜在或明显的不信任。正如《纽约时报》在报道疫情期间餐厅和居民之间的矛盾和融合时所说的："在疫情到来之前，绝大部分餐厅都在私人领域经营自己的生意。户外就餐意味着：餐厅需要去重新审视自己在社会中扮演的角色。这些餐厅曾经打造出了成功的商业模式让它们服务的对象——顾客——感到在它们的空间内就餐是一种愉快的体验。现在，在户外营业的餐厅得继续发挥自己的创造力，去重新塑造自己所处的公共空间，让人们——尤其是非顾客——能感到有幸成为餐厅的邻居①。" 45

　　疫情打破了许多社会中曾经人们不曾质疑的基本原则。新的公共空间则更加让人们重新审视公共与私人之间的关系。

---

① 英文原文为"Before the pandemic, almost all restaurants in New York operated entirely in privately owned indoor space. The great move to public outdoor space demands a paradigm shift in how restaurants see themselves. They're already skilled at creating private environments that make paying customers feel lucky to be inside their four walls. Now they need to create environments that make noncustomers feel lucky to be their neighbors."。

位于小意大利的开放街道

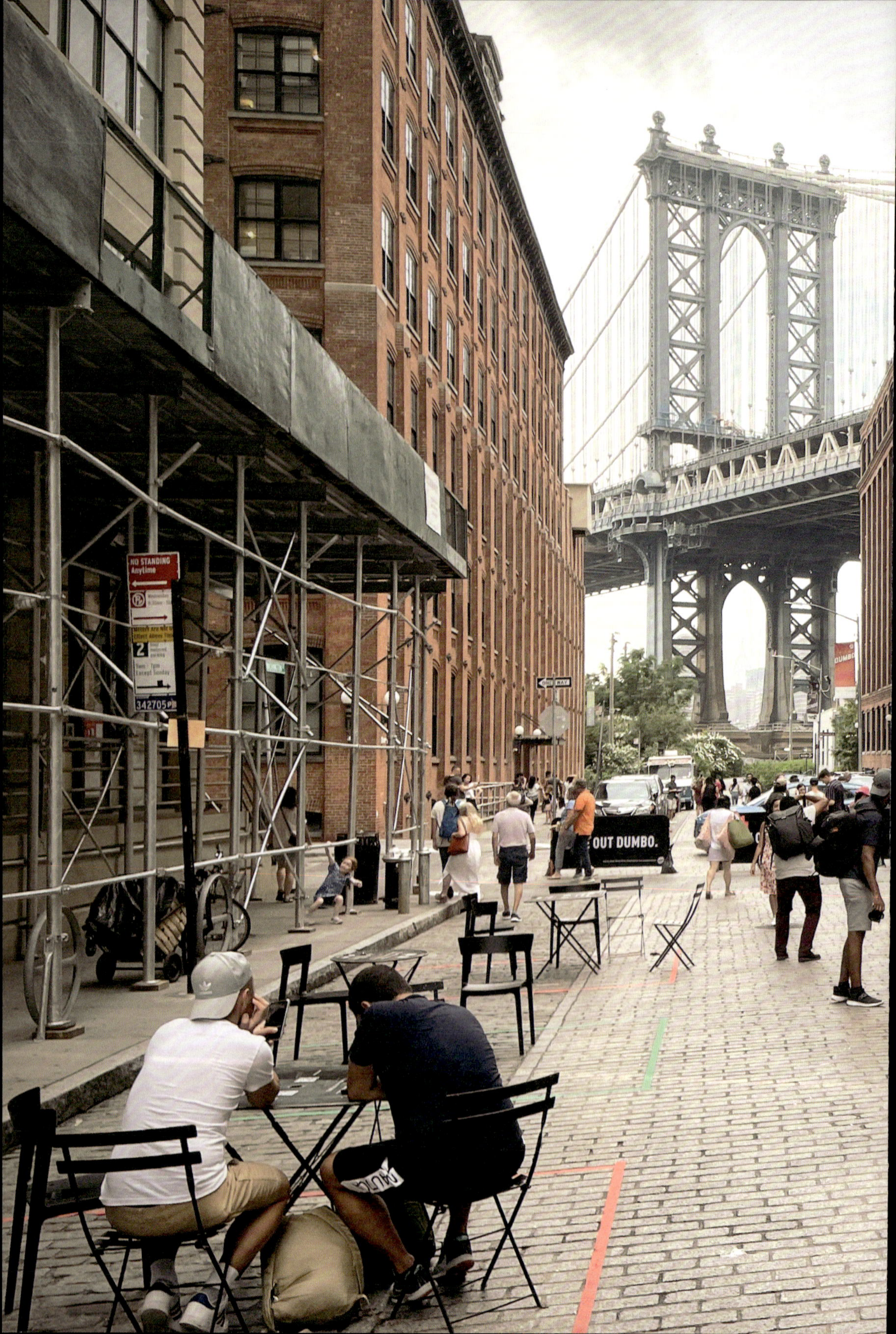
NO STANDING
Anytime
342705
OUT DUMBO.

55 Washington St.
SALON DUMBO
SALON DUMBO
SALON DUMBO
DUMBO
20%
SPECIAL

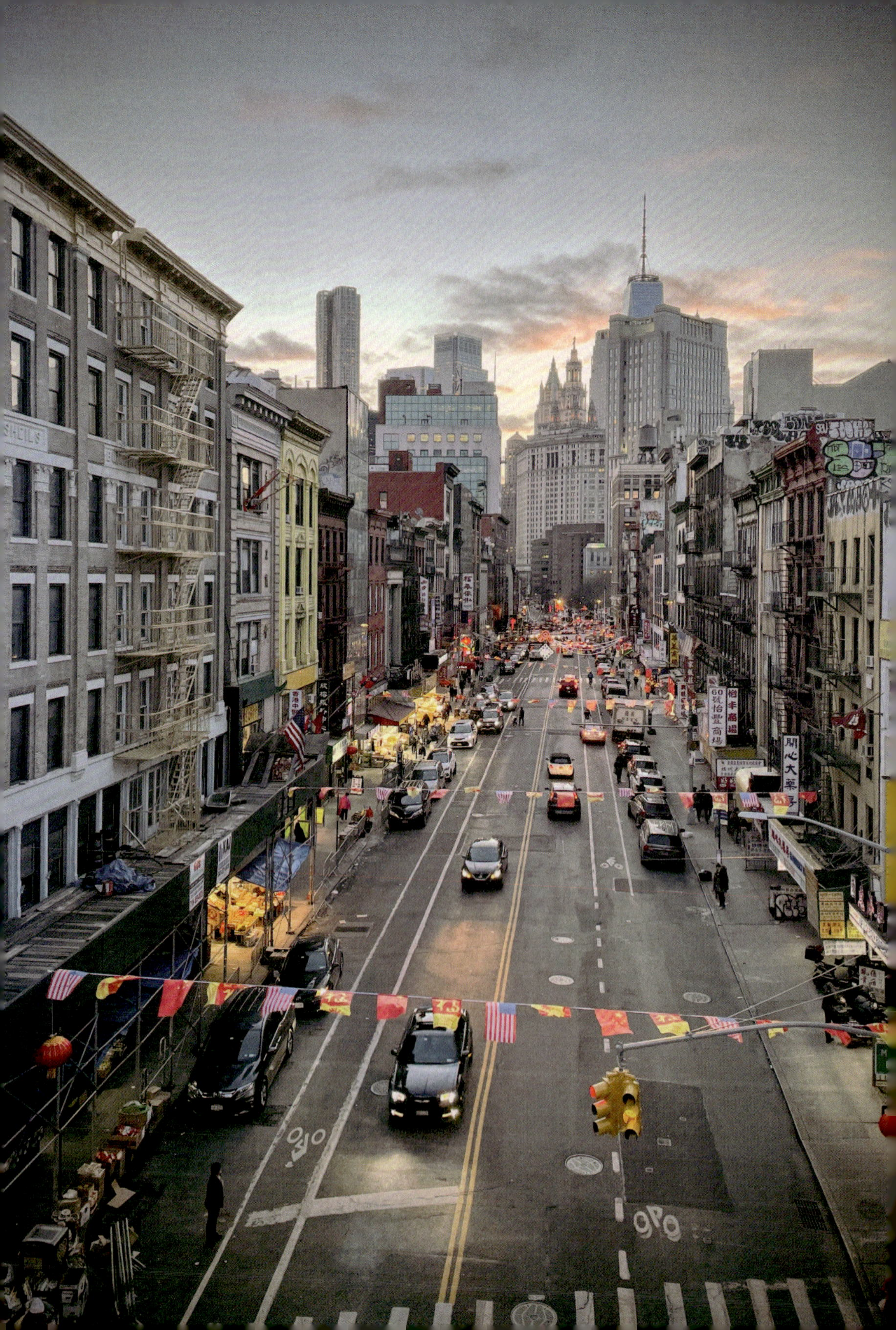

二

社区社会

Community

7. 利益共同体：
社区的多重定义

"你住在哪里？"

无论是刚来到纽约的人，还是在这座城市出生长大或长期生活的人，当被问到这个简单的问题时，都或多或少会提到自己所住的"社区"。在纽约，带有围墙的封闭式住宅小区非常少见。在不同的对话场景中，纽约人对社区的定义也会有不同，有些人口中的"社区"甚至可能并不是物理空间上的概念。

无论纽约人用何种方式来定义他们所居住的社区，这些或有形或无形的概念都将一个个不同的纽约人组织成了独特的集体。纽约是一座人种和文化都非常多元的国际化大都市，但不同的种族、阶层以及文化并不都均匀地分布在城市中的各个地方。相反，人以群分，住在同一个社区的人们往往体现了一些集体内部的相似性以及他们和其他社区的区别——同一个社区的成员可能说着同样的外语，每天搭着同样的地铁去从事类似的工作，或一起参加与自己社区有关的公共事务。虽然纽约的社区大多不设绝对的边界，很多也可能并没有自己官方的名字，但其内部的成员仍对他们共同生活的场所有着一种归属感和认同感。

五大行政区

将纽约这座 880 多万人口、占地面积 784 平方千米的大城市划分成不同社区，最简单的方法是以行政区为单位。纽约市由 5 个行政区组成。尽管曼哈顿经常作为这座城市的象征出现在新闻和影视作品中，但绝大多数的纽约人其实是住在除了曼哈顿区以外的 4 个区中：布鲁克林区、

纽约的 5 个行政区

皇后区、布朗克斯区和斯塔滕岛①。

纽约不同的行政区有着各自的历史、发展现状，以及在人们心中的刻板印象。"曼哈顿富裕""布鲁克林年轻""皇后区人种和文化非常多样""布朗克斯是黑人区""斯塔滕岛是保守派的聚集地"……这些人们心中对各个行政区的设定虽然不能准确地反映生活在这些社区中的每一个个体，但确实能表现一些各区在统计上的主要人口特征。

曼哈顿是纽约城市的起源。1626 年，荷兰殖民者用价值相当于 24 美元的小商品从印第安人那里买下了曼哈顿的土地（相当于 2022 年的 1227 美元）。[1] 之后，在纽约从荷兰殖民地变为英国殖民地以及美国独立战争的进程中，曼哈顿都是这座城市乃至整个美国早期发展史的重要舞台。从最早作为港口城市支撑起了殖民地的贸易和经济②，到乔

---

①曼哈顿区、布鲁克林区和布朗克斯区因为更常用的语言习惯，在本书中会直接写作曼哈顿、布鲁克林和布朗克斯。
②第 25 章会详细介绍纽约最早期的水域管理及其对城市发展的深远影响。

社区社会

人口密度（人/英亩）　　本科学位持有者比例（25岁以上）

外国出生人口比例　　独居者比例

白人（非拉丁裔）比例　　黑人（非拉丁裔）比例

拉丁裔比例　　亚裔比例

行政区人口对比 1

数据来源：2014–2018 American Community Survey (ACS)，以下同

管理、商业和科学艺术类职业者比例　服务行业从业者比例

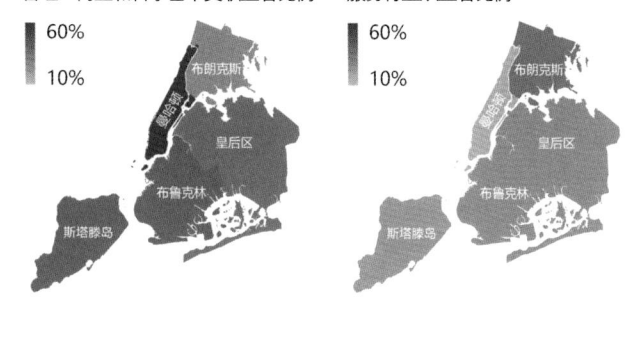

每户收入中位数　贫困家庭比例

行政区人口对比 2

治·华盛顿于 1789 年在此成为美国第一任总统，曼哈顿是当之无愧的经济、文化和历史重镇。[2]

现在，从统计数据上来看，曼哈顿虽然是整座城市的中心，但其居住人口只占到全市总人口的 20%。作为一座半岛（曼哈顿俗称"曼岛"），曼哈顿的占地面积并不大，但人口密度极高，是全市平均水平的 3 倍。曼哈顿人是典型的"事业型"，与其他区相比，这里聚集了更高比例的单身人士和独居者，且居民受教育程度普遍很高（上过大学的人口比例是全市平均值的近 2 倍）。虽然曼哈顿是服务业的集中地，但服务业的从业人员主要居住在其他区，至于能在曼哈顿居住的当地"岛民"，他们则主要从事管理、商务等更加高端的行业。因此，曼哈顿居民的收入整体上要远高于全市水平。从人种和文化上来说，曼哈顿的少数族裔（非白人）比例和外国人口比例也都赶不上全市的平均水平。

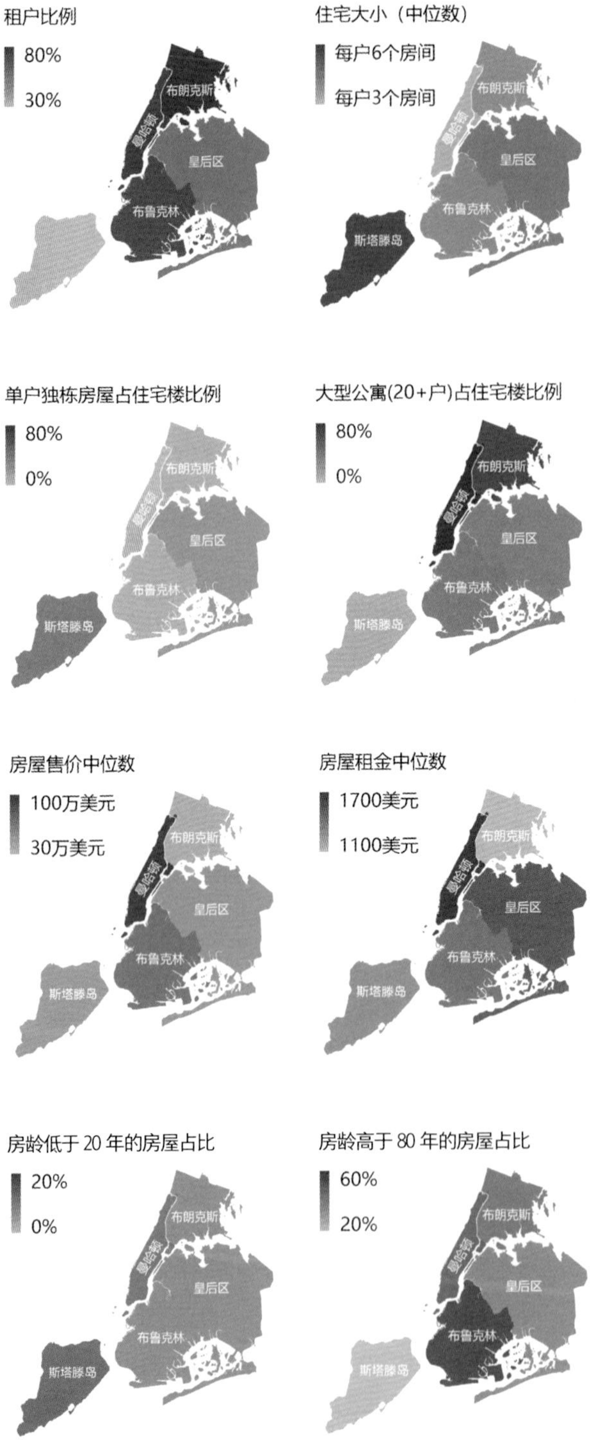

租户比例
80%
30%

布朗克斯
曼哈顿
皇后区
布鲁克林
斯塔滕岛

住宅大小（中位数）
每户6个房间
每户3个房间

单户独栋房屋占住宅楼比例
80%
0%

大型公寓(20+户)占住宅楼比例
80%
0%

房屋售价中位数
100万美元
30万美元

房屋租金中位数
1700美元
1100美元

房龄低于 20 年的房屋占比
20%
0%

房龄高于 80 年的房屋占比
60%
20%

行政区住房对比

曼哈顿的时代广场

曼哈顿的 SOHO

社区社会　101

关于住房，曼哈顿的代表性印象是由众多昂贵的大型公寓楼构成的。在纽约，2/3 的居民是租户，但在曼哈顿，这里的租客比例尤其高（占该区总户数的 3/4）。在寸土寸金的曼哈顿，人们挤在狭小的空间里（平均住宅面积低于全市水平），却付出更大的代价（房价远高于其他区）。曼哈顿虽然历史建筑林立，但也总是在大兴土木，从整体上来说，这里上了年纪的老房子的比例略低于全市水平。

与曼哈顿一河之隔的布鲁克林，曾是全世界现代史上最早的郊区，供前往曼哈顿通勤的人居住。[3] 现在，布鲁克林仍然是许多初到纽约的学生和上班族落脚的地方，但经过 300 多年的发展，这里也有着其独特的产业、文化和身份。

布鲁克林的人口是曼哈顿的 1.6 倍，是全纽约人口最多的行政区。如果布鲁克林是一座独立的城市的话，那么它在全美国按人口排名也能排第四，仅落后于纽约、洛杉矶和芝加哥。这个区里的年轻人多，人口年龄中位数低于曼哈顿和全市中位数。与曼哈顿一样，布鲁克林的单身人士比例要高于纽约市整体水平，但居民受教育程度大

布鲁克林的公园坡街区

布鲁克林的布什维克街区

大低于曼哈顿，仅为全市平均水平。从人种上看，布鲁克林白人依旧很多，但黑人比例则高于全市平均水平；同时，布鲁克林的移民比例要高于曼哈顿，是一个更加多样化的区。从经济上来说，布鲁克林居民从事服务业和销售行业的比例高于曼哈顿，处于全市平均水平，因此这个区居民的收入要远低于曼哈顿，甚至低于全市平均值。

在住房方面，布鲁克林租户的比例和房价均与纽约总体状况持平。和高楼大厦密密麻麻的曼哈顿相比，布鲁克林总体的空间发展更加疏松，独栋、联排和每栋含2—10户公寓的中小型住宅楼所占的比例较高，超大型公寓楼的比例则低于全市平均水平。虽然在布鲁克林一些新发展

社区社会　103

皇后区的长岛市社区

起来的地方建造的新摩天大楼非常令人瞩目，但从整个区的范围来看，布鲁克林还是以第二次世界大战之前建设的老房子占多数，保持了许多具有纽约特色的历史风貌。

皇后区是纽约面积最大的区，位于布鲁克林的东部，也与曼哈顿一河之隔。历史上，当曼哈顿已经非常繁华且布鲁克林吸引了郊区居民时，皇后区还是农村。但19世纪时，其临河和临海的社区开始吸引夏季度假的富人。[4] 在美国文学的经典杰作《了不起的盖茨比》一书中，皇后区是曼哈顿超级大都会和长岛郊区之间的一众小镇、工业区和荒地。随着连接皇后区和曼哈顿的昆斯博罗桥于1909年竣工，皇后区才真正地发展成大型住宅区。[5]

现在，皇后区的人口略少于布鲁克林，人口密度低于全市平均水平。这个区的居民以工薪阶层为主，年龄中位数偏高，已婚人士和非独居者比例高，居民受教育程度也低于全市平均水平。前文提到了皇后区是纽约人种最多样的区——的确，这里拉丁裔、亚裔、白人各占该区近 1/4 的人口（拉丁裔人数甚至还超过了白人），将近一半的居民出生在外国，多于一半的人会讲外语。从经济上来说，皇后区的居民除了主要从事服务业和销售行业以外，还有高于全市平均水平的蓝领工人比例，平均收入和布鲁克林持平，但贫富差距相对低一些。

皇后区的住房状况与曼哈顿和布鲁克林非常不同，以买房者而不是租户占多数，打破了纽约的常规。在皇后区，房屋的售价低于纽约总体水平，租金则由于供应少而略高于全市平均值。同时，从物理空间上来看，皇后区的住房密度比布鲁克林更低，独栋住宅比例接近 1/5——是纽约平均值的 2 倍，这与很多人印象中的纽约高楼林立的景象完全不同。

皇后区常见的低密度住宅

布朗克斯的高桥社区是电影《小丑》的取景地

  位于曼哈顿北边的布朗克斯最早也是荷兰殖民地，之后早期的欧洲移民和后来的加勒比、非洲移民大量涌入。布朗克斯在纽约的文化和体育版图上有重要的地位，是嘻哈音乐的发源地，还是纽约洋基棒球队的大本营。

  今天，布朗克斯的人口比曼哈顿、布鲁克林和皇后区都少，人口密度则和布鲁克林相近。布朗克斯年轻人非常多，年龄中位数比全市水平低 2 岁还多，未婚人士比例高于全市平均水平，居民受教育程度远低于全市水平。布朗克斯的人口主要是拉丁裔（包括多米尼加裔和波多黎各裔）和黑人，大部分居民是出生于美国、会讲西班牙语的本地人。从经济上来看，布朗克斯有着比皇后区比例还要高的服务业从业者，平均收入非常低，贫困家庭比例极高。

  布朗克斯的租户比例特别大（占该区总户数的 4/5），房屋价格非常低。这里几乎没有多少小型住宅楼，大型公寓楼的比例虽然不如曼哈顿那么高，但也远高于布鲁克林和皇后区。

  最后，斯塔滕岛是一座离纽约其他区最远的岛屿。那里人口很少，只占全市总

布朗克斯的洋基体育场

人口的 6% 而已，密度更是低到全市总体水平的 1/3 都不到。斯塔滕岛的居民以工薪阶层为主，人口年龄总体高于全市水平，未婚人士和独居者的比例也都是全市最低，居民受教育程度略低于全市总体水平。斯塔滕岛不像纽约其他区那么多样化，这里白人占到总人口的绝大多数，出生在国外和能说外语的人所占比例也皆低于全市平均比例。从经济上来说，斯塔滕岛的居民所从事行业和纽约总体分布相似，平均收入也处于全市平均值，但贫富差距相对较小。

  斯塔滕岛的住房状况和纽约其他地方也是截然不同，像极了郊区而不是城市。这里租户所占比例极低，房子大，但价格低（虽然仍比布朗克斯贵），并且独栋或其他小型住宅楼是绝对的主流，纽约标志性的大

社区社会 107

斯塔滕岛的住宅区

型城市公寓楼在这里非常少见。

  对于纽约人来说，在行政区之间搬家是件大事——因为不同的行政区象征着不同的住宅条件、文化氛围甚至阶级。并且，住在不同的行政区不仅意味着在填写邮政地址的时候需要做出区分，还意味着要和不同的行政机构打交道。虽然纽约绝大部分的地方政府职能是由市政府统一负责的，但各个行政区仍然承担了一些独特的职能。

  首先，不同的行政区有着各自的区长。虽然纽约现行的法律中并未给区长十分大的权力[①]，但区长仍然在城市规划和房地产开发建设等方面起到一定的作用，并且有着一笔自己的经费可以投资他们关注的市政服务领域。

[①] 第 24 章会详细讨论纽约市宪章的更改以及其对官员权力的影响。

斯塔滕岛的渡轮码头

其次，纽约市的 5 个行政区各自也是一个独立的郡（亦被翻译作"县"）[①]。整个纽约州一共被划分为 62 个郡，每一个郡都有自己的法院、法官以及其居民自己选举产生的检察官。在纽约市，虽然郡（行政区）的大部分行政权力都被合并到了市政府，但每个纽约市行政区也和纽约州内的其他郡一样有各自的法院、法官和检察官。这意味着，纽约不同的行政区不仅有着前文提到的人口、社会、经济以及住房特征方面的区别；住在不同区的居民，还需要去不同的法院处理事务，给不同的区长和检察官候选人投票，过着不同的政治生活。

[①] 纽约市这种一个城市包含多个郡的现象在美国是非常独特的。美国绝大部分的郡政府和城市政府属于两套不同的系统，且通常郡政府的辖区包含多个市政府或其他地方政府（如村）的辖区。

社区社会

百花齐放的街区邻里

如果只按行政区来把纽约划分成 5 个不同部分的话，未免会太过笼统，难以完全体现这座城市的复杂性和多样性。事实上，纽约的每个行政区都由几十甚至上百个各色各样的街区邻里（以下简称"街区"）构成。大部分的纽约人在聊起自己住在哪儿的时候，除了谈到自己所处的行政区以外，都会提起自家所在的街区。街区的名称并不是由政府官方指定的，不同人对同一个街区的范围界定可能也会有所不同，甚至随着时间的推移，街区的名称和边界也会跟着城市的发展而改变。

纽约的街区没有明确的边界，只有明确的中心。这种中心既是一种地理概念——一条街、一栋楼或一座公园都可能是人们定义这个地方的记号，也可能是文化、经济或社会层面的特征——住在这个街区的居民在某种程度上会有一定的相似性，或是本来不同的背景却被这个街区的特质潜移默化地绑在了一起。这些地标和文化向心力，使得居民会对没有明确物理边界的街区有归属感。

这座城市里的许多著名街区是由其独特的历史而定义的。

比方说，之前第 1 章在讨论布鲁克林大桥公园时提到的布鲁克林高地就是一个自 19 世纪 30 年代起就闻名遐迩、具有悠久历史的街区。布鲁克林高地坐落于布鲁克林水岸，与曼哈顿隔岸相对。由于靠近码头，该社区在 19 世纪时是布鲁克林的文化和金融中心。现在，这里的大部分房子都有着 80 年甚至 100 年以上的历史，并且社区里遍布教堂、画廊、学校等公共建筑，是高收入人群的聚集地。布鲁克林高地的历史和文化受到了法律的认可与保护：1965 年，纽约市政府将这里设定为纽约第一个历史街区，政策限制了历史街区内的新建房地产项目开发，从而保护该区的历史氛围不受破坏。这套政策除了保留布鲁克林高地的历史风情以外，还对经济和人口有影响——由于新建房屋的稀缺，这里已有的历史房产得到了进一步的增值，高于大多数人的支付能力，这就进一步加强了该区的富人聚集现象。

还有的街区之所以会形成则是源自其特殊的地理环境。

罗斯福岛就是这样一个由地理环境定义街区的例子。这座长约 3 千米的狭长岛屿位于夹在曼哈顿主岛和皇后区之间的东河水域。由于其四面环水、与世隔绝的地理特征，这座岛曾是纽约建造医院、精神病院和监狱的地方。后来，自 20 世纪 70 年代起，在政府的带领下，罗斯福岛被重新规划用来建设居住区。现在，这座安静、远离尘嚣的岛上住着 1 万多人，亚

本章提到的纽约的部分街区
1. 布鲁克林高地
2. 罗斯福岛
3. 郭瓦纳斯
4. 中国城
5. 杰克逊高地
6. 上东区
7. 高桥区
8. 金融区
9. 自治市公园
10. 威廉斯堡
11. 长岛市
12. 布鲁克林中心区
13. 日落公园

裔人口比例是全市平均水平的3倍,居民受教育程度和曼哈顿整体情况相同(远高于全市平均水平)。在21世纪的今天,康奈尔大学科技校区进驻罗斯福岛,继续改变着罗斯福岛这个社区的身份和特性。

除了罗斯福岛以外,郭瓦纳斯也是一个很好的由地理定义街区的例子。它坐落于布鲁克林,是一个由郭瓦纳斯运河辐射开来的社区。运河修于19世纪,周边在历史上一直是工业区。二战后,政府在此兴建了大批廉租房,用来安置二战老兵。由于是工业区,这条运河污染非常严重,直到2010年政府才开始拨款对其进行清理。现在,郭瓦纳斯的居民大多数是白人,其中不乏富人。在这个社区的诸多老工业厂房之间,一些餐馆、艺术家工作室、联合办公空间也陆续进驻,改变着社区的面貌和氛围。现在,规划局修改了这个街区的规划,未来将会有更多的住宅楼

社区社会　111

布鲁克林的郭瓦纳斯社区

在此建造①。

街区之间的差别，除了表现在各自的地理特征上以外，还可以在其居民的种族、文化、出生地上得到体现。纽约虽是不同民族的"大熔炉"，但许多种族的分布在空间上具有明显的隔离性，形成了一个个特色鲜明的聚居区。

中国城（又称华埠、唐人街）就是人们耳熟能详的种族聚居区的好例子。在曼哈顿，现中国城腹地的前身是在19世纪前期被称为"五点区"的贫民窟，曾聚满了黑奴、爱尔兰移民以及犹太贫民等社会边缘群体。两个世纪后的今天，当人们来到纽约时，会发现中国城紧邻着监狱和看守所——相传这是因为当年政府认为把监狱设在这里可以更方便地就地关押五点区的犯人。现在，中国城聚满了华人，各色餐厅、菜市场、商铺布满大街小巷，老头老太太在公共空间下棋、打牌、唱戏、晒太阳，载满新鲜蔬果的小贩在路边吆喝着。从地缘文化上来说，现在曼哈顿的中国城主要居住着粤语区的移民（香港、广东移民），

---

① 更多有关修改规划的讨论，请见第17章以及第19章。

曼哈顿的中国城

但在该街区的东部有着福州人的聚集区。根据人口调查数据，曼哈顿中国城所在的占地面积 1 平方千米的邻里统计区中，华人占总人口的 54%（纽约总人口中华人比例只占 7%）[①]，并且居民年龄普遍偏高（有一半的人超过了 42.7 岁，比纽约整体水平高了 6.2 岁），近 1/4 的家庭是贫困家庭（这个比例高于全市的平均水平）。

与中国城中单一种族占多数这一特点不同，位于皇后区的杰克逊高地是纽约乃至全美国种族多样性最丰富的社区之一。二战后，随着许多白人中产家庭搬到城市外的郊区以及 1965 年的移民改革法案的颁布，大批南美以及南亚次大陆的移民来到纽约并选择落户在了杰克逊高地。现在，在当地的居民中，哥伦比亚裔占 13%，厄瓜多尔裔占 12%，墨西哥裔占 8%，印度裔占 8%，多米尼加裔占 7%，华裔占 6%，孟加拉裔占 3%，并且紧邻菲律宾人和泰国人聚集的街区。在杰克逊高地，众多各民族的商贩聚集在不同的街道贩卖着印度香料、巴基斯

[①] 统计区包括的范围大于人们普遍认为的中国城的实际范围。如前文所述，街区往往没有明确的物理边界，但政府却需要在地图上以人口普查区域为基础制定出统计区，用来了解不同街区的人口发展趋势和区别。

社区社会　113

皇后区的杰克逊高地街区

坦烤肉、哥伦比亚玉米饼、尼泊尔馍馍（饺子）等，彰显着这个社区的多样性。

不同种族和群体在不同街区和全市的人口比例

种族 / 群体	中国城（曼哈顿）	杰克逊高地（皇后区）	纽约市
白人（非拉丁裔）	18%	17%	32%
黑人（非拉丁裔）	5%	3%	22%
拉丁裔	15%	56%	29%
亚裔	58%	23%	14%
外国出生人口的比例	51%	58%	37%
会说外语人口的比例	67%	82%	49%
英语能力不强的人口的比例	44%	44%	23%

经济状况和家庭结构也是将不同类型的街区区分开来的指标。在纽约，不同收入的人群和家庭各有各的阵营，因此整个城市里遍布了彼此临近却又令人感到区别明显的穷人区和富人区。

曼哈顿的上东区是纽约最著名的富人区之一。这里的居民大多属于高收入群体，且充满了超级富豪，居民的平均收入和中位数是全市平均水平的3倍，几乎没有贫困家庭的存在。住在这里的人绝大多数是已婚者，丰厚的财富和稳定的家庭意味着上东区的买房者远多于租房者，其租户与买房者之间的比例竟然和全市状况截然相反。众多电视剧、电影中刻画的围绕高端行业、私立学校以及名牌消费的上东区富人生活，原来并不是艺术创作上的夸张。

从上东区往北开车20分钟即是布朗克斯的高桥区，这是一个截然不同的街区。这里大部分居民的收入甚至连全市中等水平的一半都没达到，单身者是主流，并有不少未婚母亲，贫困家庭的比例比全市平均水平高了20个百分点。在高桥区，几乎没有人买得起房，2019年的电影《小丑》

上东区的公园大道

中位于社会底层的主角在其上如着魔般狂舞的阶梯就取景于这个社区。

有时候，一个街区的居民不仅处于同一个阶级，还高度集中于少数几个行业——这些行业进而成了定义社区的标准。

曼哈顿的下城金融区顾名思义是金融、保险、地产和管理行业高度集中的地方。住在这个区的居民，也同样多是高端行业从业人员，比例远高于全市平均水平。具体来说，在金融区所在的下城统计区内（包含 4 万多人口），32% 的居民在管理行业工作，27% 的居民在地产和金融行业工作。

不同职业人口、本科学位持有者在曼哈顿下城金融区和全市所占的比例

职业及学历	金融区 / 下城 （曼哈顿）	纽约市
管理、商业、科学、艺术	75%	41%
服务行业	5%	23%
销售、办公	20%	21%
自然资源、建设、维护	无统计显著数字	6%
生产、交通、运输	无统计显著数字	9%
本科学位持有者比例 （占 25 岁以上人口）	85%	37%

政治倾向也是区分纽约各个街区的一项标准。虽然纽约的政治倾向整体偏向民主党，但少数的共和党票仓仍然存在，并且格外显眼。

位于布鲁克林的自治市公园和威廉斯堡这两个街区就是共和党的支持者聚集地。在 2020 年的大选中，这两个地方近 90% 的选票投给了特朗普。自治市公园和威廉斯堡都是正统派犹太教徒的聚集地，民风保守，政治倾向上也保守，并且选民习惯抱团投票。

最后，相较于那些在历史的发展中逐渐形成和巩固自身特征的社区，其他一些地方则在近期经历了快速变化和发展——这些变化有时也能成为定义社区的关键因素。

曼哈顿的金融区

布鲁克林威廉斯堡犹太教正统派社区

社区社会 117

位于皇后区的长岛市和布鲁克林的中心区正是这种通过变化速度来定义社区的最好例子。这两个地方都有着各自的悠久历史，然而它们最近都经历了超速发展，成为高楼林立、吸引大量新居民的地方。长岛市有高达 42% 的住宅是近 10 年内建造的新房子，布鲁克林中心区则有 32% 的住宅是新房子——纽约全市的总体水平只有 2% 而已。在过去的 8 年间，这两个地方的大型公寓楼数量都增加了 80% 以上，长岛市租金上涨了 43%，布鲁克林中心区则由于其极度便利的交通，租金上涨了 94%。同时，两个地方的人口都在 8 年内完成了翻倍，长岛市尤其对亚裔居民具有很强的吸引力——8 年内的亚裔人口增长 284%，远超全市整体水平。

近年来发展迅猛的社区			
统计指标	长岛市（皇后区）[1]	布鲁克林中心区[2]	纽约市
不同房龄房屋（在各街区及全市所占比例）			
0—10 年	42%	32%	2%
11—20 年	30%	22%	6%
大型住宅楼（每栋包含 20 户以上公寓）8 年内的变化幅度	增加 82%	增加 84%	增加 7%
租金 8 年内的变化幅度	增加 43%	增加 94%	增加 13%
人口 8 年内的变化幅度	增加 138%	增加 151%	增加 5%
白人（非拉丁裔）人口变化幅度	增加 153%	增加 129%	无统计显著数字
亚裔人口变化幅度	增加 284%	无统计显著数字	增加 15%

受历史、地理、文化、经济以及社会变迁等多个因素影响，纽约不同的街区逐渐形成了自己的特色，构建出多样性的城市角落。

---

[1] 统计区域范围：Census Tracts 1, 7, 19。
[2] 统计区域范围：Census Tracts 11, 13, 15。

布鲁克林的中心区

人为划定、有着明确边界的社区

尽管街区本身并无官方边界，但政府为了选举以及行政管理，会在地图上划定一个个法定的社区。这些人为划定的社区主要包括市议会选区以及社区委员会的辖区。

市议会是纽约市政府的立法机构，负责制定和通过法律、监督市长的权力，并在预算和城市规划等方面发挥重要作用。纽约市一共有51个市议会选区，由阿拉伯数字标记，每个区内部的市民每隔4年投票选出一个代表自己这个区利益的市议员，全市一共51个议员构成了纽约

社区社会 119

纽约的 51 个议会区（黑线框）和 59 个社区委员会辖区（彩色色块）。如图所示，这两套系统的边界并不重叠

市议会①。

　　社区委员会则和议会遥相呼应，是纽约市政府最低一层的系统，主要在市政府部门和公众之间起到联系的作用，为市民参与政府运作提供明确的窗口（比如市民可以通过社区委员会在政府预算、公共服务、城市规划等方面提出建议，政府在制定和规划大型项目和决策的时候，也会通过社区委员会和市民保持沟通）。社区委员会的数量则为 59 个，每个委员会的辖区叫作"社区片区"或"社区委员会辖区"，这些区的分布和形状与市议会选区不一致，是不同于议会区的独立系统②。

　　在纽约，市议会选区和社区委员会的辖区与这座城市大大小小的街

---

① 纽约市内的选举区除了市议会选区之外，还有对应州政府立法部门以及国会（联邦立法部门）的选区，本文对州和联邦政府的选举区不予以讨论。
② 第 9 章会更加详细地分析社区委员会的权力和作用。

布鲁克林日落公园社区内的拉丁裔政治竞选人使用的中文宣传单

区产生了微妙的联系。由于纽约街区的数量多，议会区和社区委员会辖区的数量少，所以同一个市议会选区或社区委员会辖区往往会包含不同的街区。比方说：位于曼哈顿下城的 1 号市议会选区就包含了金融城、中国城、小意大利这些社区——它们无论是人口构成还是居民收入都非常不同；位于布鲁克林的 38 号市议会选区（包含日落公园社区）则既是拉丁裔聚集地又是华裔聚集地。因此在这些地方，议员候选人在竞选时，会向多个种族的市民进行拉票，出现诸如拉丁裔候选人取中文名的现象，以及召开公共会议的时候需要配置多种语言的翻译的情况。

社区社会

利益共同体

行政区、市议会选区和社区委员会辖区有着官方人为划定的边界，自然街区则是在城市发展中有机形成的，并无统一明确的边界。通过日常生活中的政治，许多原本并无太多联系、仅仅是住的街区比较靠近的居民被绑定在了一起，塑造出了新的社区动态和邻里关系。

社区的本质是利益共同体。[6] 住在同一个街区的市民会关心他们门前的街道是否清洁、公园是否维护得当，拥有相同社会、文化以及经济背景的人也可能会有着相似甚至相同的政策偏好——这种邻里间利益整合的现象在任何城市都普遍存在。

但在纽约，政治是"多数派"的游戏，零散的个人和街区需要组成更广泛的联盟才能形成一定的人口基数并在大范围的选举中获胜。这时，社区委员会、议会、行政区这些"官方"的社区就成为个体和小范围街区利益集团参与到政策中来的政治渠道，自上而下地促使纽约人形成新

布鲁克林日落公园社区内的中、英、西三语广告

的联盟，采取更大范围的集体行动。中国城的年迈老人和仅两条街之隔的金融区白领需要找到彼此的交集，日落公园周边的亚裔和拉丁裔居民需要共同决定社区发展的方向……纽约的行政区、市议会选区和社区委员会辖区让市民形成了超越文化的新身份，使得说着不同语言、有着不同背景的纽约人不得不在统一的政治平台上组成新的利益集团，并通过这种超越种族甚至阶级的利益共同体来共享处理公共事务的渠道，表达政治诉求。

纽约的"社区"并不总是有明确的形状和边界，但一场场听证会、政策辩论、选举等具体的制度，能给社区赋能，让利益共同体的轮廓越加清晰。这些制度与有机发展的城市互相作用，引导市民主动地参与到政策中来，并去积极地维护他们居住的社区，共同塑造纽约这座城市。

8. 社区的"人格"：街区协会

  6车道、19千米长的"布鲁克林区-皇后区高速路"（Brooklyn-Queens Expressway，简称BQE）是纽约市的一条主要高架路，"路"如其名地跨越了布鲁克林区和皇后区这两个纽约人口最多的行政区，每天有近20万辆轿车和卡车在上面行驶。

  BQE始建于1937年，如今部分基础设施已非常老旧，并将在2026年到达使用期限，因此更新重建工作势在必行。如何规划并实施如此庞大的道路更新项目是一个复杂的技术问题。对此，纽约市交通局在2018年宣布计划采取"改道引流"的方式对BQE的破旧路段进行重建工作——根据该计划，整个项目的完成需要6年的时间，在此期间，交通局将把紧邻BQE的一个居民区散步长廊改造为机动车道路，并把原本在BQE上行驶的车辆引到原散步长廊上去，这样就可以把原高速

布鲁克林的BQE

路彻底腾空，用于组织重建工作。交通局认为，BQE 一共有 6 个车道，这样将所有车辆引到步行走廊上、一次性重建所有车道是最有效率的改造方法；如果不引流，仅是逐个车道地修复 BQE 的话，重建所需的时间将被大大延长，并且在此期间，整条高速路的车辆通行速度也将会大大减缓。

可是，重建 BQE 不仅是一个技术问题，更是一个复杂的政治和社区关系问题。就在交通局宣布要把原高速上的车辆改道引流到人行步行走廊上后，住在周边的居民立刻站出来强力反对政府的计划。随后，BQE 旁一些住户的窗户和门口上出现了写着"BQE 改造联盟"的海报，上面画着用几百个彩色小人图案组成的布鲁克林和皇后区版图，并用绿色线条勾勒出 BQE 这条高速路在地图上的形状，下面用黑字写着"社区联合起来，加入战斗"[1] 的口号。

这个 BQE 改造联盟其实是一种由多个私人组织联合起来形成的集合体，其成员为 12 个关注 BQE 重建工程的非政府、非营利组织。这些非营利组织包括专门关注纽约市整体交通政策的团体，也有 BQE 旁边大型住宅楼的管理委员会，但占到 BQE 改造联盟成员组织大多数的其实是街区协会，这些街区协会各自代表了 BQE 计划改造地段所影响的社区的居民利益。

街区协会是一种由民间发起和运营的主体，将处于同一个社区内的居民、业主、商户等团结起来，使其可以更加有效地组织集体行动。纽约绝大多数的街道是开放、不设围墙的，居民多是住在独栋的私人住宅楼里，"封闭式小区"的概念非常少见。第 7 章曾提到，在这座缺乏大型住宅小区的城市里，纽约人更习惯用自己所在的街区来定义社区，但是，就连街区本身也是没有官方的、实际的物理边界的。这时，街区协会的作用就很关键：作为与政府无关系的私人组织，街区协会将散落在城市中的个体通过协会的社会网络和组织章程团结起来，为社区赋予了人格。了解街区协会的运作方式，可以进一步明白纽约人如何通过制度和社会关系来构建和运营自己的社区。

---

[1]英文原文为"Communities unite, Join the fight."。

BQE（粗线）和 BQE 改造联盟的成员所在地
1. 大楼：360 Furman Street
2. 街区：Boerum Hill
3. 街区：布鲁克林高地
4. 大楼：Cadman Towers
5. 街区：Cobble Hill
6. 街区：DUMBO
7. 街区：Fulton Ferry Landing
8. 街区：Vinegar Hill
9. 街区：Willowtown

纽约历史最悠久的街区协会：布鲁克林高地协会

在美国，大部分街区协会最主要的作用是帮助民众解决他们共同面临的危机——在面对大型的困难时，个体的力量是微薄的，街区协会作为一种集体行动的渠道，将个体的声音组合起来，形成更加强大的政治力量来跟政府或其他主体对抗。

这套逻辑用在布鲁克林高地协会上再合适不过了。布鲁克林高地是布鲁克林行政区里的一个著名的富人区，其街区协会布鲁克林高地协会（以下简称"高地协会"）是 BQE 改造联盟最初的 3 个创办成员之一。2018 年纽约市交通局宣布要将 BQE 车辆引流到的步行走廊正是布鲁克林高地这个街区里最负盛名的公共空间，因此政府的计划触动了当地居民的神经。这条步行走廊名为"布鲁克林高地走廊"，建于 20 世纪 40 年代，长 557 米，整个走廊悬挑架在 BQE 高速路的上面，对面即布鲁克林大桥公园的美景，并为走廊上散步的人提供了绝佳的眺望曼哈顿和东河景观的平台。布鲁克林高地的居民将这座步行走廊视为自家后院，它的存在即这片富有社区里高水平生活品质的象征。

纽约市交通局要将布鲁克林高地的步行走廊改为高速行车道的计划触及了居民的底线。于是，高地协会立刻采取行动阻止交通局的计划。就在交通局宣布方案的 3 个月内，高地协会聘用了社区当地的建筑规划师来研究制定了一套不需要将车辆引流到步行走廊上的新的 BQE 重建方案。在纽约这座民风剽悍的城市，居民对政府项目提出不满和抗议并不罕见，但居民除了抗议之外还拿出一套自己制定的专业替代方案则不那么寻常，这证明了高地协会不可小视的业务能力。

高地走廊（画面左端）紧邻 BQE 高速路

社区社会

高地走廊入口处

　　高地协会的替代方案一出，立刻为这里的居民反对交通局提供了更加有力的武器。高地协会其实明白：自己在短短几个月内制定出来的这套方案在技术和工程层面并不会是完美的，因此不可能被政府马上采纳。但这套替代方案在政治上的目的已经达成：BQE 是纽约市的交通枢纽，年久失修，其重建任务势在必行，因此布鲁克林高地的居民如果仅仅是因为不想破坏自己散步的公园就阻止市政府的工程项目的话，必将被全城其他市民所唾弃，并被人们认为富裕的居民因为自己狭隘的利益就要牺牲全市的利益；高地协会在这时拿出了不需要破坏步行走廊的替代方案，说明了自己的立场并不是反对重建 BQE 本身，而是证明交通局没有充分考虑其他的解决方案，在保护自身利益的同时也找到了道德上的制高点。

　　与此同时，高地协会还通过积极游说政府官员给交通局施压。被协会找上的

高地走廊眺望曼哈顿景观

布鲁克林高地社区与高地走廊的连接处

社区社会 129

官员包括由社区居民投票选举产生的国会议员、州立法委员、市议员等,他们纷纷给交通局局长寄信,让其暂缓之前宣布的BQE重建方案并充分考虑其他的解决方案(包括研究高地协会提出的替代方案)。2019年1月7日,高地协会正式写信给交通局局长,并抄送6名民选官员,让交通局重新考虑BQE工程并建议让市长召集专家组来制定更好的新方案。

2019年4月,就在协会给交通局局长寄信后不久,纽约市长宣布暂停之前交通局的计划,转而成立新的BQE专家组——专家组由17名非政府专家构成,将在充分与社区和民选官员沟通、研究多种不同的解决方案后,给交通局推荐新的BQE工程计划。随后,就在专家组研究新的BQE改造方案的期间,高地协会和其他11个非政府组织联合组成了前文所提到的BQE改造联盟,进一步扩大民间的力量,继续对专家组和政府部门发声,影响项目的进展。

高地协会在BQE方面的工作体现了这个街区协会的政治影响力以及专业能力。但事实上,这个纽约富人区的街区协会所做的工作远不止BQE改造意见。

从1910年成立到现在,高地协会已有100多年的历史,它是全纽约如今仍在运营的最老的街区协会。高地协会的宗旨是服务布鲁克林高地社区,维护并提高社区的生活质量,其主要的工作重心除了涵盖与道路交通有关的问题以外,还包括环境和地产开发。

在环境方面,高地协会在其历史上推动了一系列大型公园项目的建设,其成就包括之前第1章详细介绍过的布鲁克林大桥公园——这座布鲁克林最大且最负盛名的临河公园的诞生离不开高地协会20世纪80年代积极开展的公共宣传和政治游说工作。除此之外,高地协会还在街区内种植了1000多棵法国梧桐,这些行道树成了这片社区的标志性景观之一。与此同时,街区协会还和纽约市公园局达成合作协议,共同维护BQE上方的观景台和步行走廊,并自掏腰包支付了一半的园丁工资。

在地产开发方面,高地协会的主要立场是反对街区内的新项目开发——这主要是因为:对于已经住在布鲁克林高地的社区居民来说,任何新项目和新增居民都会影响其教育、景观和其他公共资源的分配,而且新的住房(尤其是高层住宅)会破坏街区的风格,阻挡河景视线,降低已有房屋的市场价值。为此,高地协会积极地通过公共政策来达成目的。第7章提到过:20世纪60年代,在高地协会和其他相关团体的影响下，布鲁克林高地街区成为纽约首个历史街区，并且政府在高地协会的游说下通过了立法，规定任何历史街区内的新建筑的总高度不得超过 15 米。这套政策限制了历史街区内的新地产开发，为布鲁克林高地这个社区的物理空间的稳定性提供了制度保障。直到今天，高地协会仍将这套法律视为自身最重要的政治成就之一。

街区协会的制度框架

对于市政工程、开发建设等热点议题，布鲁克林高地的居民在跟政府周旋时似乎总能处于上风，确保自身的利益。许多人将这种现象归功于这片街区整体的居民财富和政治影响力。然而，再富裕的社区，若是

布鲁克林高地宁静的街区

布鲁克林高地的历史建筑较多

没有组织，也仍可能会是一盘散沙。高地协会作为社区集体行动的直接组织者，其行动力和政治影响力引人注目，这又主要得益于其高度专业化的治理框架。

人们在了解过高地协会的成就后，会以为它是一个规模庞大的组织。但其实根据其官方网站和 2019 年的非营利组织财务报表，这个街区协会的正式雇员只有 1 名而已，即协会的执行董事。高地协会执行董事的年薪为 7.7 万美元，主要负责推动各个项目的进展和管理街区协会的运营。除了执行董事之外，高地协会的项目均由不领薪水的志愿者执行。

至于高地协会的重要治理决策制定，则取决于其理事会——其角色相当于私企里的董事会。高地协会的理事会由 15 名成员组成，他们全都是该街区的中长期居民，有人甚至在布鲁克林高地居住了 40 年。理事会的工作为志愿工作，无薪资，其成员来自建筑、金融、法律、地产等行业。有的理事会成员经营着自己的建筑事务所，有的人退休前在大型金融组织工作，退休后则从事自己和社区内的绘画艺术和园艺项目，还有的人在布鲁克林投资改建了不少高端私人住宅。高地协会董事所从事的行业与协会的工作重心——房地产——关联度极高，相信这并不是巧合。

根据高地协会在 2019 年的财务报表，整个协会的年度总收入为 46 万美元，其中绝大多数（90%）来自私人捐赠——包括会员的会费、筹款活动收益以及其他个人和机构的捐赠。在会员方面，高地协会设置 7 个等级的会员，其每年的会费为 20 美元、40 美元、50 美元、100 美元、250 美元、500 美元和 1000 美元。高地协会并未公布其付费成员总数，但其人数估计在 300 至 1000 人之间。2019 财年，协会的会员会费总收入为 12 万美元。为了鼓励私人捐赠，协会的网站上有专门的信息帮助人们将捐赠作为遗愿的一部分。

除了收取会员会费之外，高地协会还会负责举办名为"布鲁克林高地设计师展厅"的筹款活动。该活动将街区内的一个历史建筑作为"秀场"，邀请不同的室内设计师将里面的空间打造成独特的风格，并组织付费参与的建筑游览活动、设计师讲座以及社交派对。这些活动既是高地协会的重要收入来源，又是继续提升街区品牌和知名度以及增强社区凝聚力的渠道。2018 年的设计师展厅给高地协会带来了 15 万美元的净收入。

布鲁克林高地协会为了筹集会员捐赠所寄出的宣传单

社区社会　133

高地协会的宗旨是为社区争取更大的利益，但说到底它还是一个属于"少数人"的组织，真正代表的是愿意参与街区协会的运作的少数人的意志，不可与民主政治等同起来。高地协会的工作虽然对社区的影响很大，但作为私人组织，其行动纲要和财政大权掌握在 15 名董事手上，由执行董事负责推进，不需要由社区里的居民来投票决定。然而，或许也正是因为其组织人数精简、同质性高，高地协会才能如此有效地组织集体行动，成为纽约社区组织的一个标杆。

延伸讨论：

美国经济学家曼瑟尔·奥尔森（Mancur Olson）的著作《集体行动的逻辑》阐述了组织的构成与行动力之间的关系，是实证主义政治经济学中最重要的思想来源之一。许多人通常会认为：人多力量大，团队的规模越大其行动力也越强。奥尔森的分析则对集体行动提出了不同的假设。[7]

要想搞清"人多是否力量就大"这个问题，就得先明白团队的目的到底是什么。尽管在现代社会中，人们喜欢独来独往，但一些事务确实只有借助集体的力量才能实现。往小了说，一个家庭住宅内的清洁，就需要靠家庭成员之间的协作才能保证（大家都不能乱扔垃圾，且相互之间要约定好定时清理垃圾桶）；往大了说，国防外交等关系全国人民安全的事务，需要国家这个"大团队"的力量才能维护。

住宅清洁也好，国泰民安也好，这些事情都不是依靠个人的努力就可以换来的私人福利。它们是通过集体的努力而换来的"共享福利"（collective goods）。共享福利和人们日常花钱购买的普通物品完全不同——私人物品供一个人享用，共享福利却是由多人分享的。客厅垃圾若是按时清理，一个家庭的所有成员都会享受这间公寓的清洁；国防和外交力量强大了，全国人民也都是受益者。小到一间公寓，大到一个国家，任何一个团队的首要职能是为成员提供一些共享福利。

然而，共享福利的使用通常是不记名的。任何集体的成员都可以自动地享受共享福利的好处，不会被排除在受惠群体之外。这就会产生一个问题：在集体中，一些人会躲在暗处，需要出力的时候他不出现，到了享福的时候却跑出来分走了一杯羹。打个比方，在一间公寓中，可能会有人总是不帮忙倒垃圾，却享受着客厅的清洁；在一个国家里，可能会有人偷税漏税，却享受着国防外交等众多公共服务带来的福利。

享受集体福利却不付出个人努力的行为又叫作搭便车（free riding）。搭便车的现象，在各种各样的集体组织中非常普遍。毕竟，虽然人们可以为了得到共同的利益而走到一起，形成组织，但并不是每个人都想勤勤恳恳地为了集体的福利而付出个人的时间或金钱。可是，如果集体中的每一个人都选择搭便车，那么还有谁来开车呢？搭便车是任何一个团队都最该害怕的问题，因为如果团队中的每一个人都选择不付出，那么共享福利将不复存在，到头来，集体中将没有任何一个人可以得到好处。

奥尔森认为：在搭便车这个问题上，不同团队的性质会有不同的影响。从最简单的层面来说，团队有大有小，大小团队并不仅仅有数量上的区别，它们对搭便车问题的纠错能力也是不同的。人数少的团队往往可以减少队员搭便车的现象。原因主要可以从5个方面来分析。

首先，如果福利总量相等的话，那么在小团队中，因为总体人数较少，个体分到的平均福利就相对较多，队员也会因此更有干劲——"两个和尚有水喝"就是这个道理。试想一下，如果院子里有一缸水,两个和尚一起去抬,那么每个人事后可以分到半缸水,和尚会觉得抬水费的劲很值得。但如让一万个和尚去抬那一缸水的话,每个人到头来才能分到一滴水而已——这回报可能还不如抬水时流的汗多,没人愿意出力也就很好理解了。所以说,小团队相比大团队的第一个优势,就在于小团队中的每个个体可以从集体行动中看到更加可观的回报预期。

小团队的队员不仅可以享受更大份额的福利,其每个人的付出也常会显得更有意义,这对成员有激励作用。在一个非常小的团队中,单个成员的付出可以占到团队整体付出的很大一部分;而在一个非常大的团队中,个人的付出常常会显得微不足道——毕竟单个人的分量被团队巨大的分母给稀释了,所以就算有某个人什么事都不做,只要其他人都还在付出,共享福利就仍可实现,队员的积极性也就会被这种思维所影响。在美国政治投票中,这个问题就经常会出现——按理来说,普通选民是没有理由一定要去投票的,因为选举的结果不会因为你的一张票而改变;但如果每个人都觉得自己的票不重要,又有谁会去参与投票呢?小团队可以克服这个问题,因为小团队中的每个成员的付出占的比重更大,这会对小团队的组员产生正向激励的效果。

可是,团队中每个成员在付出时所占的分量不一定是完全相同的。有的人能力强,有的人能力弱;有的人可以从共享福利中拿到更多的好处,有的人则可能本来就不觉得集体目标是那么的重要。有时候,能力强的人愿意用自己的一人之力完成整个团队的任务,哪怕集体中的大部分人都搭了便车,但因为有特殊领袖的存在,集体的总目标还是得以顺利实现,没有出现所有组员都赖着不行动的窘境。这种情况会出现在人们工作和学习的合作作业中:一些业务能力和上进心都非常强的团队成员可能会比其他人都更在乎结果，为此他/她会不介意自己比别人做更多的任务，让其他人跟着沾光。小团队可以借用其特殊领袖之力来完成整个集体的目标，大团队却很难。毕竟，就算是能力超群的领袖人物，其可以负责"照顾"的队员人数也还是有极限的。这便是小团队的第三个优势。

小团队比大团队更善于合作的第四个原因，在于小团队往往会受到"熟人压力"的正向影响。在小团队中，因为队员之间往往会比较熟悉，每个人的行为都会很清楚地被其他人看在眼里。在这种熟人环境中，搭便车会让人觉得更不好意思。所以，小团队中的人，因为怕被熟人嫌弃，往往会更加积极地投入团队任务。

相比小团队，大团队的组员因为以上所提到的原因往往会更容易丧失做集体任务的积极性，所以他们需要一些额外的协议和框架（比如合同、章程等）才能确保合作。但是，制定这些合作制度本身，也需要时间成本、人力物力等付出，即需要"组织成本"（organizational cost）。团队中的人数越多，组织成本往往越大，于是每个人便会觉得集体任务更加难做了。还是用和尚抬水的任务来作为例子，假设每个和尚可以用1份力气来抬起1千克水，那么2个和尚可以一共用2份力气抬起两千克；可是，如果要让100个和尚去抬100千克的水，他们需要大于100份力气才能做到——因为当人数变多的时候，每个和尚还要用额外的力气来彼此交流，达成合作的共识。小团队往往可以省下不少组织成本，降低团队任务的总成本，这便是小团队比大团队更善于集体行动的第五个原因。

在讨论城市问题时，团队的规模和组织架构是非常重要但经常被忽略的一环。当我们谈到各种各样的集体时（比如社区、市政府以及各种群体和阶层），我们有时只注重这些集体所代表的群众，并将其理解为目的清晰、行动有效的整体——这是片面的。社区和社会中的群众人数众多，因此往往会由于缺乏共识或是缺乏个人为团队付出的理由和动力而无法有效地来组织集体行动。

布鲁克林高地协会的精髓，在于其将一整片人数众多且没有官方定义边界的自然社区（大团体）转化为了有着明确行动纲要的街区协会非营利组织（小团体），并通过精简的人事架构（15名理事会成员和1名受聘的执行董事）来推动与整个街区集体利益相关的种种事宜。理事会的成员需要对街区协会负责，自身利益与街区利益高度重叠，彼此之间相互熟悉，在社区群体中具有一定威信，并且各自具有强大的专业能力和关系网；因此，他们可以有效地共同协作，带领着整个社区在城市的发展中与政府和开发商等机构周旋，积极保障自身利益。

城市发展中的一股力量

纽约是一座由几百个街区组成的城市。住在同一个街区的纽约人往往有着共同的利益，面临相同的危机。但是，追求利益、解决危机需要统一的声音和高效的行动，这在人口众多、多样性高的纽约街区中并不易得。这时，街区协会的出现为自下而上的集体行动提供了渠道：从发传单、组织集会，到给政府官员写信、雇佣专业人士制定计划，街区协会的行动将社区中居民的声音用更有力的方式传递了出去——尽管协会本身并不一定能完全代表社区中的所有人员。毕竟，街区协会并非政府部门，不需要选举，其建立在热心人士志愿劳动上的治理模式，意味着协会代表的是集体中少数领袖的利益。协会是否可以为了更加民主而扩大自己的规模，让更多的居民参与组织决策呢？或许可以，但随着决策人数和组织规模的增大，其效率和行动力也会递减——这便是效率和代表性之间的矛盾。

纽约并不是所有的街区都有着自己的协会，并且这座城市中已成立的街区协会也是五花八门。布鲁克林高地协会是街区协会"天花板"的代表——组织历史悠久、行动力高、政治影响力大，这在其为了反对政府对 BQE 的重建计划而组织的一系列活动中体现得淋漓尽致。同样是属于 BQE 改造联盟的木边街区协会则没有那么正式——木边位于布鲁克林高地以北 12 千米，是皇后区的工薪阶层街区，人口非常多元，主要以亚裔和拉丁裔为主。不同于正式注册为非营利组织的高地协会，木边街区协会并未在国税局注册，除了社交媒体上的脸书群之外也没有自己专门的网站。在脸书上，木边街区协会的群里有 700 多个成员，页面上主要是当地教堂牧师发送的帖子，分享当地志愿者组织的街区保洁等公益活动。相较于高地协会，木边协会的实际作用更像是一种居民间相互交流的非正式平台。

显然，就像纽约城市发展的方方面面一样，街区协会在不同地方的分布也是不均等的：一些社区有代表自己利益的组织，一些地方没有；有的协会能力强、影响力大，有的组织则刚起步，或是并无进一步发展壮大的迹象。

从某种角度上来说，在自然生长的状态下，街区协会加剧了地区之间发展的不平等。虽然在 BQE 这条贯穿多个社区的高速路的重建问题上，众多街区协会可以组成同盟，发出一致的声音；但对于其他一些与社区生活相关的棘手问题（比如政府决定要在哪儿建设垃圾场和监狱，以及在何处投资建设公园），社区之间会进行零和博弈，互相成为敌人或竞争对手。这时，大鱼吃小鱼，小鱼吃虾米：越是强大的社区，就越占优势；越是缺乏社区组织和社会资源的街区，就越有可能吃亏。由此一来，街区协会的存在可能反而使得富足的社区变得更好，贫穷的社区变得更弱。

虽然街区协会是各个社区"自家内部"的事，但由于其对城市整体发展格局产生的影响，其公平性受到了越来越多的关注，并且有专门的公益组织正对此进行资助，试图扭转自然生长的街区协会所造成的社区间发展不平衡。非营利组织"纽约市市民委员会"专门在弱势社区帮助构建和运营街区协会，并为这些新兴协会提供资金支持。其负责人在被《纽约时报》采访时表示：越是在纽约缺少社区资源的地方，越是有着更多的街区协会正在形成；人们正学着如何团结在一起来争取自己的权利，走向正义。[8]

通过集体的力量，来为自己的生活和社区的发展争取利益、指明道路——这是纽约人作为这座城市的一分子所必修的一堂公民课。

9. 纽约的"街道办事处"：社区委员会

走在纽约的大街上，时不时会在电子屏幕或纸质海报上看到广告："社区委员会将召开例会，欢迎市民参加""截止日期马上就要到了，请申请加入你的社区委员会"。

社区委员会是纽约市政府系统中最低一层的机构，负责政府和市民间的联系、协调以及意见传递工作，乍一看有些类似于中国城市中的街道办事处。纽约市的法律规定：除了每年的七八月以外，社区委员会必须每个月都至少召开一次公众可自由参与、发言的社区例会。这些会议通常在普通的公共场所召开，比如学校礼堂、老年活动中心、体育馆等。在这些会议上，委员会的工作人员和住在当地的居民会按照事先公布的章程讨论与该社区有关的各种事宜，小至垃圾清理、餐厅出售酒水的营

社区委员会的广告

大意：请加入你当地的社区委员会！社区委员会是独立的社区代表，我们需要你的声音来构建你所生活的街区的未来。（广告发起者为曼哈顿区长办公室）

业执照，大至新基础设施的规划和地产开发。第 2 章在分析高线公园时就提到过这种社区委员会大会——1999 年，两个住在切尔西区但并不相识的当地居民就是在社区大会上讨论高线铁路时认识了对方，并最终成立了非营利组织高线之友，推动了高线公园的发展，成功打造出了纽约现在最有名的公共空间之一。

截至 2022 年纽约一共有 59 个社区委员会：曼哈顿 12 个，布鲁克林 18 个，皇后区 14 个，布朗克斯 12 个，斯塔滕岛 3 个。每个社区委员会的辖区涵盖人口数不同，平均人数为 14 万人（法律规定的人数上限为 25 万人）。这些法定区域相当于由十几万人构成的超大型"社区"，住在这个社区里的居民如果对其生活和市政运营的方方面面有了意见和想法，就可以通过社区委员会进行交流并与市政府的各个部门进行沟通。

社区委员会的具体职责和权力由其委员（或称"成员"）承担和行使。根据纽约市的法律，每个社区委员会的委员人数上限为 50 人，这些委员并不是由社区内的全体居民投票产生，而是由该社区所在的行政区的区长来负责委任；区长委任的名单里必须有一半的人员需要先由代表其辖区的市议会议员提名产生。委员会的成员虽然是由政府官员提名和委任产生的，但他们绝大部分并非政府人员。从整体上来看，委员通常是当地的居民、商人、上班族或其他和该社区联系紧密的人——如果有政府官员和公务员担任委员，这类公职人员不能超过该社区委员总人数的 1/4。同时，虽然社区委员会是纽约市政府系统的一部分，但委员都以志愿者的身份参与治理工作，不从政府拿工资。

社区委员会虽然在严格意义上属于政府部门，但许多参与过社区委员会公众例会的人会发现，这些会议上的讨论话题许多都是和政府"唱反调"的。有时，规划局带着新的土地规划政策来到社区，会被参加会议的委员和居民一顿痛骂；还有时，委员会的成员会就该区域的垃圾清扫和市容市貌问题对有关政府部门提出严厉指责。那么有的人可能会问："既然社区委员会自己就是政府的一部分，那它为什么有时会站在和市政府对立的位置上呢？"这是因为纽约社区委员会的背景和身份本来就并不单纯。

发展史

纽约社区委员会的雏形始于 20 世纪 50 年代。当时的纽约市长之所以要在这座庞大的城市设立亲民的基层政府单位，是为了回应当时社会中普遍存在的对于权力过于集中的恐惧和不信任感。美国政治生活的传统根基是个体和社团：历史上，人们通过小范围的集结来推动公共事务进程，并以此为傲。然而在二战后、冷战期间，因为众多文化、社会和政治因素，政府官僚和私人企业都变得越来越庞大，大到似乎足以统治人们生活的各个方面，而作为个体的群众，则变得渐渐无力，越来越不能掌握自己个人的生活和社区的发展。[9]

对于习惯了自下而上地解决公共问题的美国人来说，政府变得过于庞大让他们感到很不自在。在像纽约这样的大城市中，大型治理机器和居民个体之间的脱节被学者认为是一种新的"城市病"，不利于城市的健康发展和社会运作。著名作家简·雅各布斯在《美国大城市的死与生》中指出：市政府自上而下制定出的政策以及建造的项目往往不能有效地解决城市里不同社区遇到的独特问题，并且"一刀切"的政策还会危害不同社区的健康发展；只有将城市规划和治理变得以社区为中心，才可能治疗"城市病"，让市民和政府之间有更加高效和良性的互动，共同解决问题。[10]

雅各布斯认为：一座城市就算再大都可以被划分为数个相对较小的、社区尺度的行政片区，每个片区可以由不同的管理员来负责运营，主导该区的公共服务。片区管理员对社区内的居民负责，是市政府各部门和居民之间的桥梁，将社区的声音和建议传达到制定政策和提供公共服务的各政府机构。[11]

以这种社区尺度的治理机制为基础，纽约于 1951 年开始进行各种实验。起初，曼哈顿的区长设立了 12 个社区规划委员会——这是后来社区委员会的雏形，其作用是给区长提供关于城市规划和财政预算方面的建议。后来在 1963 年，纽约市政府正式将这种以社区为基础的治理机制写进了城市的宪章，并在全市 5 个行政区内都成立了社区规划委员会，相当于把纽约这座当时拥有 780 多万人的大城市划分成了一个个由 10 多万人构成的社区治理单元。在全市范围的社区自治推进近 10 年后，1975 年的新宪章将社区规划委员会命名为今天使用的名称——社区委员会。[12]

社区委员会一开始的成立，即是基于市民对"权力"——尤其是大型政府机构的公权力——的不信任感[①]。通过社区委员会这种立足社区、介于个体群众和政府部门之间的机构，人们会觉得自己对城市发展路线的掌控力似乎变得更强了一些。

社区的需求和政府预算申请

现在，纽约社区委员会的具体权力和职责是由 1989 年的法律确立的[②]，其主要包括对市政府的财政预算、公共服务以及城市规划提供建议。

在很多市民心中，社区委员会是人们用来抱怨政府政策和市政服务质量的场所。确实，委员会的主要任务就是将收集到的民众声音传递给政府部门。具体来说，社区委员会帮助传递意见最直接的方式就是参与制定政府的预算。

纽约市政府预算庞大——2021 财年的运营预算高达 1000 亿美元，相当于摩洛哥全国的国内生产总值。预算由市长制定，市议会投票通过，社区委员会在预算制定的过程中起到提建议的作用。

纽约市的法律规定：社区委员会每年需要撰写一份"社区需求声明"，并向预算局提交社区预算申请，前者列举并分析社区中最需改进的政策和服务领域是什么，后者则将需求量化为明确的预算建议。

举个例子，曼哈顿 3 号社区委员会的辖区包括东村、下东区和中国城，有 16 万常住人口，其中 27% 为亚裔，9% 为黑人，25% 为拉丁裔，

---

① 市民对政府的不信任和制约在大型基础设施项目的建设中尤其明显，详见第 13 章。第 25 章也会更详细地探讨这种在纽约社会中广泛存在的私人对公权力的警惕。
② 详见第 24 章对 1989 年的政府改革的讨论。

35%为白人。根据曼哈顿3号社区委员会在2021年提供的"社区需求声明"报告,该区排名前三的重点需求分别是:经济型住房、流浪汉治理和老年服务。通过召开公共大会、发放问卷、接受投诉、研究统计数据等方式,社区委员会为撰写社区需求收集数据。曼哈顿3号社区所提供的报告中就详细列举了和经济型住房相关的多项数据,包括该区租金上涨的速度是全市水平的13倍、新冠疫情对市政府住宅开发局资金的影响等。

随后,根据社区需求,曼哈顿3号社区委员会提出了56项针对纽约市政府的预算申请,包括31个大规模建设项目的预算申请和25个政府部门的日常运营预算申请。比如,曼哈顿3号社区委员会建议纽约市学校建设局在社区里新建一个小学,以及让公园局将社区内的多处绿地进行更新重建等;其对政府的运营预算申请包括让老年局在政府预算中得到更多资金,让住宅局为该社区的公屋提供更多的维护人员,让小企业服务局为受新冠疫情影响的商铺提供租金补助等。

值得一提的是,关于大型建设项目的投资,曼哈顿3号社区委员会的31个申请中有23个与公园绿地有关;若对这个社区之前4年的预算申请数据做统计分析,会发现它对公园局的建设项目预算申请也占到了总申请的2/3。其实,不只是曼哈顿3号区,全市范围内的社区委员会在提交预算申请时都从不同程度上体现了明显的侧重。根据对全市全部59个社区委员会在过去4年的建设项目预算申请的数据研究,超过半数的预算集中在对两个政府部门的申请——公园局和交通局,前者占全市所有社区申请总数的29%,后者占24%;收到申请数目排名第三、四、五的部门为教育局(占总数的9%)、环境保护局(6%)和公共交通署(5%)。在全市范围内,有一半的社区将自己30%以上的建设预算申请投放到了公园局。第4章有分析提到过:公园建设是纽约市政府官员非常看重的政治资本,这或许既是社区常向公园局申请预算的原因(社区居民因为知道官员喜欢为公园建设投资,所以将预算申请集中投放到公园局),也可能是其结果(因为社区委员会提交了非常多的公园建设申请,所以官员决定拨款建公园)。

在社区委员会存在的很长一段时间里,"社区需求声明"和预算申请曾是两个完全不同的系统:社区委员会要向纽约市规划局提交前者,向预算局提交后者,甚至就连这两份报告提交的日期都不一样,并且不同社区采用各自的文件模板。这使得许多社区的预算申请和需求并不明显挂钩,质量参差不齐。根据规划局 2015 年的分析,当时全市的预算申请中只有 37% 与同年社区需求声明中所提到的问题有明显关联。于是,规划局试图改善这两套系统,让需求声明和预算申请能更好地结合,确保预算申请是基于社区实际需求,以及居民对各项服务的需求能从政府预算中找到明确的解决方案。2019 年,经过几年的研制,规划局推出了新的网站系统,将社区委员会的需求声明和预算申请结合到了同一个体系,并且让全城所有的社区委员会从一套统一的需求和预算选项中进行选择、排序,辅以文字解释,使得不同社区的声音变得更有可比性。除此之外,规划局还建立了一个叫作"社区通道"的网页,将历年社区委员会的需求和预算申请集中发布,并提供与该社区的人口、经济、社会、物理空间以及环境特征有关的各种数据和地图,帮助对此感兴趣的人更好地了解与社区有关的信息。

虽然社区委员会拥有诸如撰写需求声明和预算申请等影响政策的渠道,但其权力仍是非常有限的。事实上,在政府的决议中,社区委员会可以做的仅仅是提建议而已,无法投票使得某项政策被正式采纳,或是投票驳回那些官员支持但社区反对的项目。[13] 面对社区提出的各种预算申请,预算局并没有义务需要一一认可。由于委员会的申请数目巨大、种类繁多,但市政资源整体有限,大部分的社区预算申请都不会被预算局直接采纳。同时,纽约许多重要的政策是有关整个城市的,并不只限于单个社区,因此这些政策无法与社区委员会的职能完美切合。甚至许多对社区委员会的职能持怀疑态度的人指出:社区的声音有时是狭隘的、坐井观天的,会因为过于注重个别地方的小范围利益,而无法顾及城市发展的全局;因此,过多地听取地方的声音反而会阻碍有益于城市整体发展的政策制定和项目开发。

即便社区委员会有这些不完美的地方,但对于关心社区发展的居民来说，能有一个这样的发声渠道，让来自群众的意见能够被公开，让官员和大众都读到，这本身也是有意义的。而且，对于许多普通民众来说，相比直接掌控公共服务并对各种行政领域负起主要责任，以提意见的形式参与到政策制定的过程中来或许是更有吸引力也更实际的方式；毕竟，大多数在大城市里生活的人希望公共服务能由专门为此负责的机关来执行，而不是自己。

不一样的权力关系

将纽约的社区委员会比作中国城市里的街道办事处，这很形象，但在权力关系和机构职能上来说却并不完全准确。

虽然纽约社区委员会确实是政府的一部分，但它并不是负责实施政策的行政管理工具。纽约社区委员会的成立初衷和主要作用是让群众反过来监督政府，使市民能进一步参与到和政策、预算以及公共服务有关的种种决议中来。抽象地来说，这种制度的设立是基于市政府向市民让渡行政权力的一种妥协，是"分权治理"（decentralization）的体现。伴随着城市政府规模的日益扩大，人们越来越渴望"自下而上"的治理——而社区委员会这种机制，满足的正是社会对于分权的渴望。"基于社区的'管理'"和"基于社区的'治理'"虽然只有一字之差，但意义非常不同。

不过，纽约社区委员会从最初的曼哈顿试点到现在遍布全城发展了70余年，却并未真正实现其设立的初衷。除了委员会享有的实权有限之外，它还在机构影响力上有失真正的公平。前文提到，社区委员会仅仅具有建议的职能而并不拥有最终投票的权力；正是因为如此，其真正的影响力往往和委员会喊话的声量有关——越是人力物力充足、关系网强大的社区委员会，就越有能力去影响市长或市议会的决定。然而纽约是个贫富差异巨大、人口多样的城市，这意味着不同地方社区委员会的成效会有显著不同：贫穷社区的社区委员会的政治影响力可能就远不如富裕社区的大；委员会成员的职业背景和专业化程度也会影响其准备的预算申请的质量。

而且，委员会的人员构成本身可能也会与社区实际人口脱节，导致社区委员会无法很好地代表当地的民意。[14] 比如，在布朗克斯的 11 号社区，其委员会里 64% 的成员是白人，而整个社区的居民里只有 22% 是白人，差别高达 42 个百分点。在富有的布鲁克林 2 号社区（包含布鲁克林高地等富裕街区），居民里白人的比例有 45%，但委员会里白人则只占 32%。

除了人种之外，年龄也是导致社区委员会成员与居民脱节的重要因素。在许多社区，参与委员会工作的人是以闲暇时间较多的老人为主，那些年轻人以及新到来的居民由于种种原因，并未通过社区委员会来发声或参与城市的治理工作。在曼哈顿的 1 号社区，其委员会的成员有 38% 为 60 岁以上的老人，而该地居民中的 60 岁以上老人却只占 11%。

同样是在曼哈顿的 1 号社区，委员会中的大部分成员（60%）是在该区买了房子的人，然而此社区就像纽约大部分地方一样，是以租客为主，居民中买房的人只占 29%。买房者和租客对社区发展的侧重点和诉求往往是不同的，尤其在面对与地产开发有关的决策时，一个以买房者为主的社区委员会很难完美地代表以租客为主的社区的利益。这主要是因为，对于许多已在纽约置地了的业主来说，新增的住房建设会对他们享受的公园、交通、学区等资源造成压力，不利于其生活的质量和房产的价值——尽管整座城市非常需要新的住房来满足经济和人口增长的需求。因此，在这种分权治理的机制下，通过社区委员会来放大不动产持有者的利益可能会对城市整体发展造成不利影响。

有时候，委员会必须得在成员多样性和行动有效性之间做选择。毕竟，人员背景相似的组织要比成员社会和文化背景多元化程度高的组织更容易就政策问题达成一致，形成一套统一的声音来为自己的社区争取资源。充分代表居民多样性的社区委员会则可能在内部协调上花费太多时间和精力，到头来不一定能真正地把事情办成。

不同社区委员会在组织工作时的侧重点也会有所区别：一些委员会注重与在自己辖区内部的个人和组织（比如居民、小微企业、非营利组织等）搭建联系，而另一些委员会则更加注重与社区之外的人物（比如市议员、区长以及其他市政机构的官员）搞好关系，后者在纽约的政治舞台中占优势地位。由于纽约市政府最终的政策制定和实施是由统一的市政府机关来负责，那些愿意并且有能力可以跳出自己社区圈子，将影响力扩大到其他范围的社区委员会往往能更有效地将声音传递到最终决策者的耳中。这主要是因为：在纽约，"分权"的治理模式在现阶段的本质是为了给"集权"的机构提供有效的信息和反馈；社区委员会说到底并不是政策的实际制定者和公共服务的直接提供者，其工作的效果取决于其和集权机构之间的沟通。

纽约的社区委员会是一项有瑕疵的城市治理实验。但不管怎样，社区委员会搭建了一个平台，为关心自己社区发展的热心市民提供了组织和场所，让他们可以自愿加入、互相讨论、共同表态，为公共服务和政策决议发声、想办法。社区委员会是一种基于社区的治理方式，它既不是邻里之间的"熟人社会"，也不是政府的"管理机器"，它介于两者之间，给大城市的发展和运营提供了一个新的思路。

10. 没有围墙的社区：
综合改善区

任何社区的运营都需要长期且持续的投资。在中国城市中常见的封闭式住宅小区里，业主缴纳的物业费为社区运营提供了资金支持。从理论上来说，一个小区里的物业费和一座城市中的政府税收有着诸多的相似之处。首先，两者的用途都是提供和改善公共服务、保证居民的基本生活质量，并且服务质量越好的地方，资金的投入通常也越高。一个小区是否能吸引买家和住户，其内部的公共设施和服务质量很重要，这一点和城市很像——一座城市能否吸引人口安家落户，往往也受其公共服务水平的影响。

其次，物业费与税收的相似之处还在于其"强制性"与"代理机制"。在城市中，普通市民向政府交税，却无法直接管理税金的使用——因为政府已作为市民的"代理"，行使着公共财政的权力。在小区里，居民虽然交了物业费，却也无法由每个人直接决定这些物业费能拿来做些什么——因为居民成立了业主委员会，且业主委员会又雇用了物业公司作为其"代理"来管理小区的日常事务。业主虽然必须为公共服务出钱，却不能像打理自己的钱包那样直接决定这笔钱的用途，这正是小区物业费与城市税收在管理层面的另一个相似之处。

再者，物业费和税收一样，在某种程度上具有资源再分配的作用。绝大部分的国家实行"累进税制"——富人比穷人的边际税率高；在这种制度下，政府通过税收为人民提供一系列的公共服务，实际上是将高收入人群的一部分财富转移到了低收入人群身上，从而实现整个社会的收入再分配。在住宅小区中，如果每户缴纳的物业费数额是按照其房屋的面积计算的，那么住大房子的人比住小房子的人交的钱多，但小区中的公共设施和服务却是所有住户共享的，且不一定会按住宅面积分配公共资源使用权——这表明，物业费也许也有一些隐藏的再分配作用。

但是，小区中的设施和服务与纯公共品也有本质区别。毕竟，小区有墙和门禁卡，这就和城市中政府负责提供和管理的公共设施不同了。

一座城市的广场和公园是"纯公共品",往往会对所有人开放——这既包括缴税的市民,也包括非市民(比如旅客)。而小区中的设施和服务只供社区居民使用——只有墙内交了物业费的人才能使用小区里的设施,外人很难"搭便车"。所以,小区的围墙不仅仅是一个物理边界,它还具有重要的经济意义:围墙为公共服务划定了界限,使得小区内部的公共设施成为一种虽是多人共享,却可以排除外人搭便车的"小集团"公共品。

如果一个小区没有了围墙,那么其内部的道路、公园等设施也就不再只是内部居民专用的了。当围墙倒下,外人可以自由地穿过小区,使用小区内的绿地、道路等设施。这时,业主也就有了不交物业费的理由——毕竟,如果所有路人都可以来搭便车,那么就没人会愿意再来自掏腰包支持社区运营。

然而,北美和欧洲存在一种没有围墙、不需要门禁的"社区",且那儿的业主一直都还心甘情愿地交着"物业费"。这些社区叫作"综合改善区"(Business Improvement District,也翻译作商业改善区或商业促进区,以下简称为"BID")。

延伸讨论:

美国的 BID 产生有其独特的历史。在 20 世纪上半叶及中叶,美国一系列的社会变迁和发展导致了许多大城市出现了市中心衰败的现象。这些变迁和发展包括:20 世纪早期黑人从美国南部向北部城市大规模移民——该人口结构变化导致原本集中在市中心的白人居民相应地迁出,搬往郊区;[15] 联邦和地方政府颁布的一系列带有歧视性的住宅、规划以及金融政策限制城市里的黑人搬往其他社区,加深了种族隔离的现象;[16] 二战之后,政府大规模地建造高速公路,开发商顺势建造郊区房产——这些都促使更多的白人中产阶级搬离市中心,直接导致了全国各大

社区社会 151

城市的空心化和衰退。[17]萎缩的市中心除了丧失了人口之外，更是失去了由中产阶级所支撑起来的税收收入。在这些事件的作用下，美国各地的政府财政紧缩，缺乏足够的资金来支撑城市的发展和维护。

衰退影响到了将店铺和公司开在市中心的公司和集团的商业利益。[18]为了应对并扭转这种局面，商业领袖开始了自发的集体行动，希望能够在缺乏政府财政支持的情况下靠私人的力量改造城市。通过结社，各大城市市中心的企业和店铺组建了各种以振兴市中心经济为目的的私人协会。这些协会可由当地的商业个体自愿加入，它们将个人的力量团结起来，共同筹划、资助并举办一系列的宣传活动，并建设市中心所需的公共设施以及有助美化市容市貌的项目，从而达到重新吸引人流来到市中心、增加店铺收入、提高房地产价值的效果。[19]在20世纪30年代至60年代，商业组织通过自由结社来推动市中心发展的模式逐渐在美国各大城市变得普遍起来。[20]

美国城市早期的片区更新机制建立在私人自愿结社的基础上，这与私有产权的制度框架息息相关。在美国城市，建筑物以及其土地的完整产权多为私人所有，并且，城市中大部分的地块面积小且产权归属零散。举个例子，在纽约，一个不到3万平方米的街块可由高达40个大小各异的地块组成，并且每个地块的产权所有者均不相同。这导致了单个企业或个人对他所在的片区的整体发展——尤其是公共领域——的影响力很低。倘若美国城市中也有更多的占地面积广、产权结构单一的大型社区，那么这些社区的开发商则可以动用自己的资金和力量来对其负责的社区进行整体的投资和提升。然而，在美国这种私人产权零散的城市土地结构下，各个业主需要通过结社才能团结起来对片区的整体发展和公共领域出谋划策。

自由结社的合作模式也有其局限性——由于这些早期的协

会是由私人业主和商业个体自愿加入的，运作中难免会有之前提到的"搭便车"的现象，即团体中部分个体不出力但仍享受集体行动所产生的好处。在片区发展领域，一些业主或企业如果不出钱或不出力，但其店铺仍因其他人的共同努力而生意更好，或者其地产因为片区公共领域的提升而享受了增值的福利，这就是"搭便车"。

为了避免片区内"搭便车"的现象，一套新的以 BID 为基础的法律框架得到了推行。BID 以早期的自由结社模式为基础，但可以强制命令所管理街区范围内的私人业主为片区整体发展出资。这种模式的最早案例来自加拿大的多伦多：1969 年，在多伦多商业领袖的游说下，政府通过了法律，允许业主自行成立一个有权在特定范围内强制征税的主体，所征得的这笔收入将被用于被征税区域内的片区发展和更新项目——其强制性确保了"搭便车"现象不再存在；税费被专用于缴费者所在的小范围区域（而不是被用于整个城市）则彰显了这套系统对私人业主的价值。[21] 在此之后，类似的法律也在其他国家通过。如今，美国是世界上 BID 数目最多的国家。

中央车站周边占地面积 72 万平方米的区域由中央车站联盟 BID 运营

纽约有着全美国最庞大的 BID 网络。在纽约，业主每年向政府缴纳基本的房地产税，换来基本的安保、清洁、绿地等市政公共服务。可是，作为一个庞大且多元的大都会，纽约不同的街道和社区对公共领域的运营有着不同的需求，一些街区的业主会渐渐发觉政府提供的统一服务有些跟不上自己街区的发展目标了。于是，他们便主动联合起来，在地图上划定一个边界，把内部的房屋和街道统一起来，形成一个没有围墙的"小区"，即 BID。

BID 内部的业主通过协商，同意并规定社区内的成员除了照常向政府交房地产税之外，还需缴纳一笔额外的费用专门用于改善自己街区

布莱恩特公园集团 BID 组织的音乐活动

的公共设施和服务。这笔 BID 内部专用的额外的钱，其本质相当于 BID 这种社区为了自身运营所需要的物业费，满足前文所提到的物业费具有的用于提供公共服务、为地区增值、强制性、代理性、资源再分配等性质[1]。

根据纽约市政府在 2021 年的统计，全城现在一共有 70 多个不同的 BID，其中 25 个在曼哈顿，23 个在布鲁克林，13 个在皇后区，11 个在布朗克斯，4 个在斯塔滕岛。最老的 BID 有 40 多年的历史，最新的则是在 2020 年新冠疫情后才成立。那些人们觉得最有特色的、好玩的、耳熟能详的街区，基本上都有相应的 BID 为其运营提供支持。从时代广场和中央车站，到 SOHO 和布莱恩特公园，经营得当的地方都是用各自 BID 业主所交的"物业费"来投资改善街区内的公共服务，从而提升了自身的价值。

---

[1] BID 的"物业费"是和地产价值直接挂钩的，地产越值钱的业主所缴纳的"物业费"也越高。在纽约，BID 的收入来源非常多元，既来自"物业费"，也来自赞助费、慈善捐赠、租金、商业活动、项目运营等。但从总体上来说，"物业费"占到了 BID 总收入的 76%，是 BID 融资的绝对主力。

社区社会　155

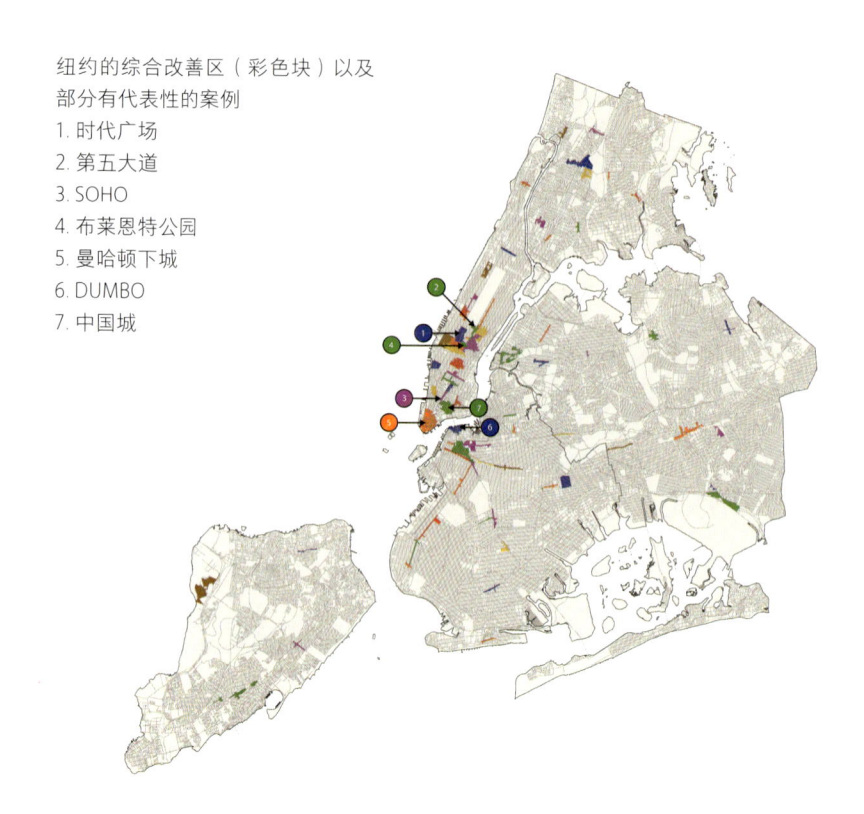

纽约的综合改善区（彩色块）以及
部分有代表性的案例
1. 时代广场
2. 第五大道
3. SOHO
4. 布莱恩特公园
5. 曼哈顿下城
6. DUMBO
7. 中国城

在 2020 财年，纽约的所有 BID 提供各色服务的总投入高达 1.7 亿美元，其中 26% 用于街道保洁，20% 用于宣传和公共活动，15% 用于安保，8% 用于绿化。不同 BID 的侧重点不同，财力也不同：纽约最有钱的三个 BID（曼哈顿下城 / 金融区、布莱恩特公园、时代广场）各自的年收入均超过了 2000 万美元，但其他将近一半的 BID 的收入不超过 50 万美元。[22] BID 的多样性，也从侧面体现了纽约这座城市不同街区的多样性。

将私人的资源汇集起来

纽约的 BID 是一种由法律承认、民间主导、政府支持的私有主体，但其享有一部分公权力。

中国城联盟 BID 负责的街道美化和灯饰

BID 的发起者是社区，而不是政府。来自民间的业主、商家、居民或其他组织和个人如果想要在自己所在的地方组建新的 BID，需要先成立一个指导委员会，负责筹备 BID 成立前的各种研究、规划、宣传和申请工作。根据纽约的法律，BID 指导委员会需要制定一份详细的 BID 运营计划书，其中包括新 BID 的地理范围、服务内容、年度预算以及与地产价值挂钩的业主收费标准。为了得到更多人的支持，指导委员会会在社区中开展一系列的公共会议、发布传单并收集来自业主和商家的书面支持。

纽约市政府的小企业服务局为 BID 指导委员会提供一套完整的技术、资金以及程序上的支持。在小企业服务局的支持和辅佐下，指导委员会将对成立新 BID 做好详尽的准备工作，然后小企业服务局会将新 BID 的运营计划书上交至纽约市规划委员会，开始正式的政府审批过程。纽约市规划委员会将对该计划召开一系列的正式听证会，且规划委员会、新 BID 所在的社区委员会、行政区区长、市议会和市长均会审理 BID

运营计划书并提出修改意见。

虽然 BID 是由民间发起和运营的主体，但因为其成立后将有权对区域内的业主强制征收专用的税费，所以每一个 BID 都需要由政府批准，并在立法上正式承认 BID "征税"的公权力。在纽约，当政府批准新 BID 成立之前，持反对态度的业主有权提出书面意见，如果提出反对意见的业主所持有的物业的总价值达到或超过了该片区范围内所有地产的价值的 51%，那么该 BID 将无法成立；反之则表示计划得到了多数被收费财产的所有者的支持，政府则将通过法案，允许 BID 正式生效。纽约不停地有新的社区试图通过成立 BID 来提升自身的公共服务质量和吸引力，在 2021 年 9 月，全城就有 17 个社区正在进行成立新 BID 所需的前期规划或申请工作。

成立新的 BID 虽然涉及诸多政府部门以及法律过程，但其最关键的一环仍在于民间对该计划的支持。尽管在规划和申请过程中，指导委员会和小企业服务局会进行大力的宣传，试图得到众人对新 BID 的支持，但反对的声音仍将存在。这其实不难理解，毕竟如果一个地方成立了新的 BID，那么业主每年将需要缴纳除了房地产税之外额外的一笔费用——并不是所有人都会相信 BID 带来的经济价值将大于自己的支出，也并不是所有人都愿意和周围的邻居一起为了共同的利益来投资。一个社区能否为 BID 的成立征集足够的民间支持，取决于该区域自身的历史和文化。小企业服务局在其网站上指出：尝试申请建立新 BID 的人，应当考虑其所在的社区是否有着地方合作的历史和文化；"要想成功地成立一个新的 BID，该地区各个利益相关者之间需要有着互信的关系。这种互信的关系以及集体共同为自己所在的社区进行投资的理念可以通过一些包含商人、业主以及其他社区人员的组织来形成——商会就是这种组织的一个例子①"。[23] 除了扎根于民众间的互信之外，成功的 BID 还需要得到该区域民选官员（市议员、行政区区长）和社区委员会的指导意见和支持。

---

① 英文原文为 "Relationships and trust between area stakeholders are essential for a successful BID formation process. An effective way to establish a history of collaboration and shared investment is to initiate a local organizing effort among merchants, property owners, and/or neighborhood stakeholders. A merchants association is one example."。

在新的 BID 成立后，其内部管理则需要靠新成立的"物业公司"和"居委会"。BID 是一种高度自治的主体，每个 BID 内部都会选举产生自己的董事会——相当于一个住宅小区内的居委会，其成员包括业主、居民、商铺和政府代表。董事会是 BID 的权力机构，负责制定 BID 的发展计划和资金预算，并决定 BID 的运营模式。具体执行 BID 运营计划的则是区域管理协会，它是一种非营利组织，对 BID 董事会负责，扮演着相当于住宅小区中物业公司的角色，负责雇佣员工、制定采购合同以及提供各种服务和活动。

纽约市政府是大力支持 BID 的，因此政府部门除了在民间申请成立新 BID 时会对其给予大量的支持和辅佐之外，也会在 BID 的运营期间提供持续的支持。政府在每年向业主征收房地产税的时候，也会顺带帮 BID 来向其业主代收 BID 的"物业费"，并将收上来的这笔费用原封不动地交给 BID。不过，政府不会指定各个 BID 该如何花钱。相反，BID 将根据自身的需求，由其董事会和管理协会做决定，为自己的街区提供额外的安保、清洁、公共空间、市场宣传等服务，提升街区的价值。

有的人可能会问："BID 如果可以提供社区范围内的公共服务，那他们的存在会为政府'减负'吗？"其实不然。纽约的 BID 并不能替代政府，政府亦不会因为一个街区成为 BID 就减少对那个片区的市政投资。BID 不是"私有化的社区"，政府仍然要负责全市各个地方（包括各 BID 辖区）里最基本的公共服务保障。BID 的职能只是使得辖区内的设施变得比全市整体水平更好，是一个锦上添花的作用。

还有人可能会问："政府会给 BID 资金补助吗？"绝大多数情况下是不会的。政府除了在 BID 筹备前期会提供资助以及特殊拨款和对 BID 管理者提供技能培训之外，不会给 BID 其他形式的常规性补贴。这是因为 BID 的核心概念是"自给自足"，让业主花自己的钱来改善自身所处的社区环境。然而，从某种意义上来说，纽约市政府帮助各个 BID 的区域管理协会向其业主收钱，并将收上来的钱原封不动地交给 BID，这实际上是政府对 BID 的一种隐性补贴。毕竟，征收税费本身也是需要耗费一定的人力和物力的。

联合广场联盟 BID 组织的集市

　　纽约的 BID 虽然并不能直接为政府减轻负担，但政府依然在政策和人力物力上支持 BID，这既有经济原因，也有社会和政治原因。

　　从经济上来说，让一些社区发展得更好，可以塑造一张张鲜明的城市名片，有利于旅游业和人才聚集，符合政府的经济发展目标。根据纽约市政府 2021 年的统计，BID 的经济作用是巨大的：其涵盖的土地面积只占全市的 2%，但其辖区内的店铺和地产贡献了纽约市 24% 的销售额和 27% 的房地产税。

　　从社会角度来说，在纽约，各种人群、各个社区有着非常多样的需求；这些需求如果不被满足，就可能会影响社区和社会稳定。BID 的存在，给不同街区的差异性需求找到了一个有效的、"自给自足"的解决途径，这将有利于社会整体的稳定和经济的发展，可以让政府更省心。

　　但 BID 也并不是解决一切社会发展问题的灵丹妙药。事实上，BID

有可能会加剧城市内部发展的不平衡——毕竟，BID 的核心目的是"让一部分街区比其他地方发展得更好"。在纽约，BID 最有争议的一点，正是其可能带来的人口置换现象：当 BID 内部的经济水平提升，房价上涨，许多当地原本的居民和商店将无法承担那儿的房租。越来越多的大品牌和开发商成功入驻，久而久之，原本具有自己特色的社区可能会变得千篇一律，成为只有富人才能住得起的昂贵街区。这最终可能加剧城市贫富人口在空间上的分化。

没有围墙的社区

在纽约，BID 是一种特殊的社区。它在这个鲜有围墙、尽是开放街区的城市中，通过设定收费和服务的边界来将一小块区域内的业主团结起来，使其可以为了共同的利益来投资、运营自己所在的社区。

因为 BID 的成立需要来自特定区域内的民间支持，所以越是互信程度高、有着多方共同协作历史的街区，就越有可能成功申请成立自己的 BID。但反过来说，运营 BID 本身也可以帮助社区构建更多的信任。毕竟，相较于政府内部最能代表民意的机构——社区委员会，每个 BID 的管辖范围要更小，与社区内部各主体的关系更近，且免去了政府机构的繁文缛节以及程序限制，并具有实质的"征税"权和提供公共服务的义务，是一种社区自治最直接的方式。

在危机到来之际，一个地方能否成功地渡过难关取决于那个地方的人能否同心协力地为社区出力。在新冠疫情期间，许多 BID 成为第 6 章所提到的"开放街道"的管理者，并为遭遇疫情打击的商家和店铺提供宣传服务，助其吸引人流、克服困难，扮演着比以往更加重要的角色。此时，BID 提供的服务不仅仅是锦上添花的作用——成功的社区运营关系到各个商铺以及纽约众多小型企业的生存。在这些没有围墙的社区，民间自治所塑造出的韧性将决定纽约这座城市的未来。

延伸讨论：

私人机构行使一定程度的公共或集体权力在全球的城市中并不罕见。在中国，许多住宅小区经过多年的建设和发展，早已像一座自己的城市一样，拥有属于社区的道路、水电、绿地等公共设施。开发商负责这些设施的建设，物业公司负责维护和管理。一些超大型小区甚至为其业主提供教育、医疗、养老等服务，俨然成了相对自给自足的"小城市"。在这些封闭式的社区中，居民缴纳的物业费，正像纽约BID的"税费"一样，支撑着这些"小城市"的管理和运营，并最终提升了小区的品质。

如果我们对比国内住宅小区收的物业费和纽约BID收的管理费，会发现这两者的融资逻辑基本上是一样的——两者都是通过"会员制"，向一定居住范围内的业主集体收费，用来有针对性地改善其社区内部的公共服务水平。只不过封闭式小区定义"会员"的界限是一道实墙，而BID的界限只是地图上所画的一条线罢了。

然而，虽然小区物业费和BID费的收钱逻辑高度相似，但两者所造成的空间形态以及城市体验是截然不同的。封闭式小区通过一道围墙将社区和外面的世界隔离开来；开放的BID却始终都是城市街道网络的一部分，任何人都能享用BID内的干净街道和绿地广场。

这种空间体验上的不同，主要是因为封闭式小区和BID两者对于"发展"这个概念的认知以及终极目的很不一样。

在中国，小区越是封闭，就越能给人带来安全感；有时，围墙内的清静也是一种身份的象征，小区内的居民认同并喜欢这种自成一派的感觉。闹市中，拥有围墙的住宅小区让居民可以享受"结庐在人境，而无车马喧"的中产梦，这本身就是许多中国人对于经济和社会发展的期盼的一种具象体现。

在纽约,社区往往没有明确的边界,只有明确的中心,而社区中心地段主要承担的大多是商业职能;街区越开放,就越能给业主带来经济收益。BID之所以被市民所接受,是因为它能吸引来更多的消费者,这将提高这个街区的竞争力,BID内的商家和住宅业主也都可以从商业和经济的发展中获利。在纽约,许多年轻人愿意从他们父母所在的中产郊区之家搬回到市中心来住,正是被城市中热闹、富有激情的生活体验所吸引。所以说,中国式小区和纽约式BID之间,有着发展模式及其背后的价值观的根本不同。

中国住建部曾在2016年发布文件,要求"已建成的住宅小区和单位大院要逐步打开",并要"推广街区制,原则上不再建设封闭住宅小区"。[24] 如果小区物业费的基础是利益的排他性①,那么没有围墙的住宅小区会有可能经历新一轮的物业费短缺、社区服务质量下滑的现象。

当中国的住宅小区围墙被拆了之后,它们能否按照欧美国家BID的模式来将物业转型呢?答案很有可能是否定的,因为BID的重点是发展临街商业,想要更多的外人到社区里来进行消费,而在中国城市,大部分的住宅小区内部的商业配套十分有限,且居民求的是"静",不想让太多外人进来。这既是城市规划功能分区的结果,也是中国独特的历史文化以及国民观念的结果,二者相辅相成,互相影响,最终形成了"墙内安安静静、墙外熙熙攘攘"的中国城市格局。

然而,安静的环境也好,热闹的商业也好,任何形态的社区,都需要稳定的资金流来确保其运营和维护——这需要政府、

---

①如果物业费所支付的服务可以被未缴费的人享用,那么就不会有业主想要缴纳物业费了。

建设方、社区组织和居民之间的相互合作，涉及不同群体之间的权利分配，需要精妙的设计。在中国，开发商虽是企业，却在过去的几十年内承担着提供小区内部公共服务的职能[①]；在欧美，BID虽然被政府赋予了公权力，却并没有替代政府——街区的运营仍然要依靠政府和BID之间的公私协作。不管城市的形态如何，能为公共服务找到健康、有效的融资途径的城市才是好城市。

[①] 这其实也正是中国大型住宅小区和BID的另外一个区别。在中国，许多小区的开发商和市政府达成了"分工"——墙内的设施靠开发商和物业打点，墙外的设施靠市政府运营；从某种意义上来说，中国的封闭式小区为市政府"减负"了，这和欧美BID的政府-私人关系是不同的。如果原小区"拆墙"之后要变成BID，起到锦上添花的作用，市政府则可能需要重新承担起过去交给开发商和物业公司的一些与基本的"公共服务"的供给和运营有关的责任，这将对政府日常运营所需的预算提出更高的要求。

11. 纽约的城市"异类"：私人住宅小区

曼哈顿的下东区有一个和纽约整体城市形象"格格不入"的超大型社区。在那里，住宅楼的体量和设计整齐划一：房子均为13层楼高，建筑立面为棕色砖块，开窗面积小，且没有其他装饰性的设计。除了房屋的建造和设计极具年代感以外，这个社区更加特殊的地方在于其自成一派的封闭式街区布局[①]。遍布曼哈顿的高密度网格状道路结构在这里被打乱[②]，原本应由7条东西向大街和4条南北向大道分隔成的18个独立街块在这里被组合成了一整个超大型区块。在这个由一整个超大型区块构成的封闭式小区里，楼房的间隔非常大，中间是私人绿地和花园，整个小区和下东区熙熙攘攘的城市街道几乎彻底隔离开来。

这个独特的住宅小区叫作"史岱文森镇"，现在，纽约人简称这个小区为"StuyTown"。史岱文森镇占地面积约25公顷，长610米，宽420米，包含39座房屋，横跨三个不同的邮政编码区，拥有自己的报纸。这里所有楼房均为同一个开发商建造，产权结构单一（均为私有产权），而不像纽约大部分的街道那样是由产权复杂多样的楼房构成；在史岱文森镇里，所有的绿地和清洁也均由小区自己的物业负责管理，而不依靠市政府部门[③]。

史岱文森镇小区内的全部房屋均为出租公寓，是全美最大的租赁住宅小区。小区内一共有8000多个住宅单元，人口总数为1.6万多人，

[①]在纽约，中国常见的封闭式住宅小区只占这座城市住宅总量的非常小的一部分；绝大部分的纽约居民住在开放的街区，人们从自己的家里下楼后出门便到达公共领域。纽约开放街区的楼房往往有着各自独立的产权。由于同一个街块内的每一栋楼房都有不同的开发商，这些建筑物的大小、高度、设计、年代、用途等也会不同。不同的建筑彼此之间紧挨着，鲜有空隙，形成了纽约街道具有标志性的、丰富紧凑的视觉效果和城市体验。

[②]第16章会更详细地探讨曼哈顿标志性的路网结构。

[③]在史岱文森镇北边一街之隔也有一座封闭式小区，叫作"彼得·库珀村"（包含23栋出租公寓，楼房均为15层高）。史岱文森镇和彼得·库珀村是由同一个开发商在同一时期开发的大型住宅项目，合称为"史岱文森镇-彼得·库珀村"。

社区社会　165

史岱文森镇街景

白人的比例高达 71%（是纽约市整体水平的 2 倍还多）。虽然这里楼房的设计跟政府在同一时期建造的廉租房非常相似，但今天的史岱文森镇已是一定意义上的富人小区了——这里 50% 的家庭的年收入超过了 14 万美元，大大超越了纽约的平均水平（全市收入超过 14 万美元的家庭只占总体的 20%）。如今，史岱文森镇里将近一半的公寓享有政府所规定的优惠租金，其余则按照下东区豪华公寓的市场标准定价。

在纽约，像史岱文森镇这种私人开发和运营的超大型住宅小区实属罕见。其巨大的规模也让史岱文森镇成为人们口中的"城中城"，处于私人地产和公共领域之间的暧昧地带——虽然史岱文森镇在产权上属于地产商的私有财产，但在它从最初规划到如今的这几十年间，其建设和

史岱文森镇大楼入口

史岱文森镇小区内部景观

社区社会

运营不断引发公共和社会层面的争论。在史岱文森镇的诞生和变化过程中，纽约的开发商、政府和公众通过一次次的交涉、合作以及对抗，重新定义了这个独一无二的社区对纽约整体城市发展的意义。

史岱文森镇（蓝色楼房区域）与彼得·库珀村（紫色楼房区域）楼房的形态和路网结构是纽约城市中的异类

全美最大租赁住宅小区的起源

19 世纪中后期，纽约市的能源公司开始在下东区建设大型储气罐等重工业设施。由于煤气泄漏所造成的污染和其他与空气以及噪声有关的环境因素，储气罐的周边地区变得不宜居住，渐渐变成了以爱尔兰、德国、犹太、东欧裔穷人为主的工人阶级社区，且其中不乏黑帮活动，犯罪高发。在这个低收入、高污染的区域里，占地面积一共 25 公顷的 18 个街块组成了曾被人称为"煤气房区"的街区，里面的 600 栋房屋密密麻麻地拼接着，为 3000 多户家庭提供居住和生活的场所，其中大部分是相对较矮的老旧住宅楼（四五层楼高）。在这些房子里，3/4 的住宅没有暖气，2/3 没有浴室，1/5 没有厕所。[25] 除了住宅楼之外，该街区里还有数百间商店和小工厂以及一些教堂、学校和剧院。[26] 这个地方并不繁华，但也并非一片死寂——只不过，它在很长的一段时间内是纽约被遗忘的一个角落。

时间来到 20 世纪 40 年代，这片曾被遗忘的穷人区被大都会人寿保险公司和纽约市政府盯上，它将成为建设全美最大的租赁住宅小区的宗地。

大都会是全美最大的人寿保险公司，其总部设在纽约。根据 1943 年《商业周刊》杂志的报道，大都会人寿保险公司的美国市场份额高达 1/3。但随着 20 世纪 40 年代经济低迷所造成的低利率的影响，大都会人寿保险公司巨大的证券和债券资产收益并不尽如人意。因此，公司的高层将目光转向了房地产开发行业，视其为一种收益更高的投资创收领域。[27]

保险公司投资房地产的现象其实并不罕见，但大都会人寿保险公司并不只是以"幕后金主"投资方的身份进入住房行业。它的计划是直接承担开发商的角色，因此其一举一动会更受政府和公众的关注。并且，大都会人寿保险公司将要建设的不仅是独栋的中小型楼房，而是大型的社区楼盘——这些项目将从街区的尺度改变城市面貌。

大都会人寿保险公司选择建造新社区的地方通常是城市中的老旧街区。将贫穷破烂的老城街区改建成更好的新房屋，进而吸引更加富有的市民，让人们过上更加健康的生活，这一系列举动的影响对保险公司来说意味着能有更多、更健康的城市居民来长期地交保费——这说到底都是保险公司提高公司利润的途径，是一笔目光更加长远的经济账。

在大都会打算开发建设新的大型社区的那个年代，由政府主导的贫民窟改造运动也在全国范围内开展得如火如荼。尤其是在纽约，自 20 世纪20年代起，市政府就在许多原本是贫民窟的地方兴建大型住宅项目。说到这些大型项目的推进，就不得不提当时整个纽约市政府中最有权力的人——罗伯特·摩西。[28] 摩西于1934 年被聘为纽约市公园

罗伯特·摩西

图片来源：Stieglitz, C.M, photographer. Sponsor of Battery Bridge / World Telegram & Sun photo by C.M. Spieglitz. New York, 1939. Photograph. https://www.loc.gov/item/2006675178/.

局主席，之后陆续被聘为州务卿、桥梁隧道局主席、市规划委员会成员、市长贫民窟改造委员会主席等，甚至一度同时身兼12个不同的政府要职，直到20世纪60年代末才逐渐退位。摩西当权时曾在纽约建设了无数大型公园、桥梁以及其他公共设施和住宅项目，其中就包括不少的贫民窟改造项目。贫民窟改造的方式本应该是多种多样的——既包括对原住宅的修复和改进，也包括将原房屋推倒重建，但摩西坚定地支持后者，并且他认为：推倒重建的规模越大，项目对城市的积极影响也越大。

摩西在纽约的大兴土木伴随着纽约市住宅局的诞生。纽约市住宅局是全美国第一个市政住宅局，其最初的主要职能是接受罗斯福新政时期批下来的联邦政府资金，帮助纽约市政府来直接开发和运营廉租房项目[1]。

---

[1] 在1934至1943年间，纽约市住宅局建设了1.7万多户住宅。

但随着二战时期物价以及纽约市内土地价格的上涨,纽约市住宅局仅靠政府资金难以实现更大规模的建设项目。尤其是贫民窟更新项目,由于其涉及的地块面积大,且拆迁工作具有挑战性,因此资金和技术缺口更严重。

为了解决贫民窟更新项目所遇到的困难,纽约市政府(以摩西为代表)试图探索引进私企资本的模式,想让以财力雄厚的保险行业为代表的私人资本能参与大型贫民窟改造和住宅开发项目。终于,在20世纪40年代,纽约市政府清除贫民窟的野心和大都会人寿保险公司想要投资开发房地产的目的一拍即合,两者看上了下东区这18个占地面积共25公顷、布满了密密麻麻穷人住宅的街块。1943年2月1日,在经过了一系列由摩西主导的幕后协商后,纽约市政府和大都会人寿保险公司双方签订了建设协议,决定在下东区的这个穷人区建设新的私人住宅小区。[29]

根据双方签订的协议,在清除贫民窟的过程中,大都会人寿保险公司会从原房东手中一个个地将土地和原房屋的产权收购,但如果遇到了"钉子户"的现象,纽约市政府会使用国家征用权来强制收购土地和房屋并将其出售给大都会人寿保险公司。

国家征用权顾名思义是指政府强制征收私人财产的权力。在美国,普通的土地交易需要建立在买卖双方均认可的前提之上——私人之间的土地交易是如此,政府和私人之间的交易亦然。但国家征用权给了政府一定的权力,它们可以为了重要的公共用途而强制从私人手中以合理的补偿额度(通常是市场价)来购买土地。政府通常为了建设基础设施(如高速路、铁路等)而使用国家征用权。纽约20世纪40年代的贫民窟改造使用国家征用权的特殊之处在于,这些土地交易的直接结果是让私人企业建设为了盈利的住宅开发项目,而不是公共设施。对此,纽约市政府的解释是:通过征收土地、推动地产开发,能将原本破败不堪的贫民窟清除,这是一种对社会有利的公共用途。

除了允许政府通过国家征用权来帮助大都会人寿保险公司来收购原贫民窟土地、推动土地一级开发①以外,政府和公司在1943年2月签订

---

① 一级开发是指由政府或其授权委托的企业,对一定区域范围内的城市土地(毛地)进行统一的征地、拆迁、安置、补偿,并进行适当的市政配套设施建设。

的协议还规定纽约市政府得将整个区块内所有的原街道土地转化成为私有财产，移交给大都会保险公司，且不需要大都会保险公司在之后开发的项目中提供新的市政公园或学校等公共设施。并且，协议中还包含了政府承诺会给大都会保险公司的税收优惠政策，允许建成的项目在25年内不用缴纳地产增值所带来的房地产税，但作为条件，小区内的房屋起初在租金上会有一定的限制，低于当时的市场价。

由此可见，这份1943年签订的协议给了大都会人寿保险公司巨大的优惠和激励，这正是纽约市政府引入市场资本参与贫民窟改造的条件。但严格地来说，当时这份协议中的条款并不是完全合法的。在协议签订之时，纽约州政府确实有法律批准保险公司投资贫民窟改造项目（即1942年通过的《城市更新公司法》），并且法律准许政府为这类项目使用国家征用权。但是，该法律并不允许地方政府为私人企业提供像1943年纽约市政府给予大都会保险公司的这么大额度的税收优惠；并且，1942年通过的州法律对新建住宅中所需提供的公共利益有更高的要求——如果1943年纽约市政府和大都会签订的协议要完全合法的话，那么协议中应该包括更低的租金、更高比例的经济型住房以及要求保险公司承担帮助原住民搬迁找新房的责任等。

为了让纽约市和大都会保险公司之间签订的协议能够在法律上彻底地站住脚，摩西特地动用自己丰厚的政治资本和强势的手腕去游说时任纽约州州长，力图修改这条仅在1年前才刚刚通过的法律，并为此亲自起草法律的修改方案。[30] 对于摩西来说，只有修改法律，让制度允许地方政府给私人企业更多的优惠，纽约才能成功地推进大型贫民窟改造和住宅项目——这体现了以摩西为代表的大政府主义者强有力的手腕和对权力的把控。最终，仅仅在纽约市和大都会保险公司签订协议的两个月之内，纽约州的法律就被成功地改写，彻底保证了这份充满了对开发商优惠条件的协议的合法性。同年（1943年）的4月，纽约市长和大都会人寿保险公司的总裁正式通过广播对全市的公众宣布：大都会将要在纽约市下东区这18个街块组成的区域建设名为"史岱文森镇"的大型住宅项目。数个月后，市政府的最高决议部门投票批准了大都会人寿保险公司和市政府之间的合同。原本的穷人区建筑陆续地被清除。短短 4 年后,全新的史岱文森镇建成。

史上最高金额的住宅地产交易及其崩盘

1947 年史岱文森镇建成后,大都会人寿保险公司一直经营着这个包含 8000 多户公寓的小区。半个世纪后,千禧年到来,此时的大都会已经进行了企业股份化改制,从当初的会员所有制公司转变为了追求利润最大化和净资产收益率的上市公司。到了 2006 年,随着美国房地产市场持续走高,大都会终于决定将史岱文森镇和同时建造、一街之隔的彼得·库珀村打包出售,以此来大赚一笔。那年 8 月,当这个全美国最大的租赁小区要被出售的消息被放出时,整个地产和金融行业都为之一振。多家公司争相准备竞拍,不乏众多来自纽约、全国以及全世界的地产和资本巨头。最终,铁狮门集团和贝莱德集团两家企业联手从 13 家竞标团队中胜出,献出了令人咋舌的最高竞价:54 亿美元。同年年末,铁狮门、贝莱德与大都会人寿保险公司迅速签订了出售合同,完成了整个美国历史上最大的一笔住宅地产交易。终于,在建成近 60 年后,史岱文森镇换了主人。

铁狮门集团是纽约商业地产界的巨头——全球闻名的纽约洛克菲勒中心是铁狮门现在经营的项目。贝莱德则是全球最大的跨国投资管理公司之一——在 2021 年,贝莱德管理的资产总金额高达 9 万亿美元。这两家公司在 2006 年联手支付的购买价一共达到了 63 亿美元(包括其他税费)。这虽然是个天文数字,但在当年,华尔街炙手可热的资本市场意味着这笔庞大的地产交易可以利用非常高的杠杆,即通过超大额度的债务来轻松实现项目融资。

通过投资银行以及铁狮门和贝莱德自身在金融界的强大关系网,当年这两家公司联手收购史岱文森镇的交易总金额里有 70% 是由银行和

铁狮门和贝莱德收购史岱文森镇的资金来源

资金来源[①]	金额	占比
股权投资（占30%）		
加州公务员退休基金	5亿美元	7.9%
佛罗里达州退休基金	2.5亿美元	4.0%
新加坡政府投资公司	1.9亿美元	3.0%
英国惠康基金会（慈善基金会）	1.8亿美元	2.8%
韩国国民银行	1.6亿美元	2.5%
铁狮门	1.1亿美元	1.8%
贝莱德	1.1亿美元	1.8%
加州公立教师退休基金	9000万美元	1.5%
英格兰教会	8000万美元	1.2%
加拿大安大略公务员退休基金	8000万美元	1.2%
丹麦PKA退休基金	8000万美元	1.2%
日本农林中央金库	3000万美元	0.4%
瑞士信贷集团投资部	2000万美元	0.2%
铁狮门家族	1000万美元	0.2%
日本DAIWA集团	900万美元	0.2%
通用再保险公司	900万美元	0.1%
债权投资（占70%）		
债务证券	30亿美元	47.7%
夹层债务资本1—3	3亿美元	4.8%
夹层债务资本4—9	6亿美元	9.5%
夹层债务资本10	3亿美元	4.8%
夹层债务资本11	2亿美元	3.2%

其他公司提供的贷款，其中包含30亿美元的债务证券（占总交易金额的48%）。铁狮门和贝莱德将史岱文森镇的房产作为抵押品向银行借款，

[①]数据来源：Bagli, Charles V. *Other People's Money: Inside the Housing Crisis and the Demise of the Greatest Real Estate Deal Ever Made*. Plume Books, 2014。

投资银行再将抵押贷款证券化,以债券的形式广泛发行给投资者,这一系列操作帮助铁狮门和贝莱德完成了巨大额度的项目融资。

股权投资则只占史岱文森镇总交易金额的 30%,其中包括来自全球各地多家大型机构的资金,包括主管加州公务员和教师退休金的机构、佛罗里达州的退休基金、新加坡政府、加拿大安大略公务员退休金、英格兰银行以及其他来自日本、韩国、丹麦、瑞士和美国的投资方。[31] 可以说,全世界的资本都被纽约蓬勃发展的地产市场吸引,视投资史岱文森镇这样的房产为安全可靠的创收途径。至于铁狮门和贝莱德本身,它们是项目的发起人,自然也是股权投资方,但两者均只投资了 1.1 亿美元,加起来不到项目交易总金额的 4%。也就是说,通过当时蓬勃的金融市场,这两家公司仅投资了 2 亿多美元就完成了对竞拍价 54 亿美元的资产的收购。

然而,就在铁狮门和贝莱德沉浸在交易成功的喜悦之中时,一场官司给这桩买卖浇上了一盆冷水,预示着这桩史上最大地产交易的失败命运。

2007 年,仅在史岱文森镇交易尘埃落定的两个月后,9 名小区的租客将铁狮门、贝莱德以及大都会人寿保险公司这三家史岱文森镇的新老东家一同告上了法庭,称它们作为房东非法向租客收取了租金。与租客一同站在原告席的还包括史岱文森镇的租户协会。

史岱文森镇的租户协会是一个代表租户利益的非营利组织。事实上,就在 2006 年大都会人寿保险公司宣布出售史岱文森镇时,租户协会就曾在当地市议员的支持下试图参与投标,以租户集体的名义来收购史岱文森镇。这种举动看起来是天方夜谭,但在当时受到了包括时任纽约州参议员希拉里·克林顿在内的诸多来自纽约的官员的支持。这主要是因为,史岱文森镇不仅仅是一般的住宅楼,其巨大的规模和独特的历史意味着它是纽约的一个具有象征性意义的重要的"中产阶级社区"。随着纽约房地产市场变得越来越昂贵,史岱文森镇的居民害怕小区转手后会加快租金攀升的速度,并导致原先住在这儿的护士、教师、消防员等中产以及低收入人群不得不打包走人,这会彻底改变这个社区乃至整个纽约下东区的本质。

与租金有关的维权一直是史岱文森镇租户协会的工作中心。该组织的诞生其实就和小区历史上一次次与租金有关的争议息息相关，并且这些争议都涉及复杂的政府政策以及开发商行为。在纽约，政府会对部分楼房的租金进行管控，且管控租金的法律手段主要有两种。第一种是直接对公寓的租金额度进行控制（租金管制），第二种则是对租金每年上涨的幅度进行控制（租金稳定）。前者是更加严格且相对罕见的管控，只对满足以下两个条件的公寓适用：首先，该公寓得在 1947 年前建成；其次，该公寓里的租客得从 1971 年开始就持续地住在该公寓里。这些公寓由于被政府直接控制了租金，其价格非常低（基本上租金被控制在了 20 世纪 70 年代的水平）。至于 1947 年之后建设的公寓，很多受到的是租金涨幅控制；这种控制虽然并不直接规定房租能定多高，但只要租客一直住在那里，该房子涨价的限额就被锁定在了政府许可的范围内（通常是每年价格上涨 2% 到 4%）。在纽约，有一半的出租公寓受到租金涨幅控制，但只有 1% 的公寓受到了直接的租金额度管制。史岱文森镇是 1947 年前建设的，并且里面有很多住了好几十年的老租客，因此许多公寓符合严格的政府租金额度管制条件；在 2006 年史岱文森镇被出售时，里面的公寓有 72% 直接受到租金额度管制，且 100% 受到涨幅控制。

租金额度管制是租户喜闻乐见的福利，但这套政策也一直是房东、租户以及政府之间拉锯战的焦点。1971 年，时任州长试图大力削弱租金额度管制的力度，允许那些已经空置了的租金管制住宅摆脱"枷锁"，变成不受租金额度控制的公寓。这立即引起了全纽约州的租客的强烈不满，并直接促成了史岱文森镇租户协会的成立。面对当时州长的政策，史岱文森镇租户协会发挥自己的组织能力和代表 8000 多户居民的政治影响力，得到了关键官员的支持，并最终使得州政府取消了 1971 年的政策。

20 多年后，时间来到 1993 年，州政府出台了一套新的政策来允许原本受租金额度控制的公寓与管控"脱钩"，但这次改变的力度比之前要小，试图在房东和租户之间找到政治上的平衡点。1993 年的政策制定了一套相较 20 年前更为苛刻的取消租金额度控制的条件：当一个原本受到租金额度控制的公寓被空置后，只有当其租金已经上涨到了 2000 美元一个月的水平，才能不再受到政府对租金额度的严格控制，房东在这之后可以将其租金提到更高的市场价。纽约州政府之所以加上了以 2000 美元月租作为标准的脱钩条件，其逻辑是：当公寓价格涨到了 2000 美元后，它就已经不是实质上的低价房了，因此脱离了租金额度控制的初衷，应转而由市场定价。

不过，该法律其实给了房东一个"后门"：州政府允许房东对空置的公寓进行装修改造，并将所花费的资金的 1/40 累加到该公寓的月租金上，这相当于给了房东一个非常快速、大幅度、合法地增加租金的方式。如此一来，许多原本低价、受管控的公寓的租金按照正常的涨价幅度很难超过 2000 美元的水平，但在空置期经过装修改造后会立刻超过 2000 美元，并因此变成市场价公寓。2007 年将史岱文森镇开发商告上法庭的原告租户之一伊凡·霍里斯克（Evan Horisk）就公布了自己的故事：他所租的一套两居室公寓在他搬进小区之前曾经是受政府管控房租的低价房（在 2002 年前的月租金仅为 889 美元）。[32] 当该公寓空置后，大都会人寿保险公司作为房东花了 4.2 万美元对其进行了翻新改造，并将改造费的 1/40 加到月租金上，于是对于霍里斯克来说，他所租的房子月租金在 2003 年瞬间从 889 美元变成了 2253 美元，并且一旦月租超过了 2000 美元这条红线之后，那间空置后的公寓的租金也就不再受政府的管控。之后，房东按照市场行情每年增加房租，并最终在 2007 年将月租定在了 3350 美元，是 5 年前的 3.7 倍。

在 2007 年的官司中，包括霍里斯克在内的租户和史岱文森镇租户协会声称：房东（包括原先的大都会人寿保险公司以及后来的铁狮门和贝莱德）将原本受租金额度控制的公寓改造成不受管控的公寓、收取高昂的市场价租金属于违法行为。这是因为，虽然装修涨价的行为本身合法，但州政府曾在 1995 年下令：房东如果收取了政府给予的税收优惠，那么它就不能在收取优惠期间将之前受租金额度控制的公寓转化为不受管控的公寓——哪怕其手段在其他情况下是合法的。史岱文森镇的房东通过纽约的"J-51 政策"获得了房地产税费减免的优惠[①]，5 年内开发商所得的优惠总金额高达 2500 万美元。在这期间，史岱文森镇的房东对许多原本受租金管控的公寓进行了改造，并在此期间既拿到了政府的房地产税优惠，又通过改造取消了公寓的租金额度控制，赚得了额外的房租。租户称房东的这种行为违反了 1995 年的政府规定。

如果法院判租户胜诉的话，那么这不仅意味着大都会保险公司在出售史岱文森镇之前的改造属于违法行为，更意味着铁狮门和贝莱德这两个新东家的整个商业模式以及当年竞标时给出 54 亿美元的经济基础将全盘崩塌。这是因为：铁狮门和贝莱德收购史岱文森镇的资金来源 70% 是依靠贷款，每年需偿还的债务金额为 2.5 亿美元——在大都会人寿保险公司出售史岱文森镇之前，该小区每年经营的净利润仅为 1 亿美元。为了提升小区的利润（进而满足每年所需支付的债务），铁狮门和贝莱德需要迅速、大量地提高史岱文森镇的盈利空间。

对于房东来说，提高史岱文森镇净利润的最大阻力正在于小区里占公寓总量 72% 的受政府租金额度控制的低价住宅；只有通过各种方式将低价住宅转化为价格高昂的市场价住宅，史岱文森镇才能带来丰厚的现金流，用来为公司偿还收购小区的债务。在 2006 年的收购计划中，铁狮门和贝莱德预设其每年可将小区内 12% 到 15% 的公寓从政府管制的低价住宅转化为房东自由定价的市场价住宅，并以此达到未来每年 2 亿多美元的净利润水平——这笔预设的现金流也正是他们认为史岱文森镇的市值可以高达 54 亿美元的经济基础。

为了将史岱文森镇快速地打造成高端小区，铁狮门下重金对空置的公寓进行平均每户 5 万美元的翻新和装修，并根据纽约州的法律，将装修费的一部分加到了原租金上，借此把公寓从受政府租金管制的低价住宅变成了可让地产商按市场状况来定价的商品，进而吸引更加年轻的、愿意支付高昂租金的人群（比如小资群体、周边大学里的学生等）[②]。

---

① J-51 是纽约市政府的政策。为了鼓励房东对住宅进行改进，该政策允许投资改善公寓条件的房东在未来 14 年或 34 年之内减免由于改造增值而产生的额外的房地产税。
② 其实，大都会人寿保险公司在 2000 年至 2006 年期间就以平均每年 500 套的速度对史岱文森镇和彼得·库珀村的廉价公寓进行市场化改造；但铁狮门和贝莱德的计划速度仍大大超过了大都会。

史岱文森镇社区中央的喷泉广场

除了对公寓本身进行装修以外，铁狮门还在小区的公共设施上下血本，大力在绿化等方面做改善，力求将史岱文森镇变成现代人追求的配套设施完善的高端公寓，并且积极探索将一楼的商业门面以及停车位盘活成赚钱的资产。

同时，为了增加史岱文森镇的年收入，小区里的一些非法居住的租户需要被驱逐。在纽约，受到政府租金额度控制的低价公寓不能在没有房东批准的情况下被转租；而且，如果一个人在其他地方有主要的住宅，那么他也不能再继续拥有低价公寓。为了找到史岱文森镇内这些低价公寓的非法租户，铁狮门特地雇用了律师事务所来调查并给租户发通告单，并且抱着"宁可错杀一千，不可放过一个"的原则，给很多并不是非法

社区社会

史岱文森镇的物业管理公司在小区内部组织活动

租客的人发了驱逐令，弄得一时间史岱文森镇人心惶惶。[33]

通过这些手段，铁狮门希望能改善史岱文森镇的现金流。当年铁狮门和贝莱德在为了购买史岱文森镇而融资时，曾对银行、投资人以及信用评级机构声称：史岱文森镇 5 年内的净利润会翻 3 倍，达到每年 3.4 亿美元，2011 年的资产总价值会达到 69 亿美元。然而，随着 2008 年金融危机的来袭，房地产市场一波接一波地倒下，哪怕铁狮门尽其所能地尝试提高史岱文森镇的租金，市场的力量还是使得整个小区的净利润攀升缓慢。2008 年史岱文森镇的年净利润仅为 1.4 亿美元，这离 2 年前预设此时可达到的 2.1 亿美元净利润差得很远，离收购小区每年所需偿还的 2.5 亿美元债务差得则更远。

与此同时，更令铁狮门和贝莱德雪上加霜的是，2009 年 3 月，纽约州上诉法院判租户胜诉，宣布地产商在接受 J-51 房地产税优惠期间将史岱文森镇的低租金公寓转化为市场价公寓的行为属于违法。铁狮门和贝莱德不服判决，然而更高级的法院在同年 10 月维持了原判，并判定大都会、铁狮门和贝莱德在过去这些年间向 4400 户公寓非法收取了额外的房租，因此应向租户退还多收的租金，赔偿金额总计 2 亿美元。这份判决不仅意味着铁狮门和贝莱德需要在盈利能力本就不尽如人意的史岱文森镇项目上增加新的支出（对租户的赔偿金），更意味着当年以 54 亿美元收购小区的经济逻辑（即迅速地将史岱文森镇转化为高端的市场价小区）在法律上是行不通的。

伴随着市场和法院判决的双拳出击，终于在 2009 年，史岱文森镇的市值从当初史上最高的 54 亿美元跌倒了 18 亿美元，缩水了 2/3。在 3 年前，收购小区的资金有 30% 来自股权投资，70% 来自债权投资。股权投资的风险要高于债权投资——在项目盈利时，股权投资人得以分红，但当项目的经济基础崩溃后，债权投资人有权优先弥补损失并收回抵押品，股权投资人则得承担风险带来的损失。当史岱文森镇的价值在短短的 3 年内蒸发掉了 36 亿美元后，之前为此交易进行股权投资的一众养老金、政府机构以及铁狮门和贝莱德相当于全都赔了本。

回顾史岱文森镇的收购风云，铁狮门和贝莱德的失败不仅是因为受到金融危机的影响，更是因为其一开始设定的盈利基础本身就是不符合实际的。史岱文森镇是全美国最大的租赁小区，租金一直是租户和政府都高度关注的社会敏感点；铁狮门试图通过快速地将租金上调来获得更高的项目现金流，这除了错误地估计了市场行情以外，更是体现了地产商对政治和社会情况的误读。[34] 2010 年 10 月，就在铁狮门和贝莱德曾以史上最高价收购史岱文森镇的 4 年后，这两家地产和金融业的巨头正式地放弃了小区的所有权，将史岱文森镇移交给了债主。

私人楼盘，公共领域

纽约的房地产市场是以私人企业主导的[①]。但在这座城市中，当私

[①] 更多关于地产开发中私企和政府关系的讨论，请见第 17 章至 21 章。

人楼盘的体量达到了一定的规模，它就在某种意义上成了更广义的社区，是当之无愧的公共领域；这时，人们对楼盘的理解和讨论也就超越了一砖一瓦的物理空间，而上升到了社会和政策层面。对于史岱文森镇来说，当媒体、政府以及公众将其称为"中产阶级社区"时，他们所指的并不只是这个由几十栋楼房组成的大型住宅小区，更是它所承载的那一部分纽约社会；那里所包含的不仅是一个个住在公寓里的个体，更是这些人所代表的社会关系、阶级利益以及政治诉求。

史岱文森镇这个社区的历史从诞生到出售都经历了企业、公众以及政府各自的运筹帷幄以及彼此之间的相互周旋。虽然这个大型住宅小区的开发建设是以私人企业主导的，但纽约市政府在 20 世纪 40 年代对其建造倾入了巨大的政策扶持和资金补助（其中包括使用国家征用权来帮助私企推动拆迁工作却不要求建成项目中添加额外的公共福利）——这在当时的美国社会是相对罕见的。或许，也正是因为政府在史岱文森镇最初的诞生故事中起到了如此大的作用，纽约人才会在后来对史岱文森镇的讨论中或有意或无意地将这个商品房楼盘视为了公共领域，并给它加上了其他私人房产不具有的极高的社会和政治属性。

这种私人社区与公共领域之间模糊的边界在后来史岱文森镇被出售时更是成了主导交易成败的关键。这个小区的地产在 2006 年的出售本来只是一场私人企业之间的交易，却受到了超乎想象的来自媒体、公众和官员的强烈关注。人们对于这场交易的担心在表面上只是对公寓租金上涨的不满，但说到底，纽约人对史岱文森镇的焦虑也是人们对这座城市整体社会公平的担忧——这既包括租金涨价后那些住在史岱文森镇公寓里的数千户中产和低收入居民的去留以及未来，也包括纽约其他社区将何去何从。毕竟，如果连像史岱文森镇这么巨大的社区都可以在短时间内从以教师、护士、超市店员等为主要居民的中产社区转变为充满白领和富裕家庭大学生的高端小区，又有谁能保证住在其他地方的纽约人不会被这座城市不断膨胀的房地产市场和全球资本的双重夹击而驱逐呢？最终，来自租户的一纸诉讼加速了史岱文森镇新东家商业计划的崩盘。史岱文森镇从史上最大笔的地产交易到史上最惨烈的债务违约只花了 3 年的时间，这给了纽约的企业一个惨痛的教训：要想真真正正地算好大型地产项目的经济账，就得充分考虑社区作为公共领域在社会和政策层面的复杂性。

2015 年，史岱文森镇的债主将地产出售，这个美国最大租赁小区再度转手换东家。此次收购这个社区的是大名鼎鼎的黑石集团和来自加拿大的地产企业艾芬豪剑桥集团，两者联手的收购价为 53 亿美元，换算成 2006 年的美元相当于 46 亿，低于当年铁狮门和贝莱德的收购价。也许是吸取了当年的教训，这次黑石集团和纽约市政府达成协议，将史岱文森镇里一半的公寓作为经济型住房，且这些经济型住房将在未来 20 年内享有政府管控的优惠租金。纽约下东区的租房市场非常火热，史岱文森镇里享有优惠政策的公寓租金则比市场价低 1/4，一小部分极低收入家庭享有的租金甚至比市场价低 2/3。为此，纽约市政府给黑石集团的收购提供了 2 亿多美元的政府资助和税收优惠，史岱文森镇租户协会也对此协议表示赞赏和支持。

今天的史岱文森镇里，有一半的住户是长期居住在此的中产家庭和低收入住户，另一半则是付着下东区高昂房租，打算在这住个一两年就搬出的年轻贵族。黑石集团继续对社区的公寓改造和基础设施进行投资，试图将其打造成黄金地带里闹中取静的高端小区。纽约时任市长白思豪（Bill de Blasio）则以 2015 年收购计划中所包含的经济型住房政策作为政府为市民提供经济型住房的政绩。地产商、政府和公众似乎在今天的史岱文森镇找到了难得的利益平衡点。这个从某种意义上来说属于公共领域的私人住宅小区在未来一定还会面临新的改变、争议甚至危机，城市发展所带来的变化也会一直推动着不同利益群体之间的协作和较量。或许，纽约社区的本质也就是这种多方角逐所带来的微妙平衡和不确定性。

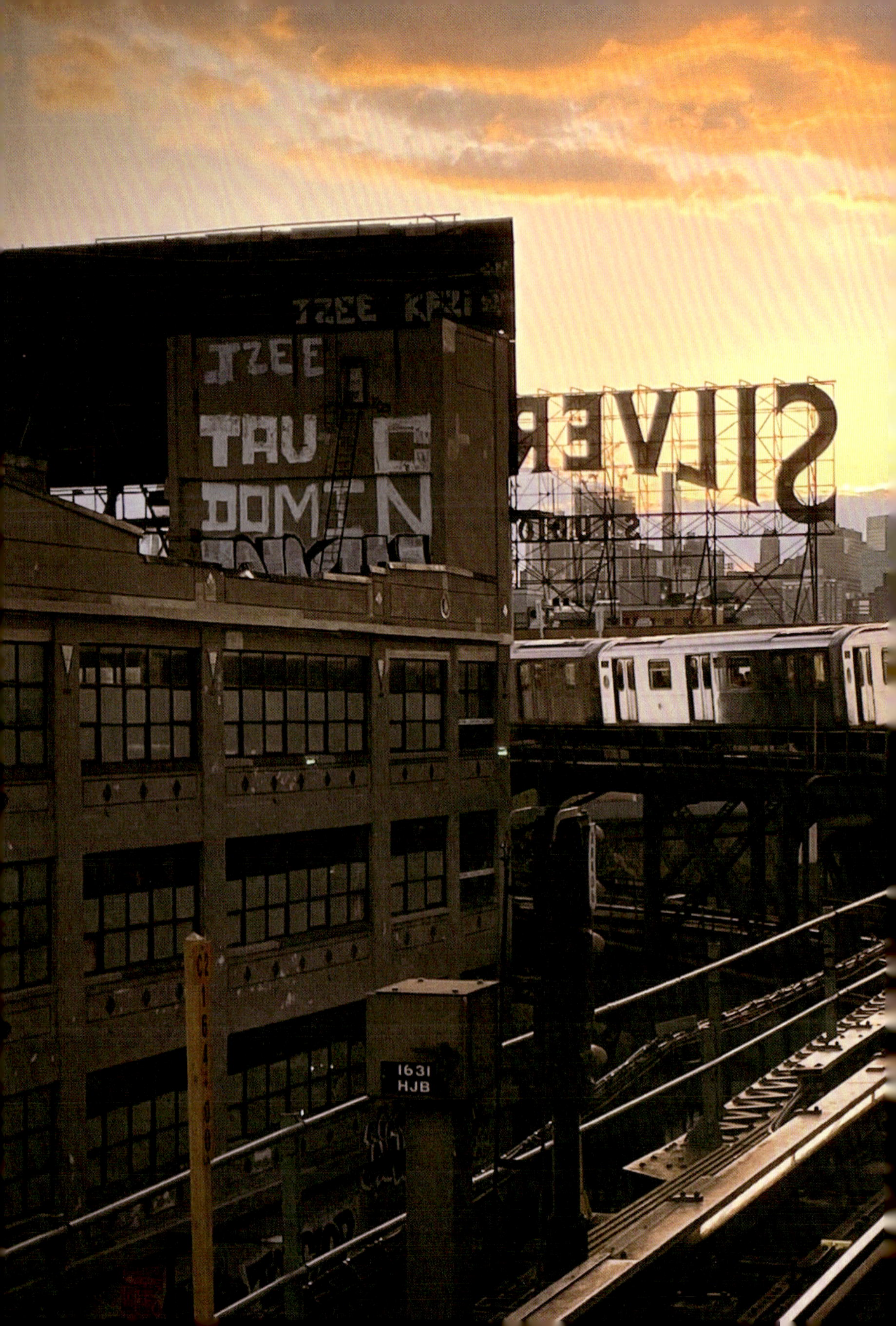
SILVER
1631
HJB

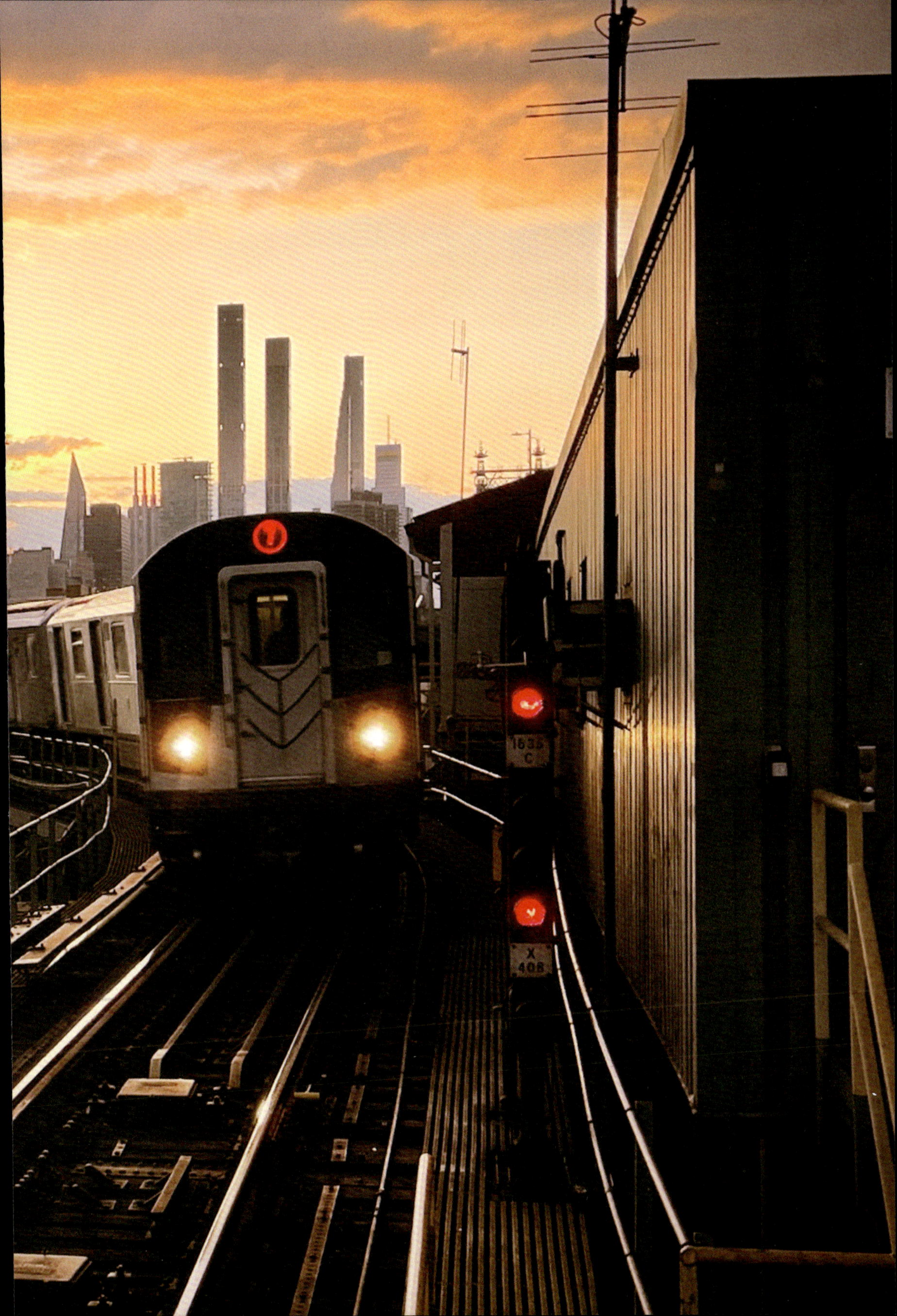
X
408

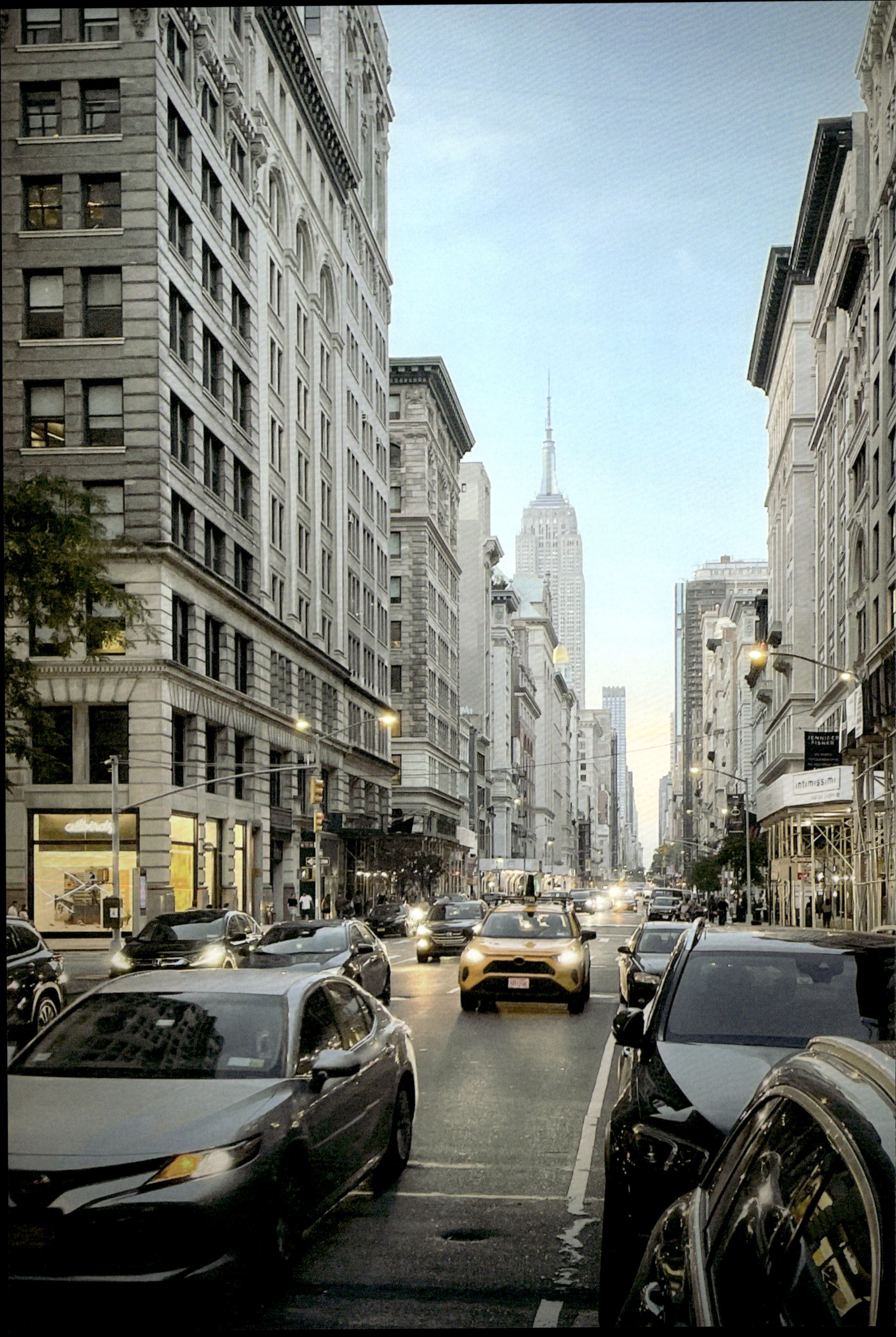
JENNIFER FISHER
intimissimi

三

交通出行

Transportation

12. 一流城市的三流公共交通：
地铁系统

　　初来纽约的人，无不为这座世界超级大城市的地铁之"脏、乱、差"而感到震惊。对于纽约人来说，尽管大家在政治、文化和经济议题上会有不同意见，但对这座城市地铁系统的不满和愤怒是共同的。

　　纽约地铁是全美国最庞大的市政公共交通网络，有着 36 条轨道线、400 多个地铁站，轨道总长度达 1370 千米，24 小时服务。但纽约地铁也是全世界最老旧的地铁系统之一。这里的第一条地铁始建于 1904 年，许多地铁站年久失修，如今的简陋程度令人大跌眼镜。现在在纽约，拥有电梯、空调的地铁站属于少数，夏天时一些地铁站站台上的温度比外面大太阳下的温度还要高出 10 摄氏度，是名副其实的火炉。大部分的

纽约地铁皇后区第 74 街站

纽约地铁线路图

站台非常狭小,灯光昏黄,缺乏现代化的设施和系统,且站台上没有屏蔽门。同时,纽约地铁也以脏闻名:在站台和轨道上看见老鼠并不奇怪,垃圾则更加常见。

但纽约地铁最让人们感到崩溃的还是它的晚点问题以及安全隐患。2017 年,纽约只有 65% 的地铁做到了准点到站,这比 10 年前下降了 20 多个百分点,为近半个世纪以来准点率最低水平。[1] 除了晚点外,纽

交通出行　189

约地铁的安全状况也令人担忧：在一场 2017 年的地铁脱轨事故中，39 人受伤。老旧的信号系统是造成晚点和事故的主要原因之一，但纽约迟迟无法将系统更新换代：1997 年，政府就宣布了要将所有线路的信号系统换成现代化的电脑设施，可到了 2005 年，政府又将目标推迟到了 2045 年。[2] 在纽约，一旦地铁在行驶过程中因为信号不佳、事故等原因停下来，乘客便陷入了车不知何时才能再度开动的煎熬——我自己就曾经被困在一辆停滞不前、没有手机网络信号的地铁车厢上长达 60 分钟。

只要在纽约生活久了，再内向的人，一旦抱怨起这地铁系统的晚点、臭味和老旧，也总能滔滔不绝。这种地下的不堪入目与纽约地上的繁荣形成了鲜明的对比，说地铁是这座城市的耻辱并不为过。作为全球经济之都，纽约市政府每年财政收入高达 1000 亿美元。拥有如此财力的市政府，为何仍然无法投资改善这座城市赖以生存的地铁系统？这一切，还得从半个世纪前的一场财政危机说起。

纽约地铁车厢内部

濒临破产的纽约市

20世纪60年代后期以及70年代对于纽约来说是一个灰暗的时期。美国整体的战后繁荣不复存在，纽约市的犯罪率更是居高不下。社会动荡，人心惶惶，纽约那时是名副其实的"罪恶之城"——2019年的电影《小丑》中令人感到绝望的反乌托邦背景城市就是以70年代的纽约为原型。

在经济下行的基础上，纽约市政府也濒临破产，公共预算入不敷出，许多市政设施的维护陷入了泥潭。如今纽约地铁站内随处可见的涂鸦和污物，跟当年相比也是小巫见大巫。但是，60年代和70年代对纽约地铁的影响，不仅仅是墙上的涂鸦；财政危机给地铁系统从制度层面埋下了更深层次的"祸根"。

一般来说，为了提供公共服务，纽约市政府可以用两种方式来筹钱：第一种是一般性政府收入，第二种则是举债。一般性政府收入指的是各类税收、执照费、水电费等收入，这些钱用于支付警察、公务员、公立学校老师等人员的工资以及政府日常运营的开销。纽约州现行的法律规定，市政府的一般性收入和支出必须平衡，即政府不能花的比挣的多。不过，当市政府需要建设大型市政项目时，无法一次性将资金全部拿出，这时政府可以选择举债。无论是修建道路还是公园翻新，只要这个项目满足造价高于3.5万美元、使用寿命大于5年等条件，政府便可以使用债券等金融工具来为项目借钱，日后再用一般性政府收入分期偿还。

然而，在60年代和70年代，政府借钱的条件有些过于宽松了：当时纽约市政府除了发债来建设市政工程之外，还用借来的钱支付起了公务员工资等日常开销——这在今天的纽约是不允许的。半个世纪前，当纽约市政府发现当年的税收收入已不够用，之前借来的钱也还不上了的时候，便继续向银行借更多的钱，以债还债。如此一来，政府的债务越积越多，信用评级直线下降。终于有一天，银行决定不再向纽约市政府发放贷款。资金链断裂的纽约市瞬间面临着破产的风险。

面对政府即将破产的危机，时任纽约州的州长和纽约市的市长一齐前往美国首都华盛顿向总统求助，希望联邦政府可以伸出援手，帮助纽约这座全美第一大城市渡过难关。可是总统认为这场财政危机不是天灾，而是人祸，于是拒绝在当时立刻提供救助。1975 年 10 月 30 日，纽约当天报纸的头版标题是："总统对纽约说：去死吧（Ford to City: Drop dead）。"

州政府接管纽约市地铁

破产危机闹得人心惶惶，好在纽约市最终还是通过各种途径避免了宣布破产。不过，从总体上来看，在这场 20 世纪 70 年代的财政危机中，纽约的一些解决方案其实并不利于城市未来的长期发展——其对地铁系统的处理就是这样一个具有深远负面影响的决定。

纽约市地铁现在的管理者并不是市政府，而是州政府。20 世纪，在纽约市财政全面崩盘之前，州政府创立了大都会交通署（Metropolitan Transportation Authority，简称 MTA）。MTA 是全美国最大的公共交通部门，其成立之初负责管理纽约州内数条连接市区和郊区各个地段的铁路、隧道以及桥梁，拥有可观的过路费收入。后来，MTA 成了纽约市地铁系统的掌管者。之所以让隶属于州政府的 MTA 在纽约市经济条件最差的时候接管市区的地铁系统，正是希望州内隧道等基础设施的收入可以贴补地铁系统的支出。这样一来，纽约州政府便成为纽约市地铁这套全美最大、最老的地下轨道网络的运营者。

将纽约地铁这套市政服务系统移交给州政府进行管理，虽然在经济层面解决了危机时期的一部分财政问题，却在制度层面为地铁系统日后的发展埋下了隐患。

随着纽约这座城市的经济回暖，地铁使用人数逐年攀高，对这个老旧且庞大的地铁系统提出了严峻的挑战。设施的日常维护、更新和改造都需要非常大笔的投资。2019 年，MTA 的日常预算高达 168 亿美元，其中收入的 51% 来自公共交通系统的车票和隧道桥梁等设施的过路费，另外 37% 为特定税收收入（包括纽约州内的汽油税、贷款税以及纽约市内的地产交易税），剩下的 12% 则为其他来源（包括市政府拨款等）。然而，这些日常运营所需的资金，并不用于硬件设施维护和投资。要想解决地铁如今所面临的各种问题（尤其是老旧的信号系统），MTA 还需通过举债来进行大规模建设性投资。

很长一段时间以来，纽约市长和纽约州州长每年都要针对地铁的建设资金需求和谁来买单的问题争论不休。在 2017 年的喊话中，州长认为：地铁网络既然全部落在纽约市区范围内，市政府就应该给 MTA 出更多的钱来更新地铁设施。市长则认为：纽约市对 MTA 的贡献已经够多了，州政府作为 MTA 的掌控者，应该承担更新地铁系统的绝大部分责任。

纽约市长曾在接受电视采访时说："如果你对地铁有什么意见，去跟州长说。他是掌权者，应该严肃对待自己的责任。"州长却认为，MTA 并不是负责整个纽约州交通的"州政府"，而是一个区域机构，在面对记者对 MTA 掌控权的提问时，州长说："（MTA 由其董事会掌控，）董事会里一些成员由我来提名，纽约市长也提名一些 MTA 的董事会成员，其他区域内的地方政府也有提名权，明白吗？"[3] 州长这番话的言下之意是自己并不完全掌控 MTA。然而，由州长提名的 MTA 董事会成员数要多于其他地方政府提名的人数，并且董事会的主席由州长委任——所以，州长的确是 MTA 背后独一无二的实际掌控者。

纽约市长和州长针对地铁投资的拉锯战背后，是一个经典的委托-代理问题（Principal-Agent Problem）。委托-代理问题是政治经济学中的一个模型：委托人因为资源、效率或分工等原因，将原本自己该做的事情转交给代理人去做；然而，如果代理人有着自己其他的目的，他便有可能背着委托人用其资源去满足代理人自身的利益，而不是去做好委托人一开始交代给他的事。委托人和代理人之间的信息不对称，更是加大了这种目标不一致所带来的风险。

在纽约地铁系统的运营这件事上，纽约的广大市民相当于不得已而为之的委托人——这座城市在当年经济危机环境下自身财政周转不灵的时候，同意接受州政府这个强有力的代理人成为地铁掌控人，希望州政府能用自身更广泛的交通系统收入来源，来解决地铁系统的运营问题，满足市民的出行需求。可是，州政府也有着自己的"小算盘"——纽约州是个大州，州政府面对的选民不仅仅是纽约市的居民而已，它更重要的目的是要满足整个州的需求。如果州政府"偏心"为纽约市地铁进行大笔的拨款，纽约州其他地方的人便会不高兴。虽然纽约市人口众多，但纽约州毕竟还有 50% 以上的居民住在其他城市，如果纽约州州长仅仅照顾纽约市的需求，未必可以赢得州内选举。

如此一来，州政府和纽约市民本就不一致的需求和目标，导致了两者之间难以形成融洽的代理合作关系。在州政府有着自己的"小算盘"且市政府没有明确责任的情况下，到头来受苦的还是纽约的八百多万市民。现在的市政府和州政府并不是都没有钱，而是地铁系统背后的代理机制（让州政府来管理市区地铁系统）反而使得两者都没有意愿和动力去多出钱。根据《纽约时报》2017年的报道，州政府和市政府两者都在过去减少了给 MTA 的资金支持，被削减的 MTA 预算一共高达 15 亿美元。

除了目标不一致的问题以外，MTA 的组织架构还导致其难以直接被纽约的市民监管。MTA 不是普通的政府机构，它是由政府设立的、独立于政府部门之外的"公司"。虽然 MTA 是为了公共目的运营政府资源，但它的操作更像私人企业，其权力由董事会掌控①。诚然，MTA 董事会的成员是由各个政府官员提名的，但这些董事会人员的去留并不由纽约的选民投票决定，这大大削弱了市民对该组织的监督权。这也就是说，作为一个庞大的、专业化的官僚机构，MTA 和纽约市民之间的距离更远了。

MTA 不受纽约市民的掌控，和纽约市的利益不一致，这些问题导致了其对地铁投资不力。可对于州政府来说，除了直接削减对 MTA 的资金支持之外，它甚至还利用 MTA 去谋取自己的私利。首先，1989 年，州立法机构通过了法律，让包括 MTA 在内的所有由纽约州政府掌控的机构在发债融资时向州政府缴纳手续费。在过去的 15 年内，MTA 因此向州政府缴纳了 3 亿美元的费用——这相当于州政府在利用 MTA 来给自己赚钱，令地铁系统的财政状况更加雪上加霜。其次，2016 年，由于暖冬造成的滑雪人数减少，州政府在纽约州北部（远离纽约市）运营的滑雪场出现了财政赤字；于是，州政府竟然让 MTA 将本应交给州政府的 500 万美元直接转交给滑雪场——也就是说，州政府通过 MTA 来"转账"，牺牲了纽约市和周边区域交通的利益去满足其他地区的发展需求。

---

① 第 25 章对这种介于公和私之间的组织有更多的讨论。

纽约地铁停靠在坚拿街地铁站

制度设计造成的裂痕

回过头来看，20世纪60年代及70年代的经济下行、政府借贷条件过松等因素导致了纽约市的一场财政危机。纽约市为了平安渡过这场危机，同意将地铁系统转交给州政府进行管理和运营。然而，纽约市居民的需求和州政府的政治动机并不完全一致，州政府本就无法"忠心耿耿、别无二心"地为纽约市的市民服务，加上掌管地铁系统的组织MTA不受市民的直接监督，因此，系统中的委托-代理问题难以避免。同时，由于许多普通民众并不完全明白到底是市政府还是州政府对地铁具有实际掌控权，双方可以借机互相推卸责任。2019年，纽约市议会发布报告，指出："MTA和市政府并未——也无法——有效地协作。其中的原因很简单——这两个机构属于两个完全不同的系统，并受到不同利益的支配。对纽约市来说，MTA由州

交通出行　195

纽约布鲁克林德卡尔布大道地铁站

政府掌控是问题的根源,因为州政府的决议并不总是由纽约市的利益决定①。"4

在如此的制度安排下,纽约市长和州长便针对地铁系统的投资问题争论不止,年久失修的纽约地铁得不到更多的资金,也就因此变得越来越脏,晚点次数越来越多,使得纽约这座全美第一大城市只能拥有三流的地铁。

---

① 英文原文为"The MTA and the City do not and cannot effectively and comprehensively coordinate their activities. The reason is simple—they are separate systems under the control of different entities each with its own set of priorities. For New York City, the core of this problem is that the MTA is run by the State and its decisions are not always influenced by what's in the City's best interests."。

延伸讨论：

基础设施的建设和运营从来都不仅仅是个技术问题。纽约地铁背后的故事表明，城市基建的状况如何，甚至都不仅仅是"有没有钱"的问题，而是多方协作机制的问题。纽约的州政府和市政府都是富有的，但两者的关系由于市民和地铁运营机构之间利益不一致、信息不对称等问题而出现了摩擦，造成了"1+1=0"的尴尬局面。

人与人、组织与组织为了合作而签订条约，制定最初的合作框架，但是多方之间动机不一致、信息不对称等问题，可能最终使得合作关系无法有效落实。这正是广义的制度问题。城市系统的建设和运营所涉及的资金需求量大，受惠群体范围广，相关组织多，因此尤其容易出现制度层面的矛盾和死结。

城市建设和运营的根本，是找到有效的方法使得目的和动机不同的人朝着同一方向前进。不合理的制度设计则会产生不良后果。

在中国城市，类似欠妥当的多方合作机制常发生在私人领域。以住宅小区的维护和运营为例：小区维护需要稳定、持续的资金投入，而社区中钱的筹集和使用又涉及物业公司、业主、开发商和市政府这四个角色间的多方互动。合作对象一旦多了，合作就会变得困难。于是，中国式的小区里也会发生多种"制度失灵"（institutional failure）的现象，造成一些小区的衰败。

中国城市中的各种物业公司鱼龙混杂，五花八门。这里主要讨论一种常见的物业公司类型，即与楼盘开发商属于同一集团的物业公司。开发与物业"打包"的模式，多见于物业做出了品牌和口碑的大开发商。这些集团之所以将开发和物业捆绑，为的就是能让"肥水不流外人田"，用自己旗下的物业来为开发项目增值。按理来说，这种社区应该发展得很好才对，可事情总不会是这么简单的。

举个例子，国内某知名开发商就是自营物业。许多人之所以购买它家楼盘，正是冲着其高质量的物业管理服务。可是正当该集团把物业品牌做成熟了的时候，集团却决定让开发职能和物业职能"分家"，两者实现了行政隶属关系的分离——从此，物业不再是开发公司内的一个部门，而成为一家财务独立的子公司。

同一集团下的开发和物业实现财务分家，产生了前文提到的委托-代理问题。集团把本是开发商内部的物业管理职能给独立出去，相当于开发商作为委托方，将小区维护的职能代理给了一家会打自己"小算盘"的物业公司。

诚然，代理机制确实是有一些好处的。首先，通过代理，委托人可以规避一些麻烦。如果说住宅开发是在制造产品，那么物业就是售后服务。当负责售后的物业公司作为独立的实体，全权负责与业主的接触与沟通，开发商则可摆脱一些售后服务环节发生的纠纷。商业上的售后服务外包，依据的也是这个逻辑。其次，代理机制可以通过分工细化来提升效率。从理论上来说，当物业要自负盈亏时，它会更有动力来加强自身的资源利用率和创新能力。事实上，独立后的物业公司确实也"发明"出了一些新的特色产品和增值服务（如社区内的托儿所和宠物美容），可以变得更加专业。

然而，就像纽约州和纽约市在地铁运营上产生了摩擦和投入不足的情况，中国小区里的代理机制也让物业公司和开发商的目标变得不再一致，造成了不少新的麻烦。

在前文提到的企业分家之前，同一个屋檐下的开发部门和物业管理部门向着共同的目标前进，并且愿意"互相帮助"：

开发商负责卖房子——赚钱，物业负责提供服务——花钱。因为优秀的物业能给开发商的产品带来保值甚至增值的效果，所以开发部门会给物业部门提供许多内部补贴。这使得业主哪怕不用交纳高昂的物业费，物业部门也能保证小区内良好的管理与服务。

在分家之后，开发商和物业公司作为互相独立的集团子公司，得管起各自的钱袋子。于是，自负盈亏的物业公司便从"重服务"转变为了"重财务"——分家前，物业部可以几乎不计成本地提供高质量的服务；分家后，开源节流才是物业公司生存的基本法则。

然而，分家后，物业公司想要"开源"也并不容易——在开发与物业打包的楼盘里，开发商一如既往地扮演着价格控制者的角色，经常在售楼阶段对业主承诺较低的物业管理费。这是因为，低物业费会让自己的楼盘对关心价格的买家显得更有吸引力。

于是，物业既然开源不成，就只能节流了——原本以高品质服务为品牌特色的物业，不得不想方设法地省钱。我曾采访过该物业公司的一位经理，他指着社区里破败的儿童游乐设施对我苦笑地说："自从集团的开发和物业分家之后，开发向物业的内部补贴也不复存在了。物业费呢，也总是提不上来。你看，我们小区里的游乐设施自分家后就再也没有更新过了。"

除了目标不一致以外，委托方和代理方之间还会存在信息不对称的情况，这会加剧小区服务质量的下滑。物业公司在分工细化的过程中掌握了许多专业的、具体的行业知识。物业公司的工作人员非常明白投入和产出之间的关系到底是什么，知道自己收入、投入以及产出的上限如何，也知道哪里可以低调地偷工减料。该集团物业公司的经理曾在接受采访时告诉我说："（我们的）钱就那么多，如果你想降低成本，地下停车场的灯每隔一排就得关掉一些。"这些信息开发商无法即时获悉，因为它们并不直接接触物业服务。在开发商和物业分家之后，开发商甚至不再具备直接对物业进行内部审查和品质监控的渠道。

所以，对于开发与物业捆绑的地产集团，两者是否是行政隶属关系，可以决定物业到底是侧重服务还是侧重财务。分家后，由于价格控制存在路径依赖的现象以及物业和开发之间信息的不对称，物业会变得比分家前更倾向于精简服务——这是物业公司的理性选择。

在完善的物业服务市场建立之前，如果开发商既想要高质量服务又想要低物业费的话，把物业拆分出去或许并不是最佳选择。毕竟，物业服务是非常花钱的活，让物业公司完全自负盈亏、不拿开发商的半点补助，很容易造成不当诱因（perverse incentive），降低服务质量。如果一定要让物业公司自负盈亏的话，那么就应该建立更加完善的市场竞争机制，让优秀、创新、能力强的物业公司冒出头来，并利用规模经济服务更多的社区。同时，在真正完善的市场里，各大房地产集团也或许要考虑相应地减少开发与物业的"打包"现象，尤其是不要让开发商在售楼时承诺较低的物业费并以此干预物业公司日后在小区里的运作。

中国小区的物业管理案例虽然和纽约地铁系统的尺度以及环境都非常不同，但同样体现了多方合作机制以及不当诱因给城市系统带来的阻力和摩擦。纽约州政府的利益并不与纽约市民的利益完全相符；需要财务自持的物业公司的利益并不与注重服务的居民以及有意压低价格的开发商的利益完全相符。这种运营者的自身利益和接受服务者的利益之间的偏差，会产生制度的裂痕，影响资源的配置。当我们在看待城市中地铁老旧、小区衰败等问题时，我们除了讨论眼前所见的空间状况之外，也应讨论其背后的制度设计。

13.　　　　　　　　　　　　　　　　　　基建的悖论：
　　　　　　　　　　　　　　　　　　　　拉瓜迪亚机场快线

在美国，建设大型基础设施比登天还难。

2021 年 7 月，在万众瞩目之下，美国联邦航空管理局宣布批准建设通往纽约拉瓜迪亚机场的轨道快线项目。整个项目预算高达 21 亿美元，预计将在 2026 年建成通车。[5]

拉瓜迪亚机场是服务纽约地区的三大机场之一，位于皇后区北部，始建于 20 世纪 30 年代，主要经营美国国内的航线。根据 2019 年（新冠疫情之前）的统计数据，拉瓜迪亚机场一年的乘客总量高达 310 万人次，是全美繁忙程度排名第 20 的空运中心。

对于纽约当地人来说，修建机场快线的消息可谓"千呼万唤始出来"。对于许多不了解的人来说，他们或许会问："这样一座国际超级大都市的机场，居然会一直都没有轨道交通来连接市区？"

没错，目前拉瓜迪亚机场仅有的公共交通选择就只有 5 条市政巴士线路而已。乘坐地铁前往机场的人，得要在距离机场约 4 千米远的地方下车，然后出站、过马路，在马路边的公交站台等巴士——这对于拖着大包小包的乘客非常不方便，还时常会遇到堵车的情况。因此，绝大部分的纽约人是选择坐汽车去拉瓜迪亚机场。根据区域规划协会在 2016 年的统计分析，拉瓜迪亚机场的乘客中有 82% 是乘坐汽车前往机场。[6] 虽然从市区到机场的计程车在不堵车的情况下速度也还算快，但价格实在不菲。

纽约除了拉瓜迪亚机场外还有两座机场——肯尼迪机场和纽瓦克机场。这两座机场均有自己的轨道交通来连接市区。位于皇后区南部的肯尼迪机场的机场线于 2003 年投入运营，和纽约市地铁系统相连，现在 30% 的肯尼迪机场乘客乘坐轨道交通前往机场；位于新泽西的纽瓦克机场的机场线于 1996 年运营，和新泽西的火车系统相连，15% 的乘客乘坐轨道交通。唯独拉瓜迪亚机场直到 21 世纪过了 20 多年才开始获

交通出行　　201

纽约目前通往拉瓜迪亚机场的唯一的公共交通工具为大巴车

批动工建设机场线，并且这条线路的最终设计也令很多人不满：拉瓜迪亚机场快线的始发站是一个要比机场还要远离市中心的地铁站——这意味着想从市中心去拉瓜迪亚机场的人得先坐地铁到更远的地方，再换乘机场快线后反向行驶才能到达机场。

　　为什么拉瓜迪亚机场这么多年一直都没有轨道交通，并且经过这么多年定下来的最终方案也有乍一看不太合理的地方呢？要回答这些问题，我们得先从历史开始说起，再回归到制度上来。

历史上的各种失败方案

拉瓜迪亚的轨道交通是很多代纽约人的老大难问题。历史上曾经有非常多的方案试图解决这个难题，但没有任何一个方案最终落地。

早在1943年，拉瓜迪亚机场才刚开始运营不久，当时的纽约市交通局就提议要将现有的离机场不远的皇后区地铁线延长到拉瓜迪亚，让地铁乘客可以不用换乘就直接多坐几站到达机场。

然而，这个看似不复杂的提议并未被采纳和执行。在之后的数十年内，又有其他的组织和个人陆陆续续提出过十几个不同的方案，但这些提议都没有实质性的进展。

终于在1990年，第12章提到的掌管区域交通设施和纽约地铁的机构MTA提出了一整套连接曼哈顿市区和两座机场（拉瓜迪亚机场和肯尼迪机场）的轨道交通计划。这个方案计划建设一条和地铁区分开来的新轨道系统，先从曼哈顿连接到拉瓜迪亚机场，然后再继续南下连接到肯尼迪机场。该提议得到了纽约机场的运营者——港口事务管理署——的支持，港口署甚至着手准备了一些项目的前期规划和详细研究。这一度是拉瓜迪亚机场快线最接近实现的时刻。

然而在1995年，港口署由于项目整体造价过高的原因取消了拉瓜迪亚机场快线，决定仅建设拥堵更严重的肯尼迪机场快线，这使得纽约市民想要低价乘坐轨道交通去拉瓜迪亚机场的梦想又一次破灭。

1997年，纽约市政府再度宣布考虑将现有的地铁线延长到拉瓜迪亚的方案，然而这个提议在经过多年的争议后最终还是在2003年被叫停了。

终于，直到2015年，时任纽约州州长的安德鲁·科莫（Andrew Cuomo）提出了新的拉瓜迪亚机场快线方案，这个方案也成为后来得以被推进并获得联邦政府批准的方案。方案提出后，州政府立刻花钱聘请工程师来研究和设计该项目的细节，并在政府预算中正式为项目的建设拨款。2018年，州立法部门通过法案，允许港口署正式推进该项目。2021年，联邦政府通过了该方案。虽然这套最终方案和之前提出

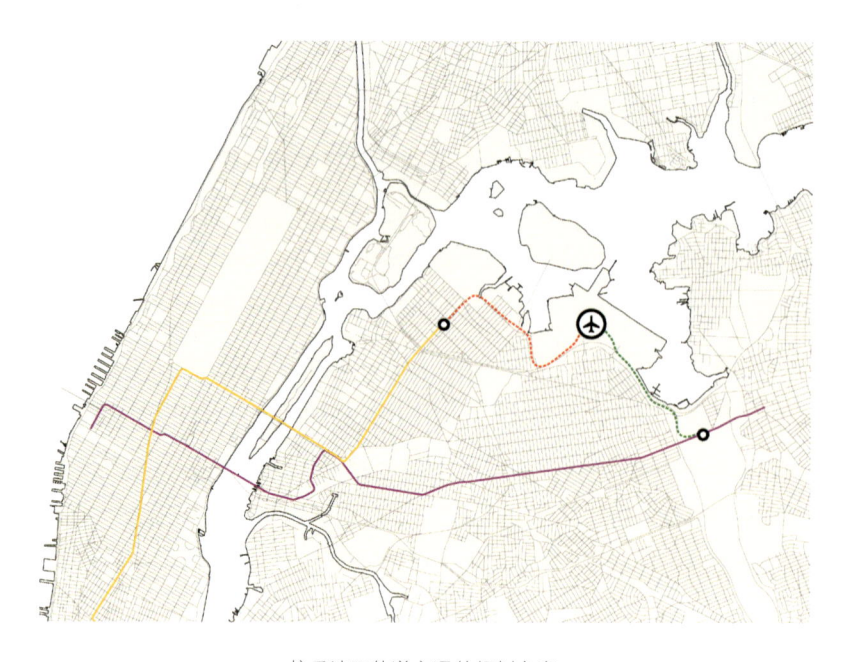

拉瓜迪亚轨道交通的规划方案
黄线：现运营的地铁 N 号线
紫色：现运营的地铁 7 号线
红色虚线：1990 年代的拉瓜迪亚机场轨道交通方案，延长地铁 N 号线至机场
绿色虚线：2021 年通过的机场快线方案

的将现有地铁线进行延长相比显得并不那么便利，但好歹纽约市民等了几十年的拉瓜迪亚机场快线终于要变成现实了。

基建之"痛"

纽约的拉瓜迪亚机场轨道交通项目在几十年内经历了如此多次的启动失败，其争议和难点并不总是因为政府没钱投资或不想花钱。恰恰相反，纽约是美国最富有的州之一，且是民主党的大本营[①]。如果说连纽

[①] 在美国，民主党（相较于共和党）的执政理念更加支持政府大量投资提供公共服务以及建设基础设施。

约这样的地方都会屡次在机场快线这种重要的基础设施上栽跟头的话，那么美国其他地区的基础设施质量更是可想而知。

的确，美国整体的基础设施状况是和这个国家的经济实力不成正比的。根据美国土木工程师协会在 2016 年的研究，美国急需更好、更新的基础设施；政府如果想将现有的基建提升到理想的水平，得要投资 2 万亿美元。[7] 然而美国的基建投资水平持续低迷——2019 年，美国政府基建投资只占 GDP 的 2.3%，是欧洲发达国家的一半不到。[8]

美国之所以基建投入不足，是因为政府在推进基建项目时会遇到重重困难——在美国的制度环境下，基建项目极易由于受到一小部分居民的反对而造成整体的搁浅。

任何大型城市基础设施建设项目，只要它经过居民社区，就有可能对当地部分市民的生活产生负面影响。虽然基建本身在整体上是方便市民的，但对于那些在项目所在地生活的社区居民来说，新的高架桥等设施会产生噪声、尾气等污染，以及在视觉上改变周边社区的容貌，影响人们的生活质量甚至房产的价值。

由于基建产生的负面环境影响，那些住在项目所在地的居民变成了基建的反对者。然而，小部分人的抗议不一定就会足够大声——和全市其他受益的大部分居民相比，反对者本身在人数上就并不占优。不过，如果官员和项目反对者站在同一阵线，那么小部分人的声音就会在政府被扩大，成为影响项目决策的重要力量。

当初在 1997 年，纽约市政府曾考虑将地铁线延长至拉瓜迪亚机场。可是，因为延长方案需要穿行于居民区，并且该路段的地铁还是一条建在地面以上、会发出巨大噪声的高架铁轨，所以提议受到了当地居民的强力反对。尽管当时的纽约市长和皇后区的区长都支持这个计划，但时任纽约市议员的小彼得·瓦洛内（Peter Vallone Jr.）带领整个纽约市议会反对该项目。小彼得·瓦洛内是纽约市的 51 个议员之一，其选区正是地铁延长线将穿过的地方，这意味着项目反对者是他的选民，因此他对项目的态度就非常好理解了。最终，迫于议员和居民联合发声给项目带来的巨大阻力，政府决定取消这个大部分市民都非常支持且线路设计最为合理的方案。

皇后区的这一小部分居民通过联合议员推翻了当时的拉瓜迪亚轨道交通计划。然而，依靠官员来为自己发声并不一定总会成功——有时候，民选官员也会出于其他的政治考量而不顾选区居民的意愿来支持项目。不过，除了联系官员之外，居民其实还有其他的方式来对基建项目提出强有力的反对声音。

在美国，公众参与影响基建项目进展的最直接的环节是"环境影响报告"。1969 年，联邦政府颁布了《国家环境政策法》，要求联邦政府部门需要对任何会对环境产生严重影响的项目和计划制定一份报告，详细列举该项目可能产生的影响，并告知公众。这份报告即环境影响报告，它是政府对项目进行评估、决定是否投资建设的重要决策工具。除了联邦政府外，美国各个州也有自己类似的法案，要求各自的州政府部门制定类似的环境影响报告作为项目决议的众多环节之一。

环境影响报告作为政府必须走的一道程序，为对项目影响格外敏感的市民提供了官方的发声通道，并成为少数者得以阻止基建项目的最有力武器。报告里分析的因素非常地广泛，包括项目可能造成的对空气质量的影响、噪声、水污染等，以及项目对周边环境在视觉上的影响——这些都是居民反对基建项目的原因。

居民对基建项目的意见的多少，可以从报告的长度看出来。在《国家环境政策法》刚颁布的头几年，环境影响报告非常简短，平均不到 10 页。[9] 现在，环境影响报告的平均长度为 600 页，再加上动辄 1000 多页的额外附录，一份报告平均要花上四五年才能完成，一些复杂项目的环境影响报告甚至要花 10 年以上。[10]

政府花这么长时间、在报告中研究这么多的内容，这并不完全是直接由法律规定的。很多时候，报告是为了回应市民的要求。在美国，政府在环境影响报告中需要研究哪些问题是要通过公众开听证会来确定的。在听证会上，政府需要向市民对项目做详尽的介绍，然后市民有权通过现场发言、写信、发邮件等方式向政府就环境影响报告的研究内容提出自己的意见，政府必须记录并考虑这些意见。之后，政府还会与公众进行多次的沟通，并将研究报告的初稿发布到公开渠道，接受公众的评价和建议。对于在 2021 年最终被联邦政府通过的拉瓜迪亚机场快线项目，政府在一开始为了确定研究问题，在公众听证会上一共收到了 414 条建议（经整理后的总长度达 1700 多页），[11] 在报告初稿发布后，又收到了 4228 条建议（经整理后的总长度达 5000 多页）。[12] 最终，拉瓜迪亚机场快线的环境影响报告正文长达 618 页，附录有 25000 页。

还有的时候，政府之所以将环境影响报告弄得如此冗长和复杂，并非是直接被公众要求的，而是为了应对潜在的市民诉讼。在美国，1970 年代以来的一系列与环境影响有关的法院判决使得社会中形成了一种公民状告政府的"诉讼文化"——反对项目的居民越来越常将政府告上法庭。对于政府来说，在报告中塞满详尽的研究分析其实是对自身利益的一种保护；有与这份厚厚的研究报告，之后若是有人因为某些与环境因素有关的原因将自己告上了法庭，那么报告就可以证明政府曾经仔细研究过这个问题，并未犯下疏忽的过错。根据联邦环境保护局的一位前法务的估计，有将近 90% 的环境影响报告里的内容并不是项目实际必需的，而是政府用来日后证明自身"清白"的。[13] 由于《国家环境政策法》并未对环境影响报告可用的最长时间和页数做硬性的限制①，复杂基建项目的报告变得越来越长。准备研究报告本身也是花费人力物力的，因此许多项目就在这多年的研究中变得更加昂贵、更慢，或是不了了之。

除了环境影响报告以外，土地产权也是基建项目受阻的原因之一。私有土地产权意味着政府若要征地来建设基础设施，将有可能受到来自产权所有者的法庭挑战。对于纽约拉瓜迪亚机场轨道交通来说，将已有的地铁线延长至机场虽是对乘客最方便的选项，却因为需要向私人产权所有者征地，因此变得很有难度。2021 年最终被联邦政府通过的方案虽然对乘客并不是最方便的（需要让从市中心前往机场的乘客先坐地铁到距离机场更远的换乘站再反方向去往机场），但因为轨道全部建在政府已有的公家土地之上，不需要向私人征地，所以这是政府认为最可行的方案。

---

①总统可以通过行政命令要求政府机构用更快的时间来完成报告，但这些命令可以被下任总统撤销，不具备法律层面的稳定性。

制度妥协的代价

基建是为了人民，但在美国的制度环境下，有时候基建正是被人民的力量拖垮的。

在基础建设投资这个议题上，纽约市政府的态度是矛盾的。一方面，政府想要充分发挥自己的作用去投资建设对社会有益的各种项目；另一方面，鉴于20世纪60年代前的各种如高速路、贫民窟改造等大拆大建的政府项目对社区造成的毁灭性影响①，后来的政府又想要保护公众——尤其是弱势群体——的权利。14 以《国家环境政策法》为代表的一系列制度，极大地限制政府的步伐，为公众赋权，使得普通人——尤其是对基建项目持反对意见的社区居民——可以通过政治选举、环境影响报告、法院诉讼等渠道来影响政府项目的决策和进程。

然而，在《国家环境政策法》生效的半个世纪后，美国的基础设施质量显然已与其经济实力不成正比。甚至在纽约这样的大城市，在政府资源相对充沛的环境下，其主要的机场至今都没有建成连接市区的轨道交通。

拉瓜迪亚机场快线的症结有技术原因，但政治和制度因素的影响更甚。一次次的居民抗议以及其带来的官员反对、冗长的环境影响报告和各种法庭挑战都大大延长了项目的决策时间，加大了基建的成本。这实在是为了顾及个别社区的要求而牺牲了纽约地区整体的利益。

政治经济学把政府因为满足一小部分人的利益而制定出损害公众整体利益的决策的现象叫作监管俘房（regulatory capture），即一小部分人把政府机关给俘房了。通常提到监管俘房现象时，人们想到的是以大企业和权贵阶层为代表的利益集团通过合法游说、非法行贿等手段影响政府决策。但以纽约拉瓜迪亚机场为代表的一众基础设施停滞不前的案例表明，俘获政府的不仅是权贵，还有草根。

政府为了确保公民利益制定出一整套公众参与机制，但这些机制可以被合法滥用。诚然，任何基建项目都是有利有弊：项目方便全市居民的出行、促进经济的发展，但在建设过程中或在建成后都可能会在其所处的社区产生

---

① 详见第11章对这类项目的讨论。

噪声、污染等不良影响。美国制度环境中的公众参与机制往往使得后者反对的声音被放大——第 8 章在讨论街区协会时曾分析过，集体行动的效果和团体的大小有关：团队越小，集体行动越强。[15] 这在基础设施议题上尤其明显：基础设施的好处所满足的人口分散在整个城市和更大的地区，基础设施的坏处则集中在少数人所构成的个别社区，因此后者可以更加有效地组织抗议活动，积极地出席环境影响报告的各种听证会，甚至到法院发起诉讼来阻止政府的行动。虽然政府本身就是由公民投票选出来的——市长和州长代表整体大多数选民的利益，但在基建决议的实际操作中，自下而上的公众参与制度又把真正的项目决定权和影响力从通过选举产生的政府身上转移到了那一小部分对项目持反对意见的当地居民。[16] 美国前财政部长劳伦斯·萨默斯（Lawrence Summers）认为这种胡乱分散权力的模式只会将事务一再耽搁①。[17]

　　社会和法律是否过于尊重个别群体的意见了？公众参与机制是否过于限制政府的权力了？这些问题没有统一的界定标准，但可以确定的是：在拉瓜迪亚机场交通问题上，妥协的代价是每年数以百万计的乘客需要因为基建的缺失而花大量额外的时间或金钱。同时，虽然机场快线的反对者来自机场周边的社区，但发声的人也并不一定就能代表社区整体。公众参与对公众来说也是有成本的，发声的人是愿意抽时间并且抛头露面来发声的人——研究表明，那些愿意参与到公众会议中的市民大多是老人、男性、长期居民以及在当地买了房子的人。[18] 第 9 章在分析社区委员会时谈到了类似的矛盾：虽然初衷是为了公民能更充分地参与到政府决策中来，但在实际操作中可能因为人们不同的参与度而变得并不能很好地代表实际的民意。第 17 章在介绍房地产开发时会提到，类似的个别社区与全市整体利益之间的矛盾也会产生在城市规划中。

　　2021 年末，拉瓜迪亚机场快线的支持者、前州长科莫下台，其继任的新州长凯西·霍楚尔（Kathy Hochul）决定暂停该计划，让港口署重新研究其他的方案，项目的落地时间又变得不得而知。纽约人何时才能像其他大城市的居民那样乘着轨道交通往返拉瓜迪亚机场呢？

---

①英文原文为"promiscuous distribution of the power to hold things up"。

交通出行

14. 社区间的裂痕制造者：拥堵费

2019 年 3 月，纽约市民被一则新闻唤醒：拥堵费要来了。

拥堵费政策是让在特定区域内行驶的机动车缴纳通行费，其目的是让市民为交通堵塞买单。在公共政策中，拥堵费属于一种逆向激励（negative incentive）。政策制定者希望这笔费用能使得一些不想付钱的人选择不再开车驶入收费区域，进而缓解道路拥堵、减少碳排放并改善城市的环境。同时，被收上来的拥堵费是一笔额外的政府收入，这些资金通常可被用来提升道路和公交、地铁的质量，从而进一步地改善一座城市的交通状况，鼓励人们选择非机动车出行。[19] 在伦敦、斯德哥尔摩、新加坡、米兰等城市，政府均已收取拥堵费多年。在伦敦，整个内环路里的市中心区域都是收费范围，凡是在早上 7 点至晚上 10 点间驶入的汽车均需缴纳 15 英镑的拥堵费（医疗用车、残疾人士、出租车除外）。伦敦的政策自 2003 年开始实施，并在 10 年内将市中心的交通总量减少了 10%。[20]

纽约批准执行拥堵费政策的新闻一出，立刻激起了广泛的讨论，因为如果这套政策被贯彻，那么纽约市将是整个美国第一座实行拥堵费政策的城市。根据纽约的政策，曼哈顿第 60 街以南将成为需要收取拥堵费的区域——这相当于整个曼哈顿近一半的区域。不过，并不是所有的人都需要缴费：住在收费区内的低收入人群、残障人士以及救护车被排除在收费对象之外，仅在东西两侧环岛高速路上行驶、不进城的车辆也除外。

纽约拥堵费的历史

事实上，早在多年前，纽约市政府就琢磨过拥堵费政策。

曼哈顿闹市区的街道

　　20 世纪 70 年代的纽约市长曾考虑过要在市区内增加汽车的过路费或是禁止车辆通行，以此保护环境。[21]

　　2007 年，时任市长迈克尔·彭博在他的环保政策主张中也提出了拥堵费的概念，试图将曼哈顿第 86 街以南的区域都设置为收费区。然而，纽约州政府最终并未对此方案给予批准，彭博的计划失败①。[22]

　　2019 年，纽约州政府终于立法批准了纽约市的拥堵费政策。那么

---

① 针对为什么像纽约市内拥堵费这样的政策需要州政府的批准，第 25 章会在讨论州政府和市政府关系时进行综合分析。

交通出行　211

这十年间到底是什么发生改变了呢？

其实，在这十年间，除了曼哈顿的道路拥堵情况在一年年地加剧以外，纽约市愈发破败的地铁系统也是政府转变态度、变得支持拥堵费政策的关键因素之一。第 12 章详细介绍过，纽约市的地铁系统老旧不堪，并在 2017 年全线崩溃，使得准点率创下新低，并导致多起安全事故。市区地铁系统的危机给之前并不支持拥堵费政策的纽约州政府的官员带来了紧迫感，因为纽约市地铁系统的运营责任是在由州政府掌控的区域交通机构 MTA 身上的。MTA 若想解决地铁危机，就得提高自身的收入和融资能力来购买新的信号系统等关键设施。于是，纽约州的官员把目光转向了之前不那么吃香的拥堵费。[23]

事实上，拥堵费最直接的作用就是给地铁系统补钱。纽约州政府在 2019 年立法通过纽约市拥堵费的政策时，明确表明要将拥堵费作为改善地铁的财政来源。2019 年的法律规定，MTA 将是拥堵费政策的具体执行者，其权力包括制定拥堵费的标准等具体的实施细节。虽然 2019 年的法律并未明确规定拥堵费的标准将是多少，但它规定了：拥堵费的年度总收入必须要能足够偿还 MTA 在 2020 年至 2024 年间计划投资 150 亿美元所产生的债务。并且，法律还规定了拥堵费收入的 80% 将用于改善纽约市区内的地铁等公共交通设施，另外 20% 则用于改善连接纽约市区和周边郊区的轨道运输系统。[24]

在纽约正式开始收费之前，联邦政府规定 MTA、纽约州交通局以及纽约市交通局需要在将要被拥堵费影响到的各个地区召开 13 场公共听证会，听取公众的意见，并参考公众的意见来制定具体政策的细节。最初的两场会议于 2021 年 9 月 23 日召开，分别针对居住在曼哈顿收费区和纽约市其他 4 个行政区的居民，之后的会议则针对住在收费区以外的曼哈顿居民、住在纽约城外的郊区居民以及住在相邻两个州（新泽西、康涅狄格）的居民。最后一场会于 2021 年 10 月 13 日结束。

然而，这 13 场听证会并未帮助人们达成共识，反而暴露出了各方对拥堵费的异见和矛盾。

曼哈顿居民的声音

一些住在曼哈顿的市民认为他们不该交拥堵费。在听证会上,他们表示:自己既然就住在收费区里面,那么开车去往其他地方上班再回来时被收费实在是不够合理——毕竟,他们不可能选择不回家。一位住在收费区内的居民在会上说道:"当我开车进出收费区时,我毫无选择——我就住在这里。我感到居民这样被征税实在是不公平①。"[25] 另一位住在收费区里的居民则表示感到自己被歧视了,认为自己不应该因为住在曼哈顿第 60 街以南而必须比别人每年交更多的钱给政府。[26]

但是,反对这套理论的人也大有人在。听证会上有人认为:住在收费区里的人和住在收费区外但要来上班的人其实并无本质区别,两者都是因为工作需要而不得不跨越收费区边界,只是前者是早出晚进,后者是早进晚出罢了;既然这样,任何人如果选择开汽车而不是乘坐公共交通进出,就应该被一视同仁地收取拥堵费,家庭住址不应成为免费的条件。从总体上来说,拥堵费的支持者认为:拥堵费如果要执行,就不应该增设太多特殊优惠,因为一旦有人被减免,其他人的费用就会变高——毕竟,法律给 MTA 制定了拥堵费总收入的最低目标(需要足够用于偿还 150 亿美元项目投资所产生的债务),所以越多人缴费的话,每个人缴纳的费用金额才会更低。

不过,也有人认为:从社会公平的角度来说,拥堵费需要对往收费区运送生活必需品(尤其是药物)的车辆进行减免,因为不然的话,运货公司缴纳的拥堵费最终会被转移到这些物品的价格上,由消费者买单——对于那些收入不高、承受不了更高药价的人来说,这会影响他们的健康。在会上,一位住在下东区中低收入社区的退休护士说道:"我不想看见人们因为付不起药钱而进医院②。"[27]

---

① 英文原文为 "I don't have a choice of when I'm driving in and out of this zone-I live in this zone. And I do feel that the residents would be unfairly taxed." 。
② 英文原文为 "I really would not like to see people come into the hospital because they have not been taking their medication because they cannot afford it." 。

纽约其他 4 个行政区居民的意见

如果曼哈顿的居民——尤其是住在收费区内的居民——认为这套政策不公平的话,那么对于住在曼哈顿以外的许多纽约市民来说,拥堵费的问题就更加严重了,主要原因有二。

首先,由于纽约地铁时常晚点,并且高密度的公共交通系统主要集中在曼哈顿,不少住在皇后区、布鲁克林、布朗克斯的居民(尤其是相对偏远社区的人)是无法乘坐地铁或是步行、骑车到曼哈顿去上班的——斯塔滕岛和其他区域之间根本就不通地铁,除了坐船以外,开车几乎是去曼哈顿上班的唯一选择。所以,相对之前住在曼哈顿的市民提出的不公平,这些住在岛外的上班族觉得自己才是真正不得不开车的那群人。

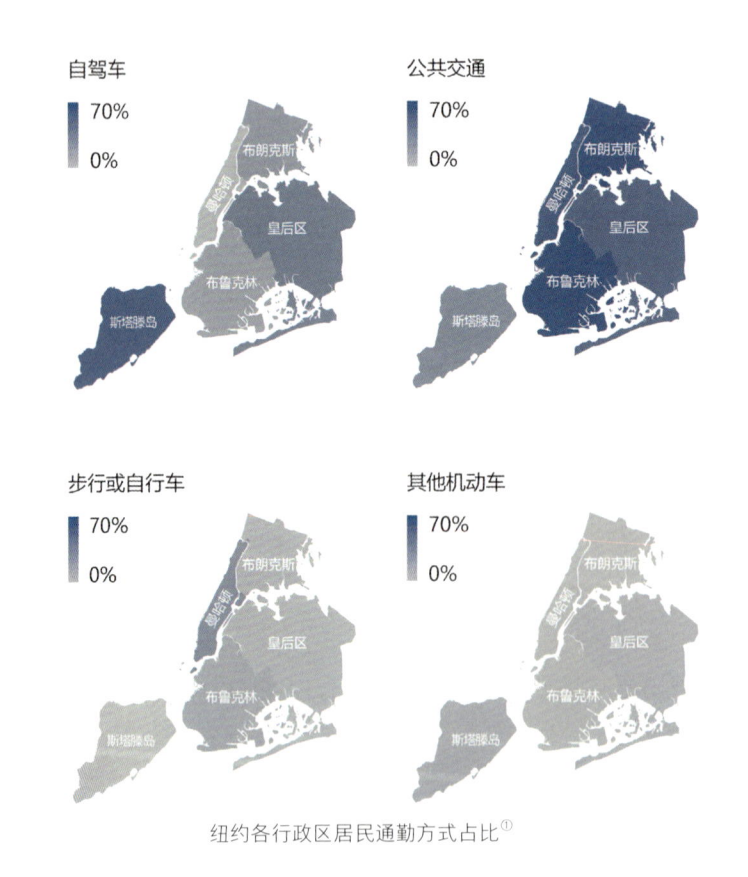

纽约各行政区居民通勤方式占比①

---

① 数据来源:American Community Survey 2019 1-Year Estimate。

其次，住在曼岛之外的市民还认为，自己缴纳拥堵费后，环境改善的好处由曼哈顿的居民独享，这是一种利益转移，让其他行政区的人来为曼哈顿居民的好处买单。在听证会上，一位住在布朗克斯的居民说，拥堵缓解最直接的好处（空气质量、噪声的改善，更加空荡的街道）都集中在了曼哈顿，这对住在其他区的缴费市民来说并不公平。[28]

鉴于这些原因，曼哈顿之外的纽约市民往往比住在曼哈顿收费区里的居民要更加反对拥堵费政策。在听证会上，一位运货公司的负责人说道："拥堵费对城市根本就没有好处，而且还会严重影响皇后区的企业和居民①。"[29] 甚至，来自布鲁克林和皇后区的州政府立法委员还参与了反对拥堵费政策的抗议活动。

然而，支持拥堵费政策的人认为这些来自曼哈顿以外的反对者的理由站不住脚：拥堵费的关键作用就是要提升地铁的质量。并且，虽然布鲁克林、皇后区以及布朗克斯的开车人数要远多于曼哈顿，但乘坐公交、地铁通勤仍是这些区的主流，因此，鉴于拥堵费将被用于改善地铁基础设施，这项政策是有利于改善这些地方大部分的居民生活的，所以收费合理。于是，在抗议活动上，有人反过来对反对拥堵费政策的抗议者喊道："真正的工薪阶层的人其实是搭地铁的！快把这些反对拥堵费政策的官员给投票投出去！②"[30]

非纽约市民的意见

拥堵费影响的不只是纽约居民，毕竟开车来纽约的人不一定全都住在纽约市里。根据人口普查数据，在曼哈顿上班的人中有 1/3 其实是住在纽约市外的。针对拥堵费，MTA 所召开的听证会范围一共包括 3 个

---

① 英文原文为 "It does absolutely nothing to fix the city, and it will fall very hard on Queens businesses and residents."。
② 英文原文为 "Working people take the subway!" "Vote them out!"。

州的28个郡（纽约市只占其中的5个郡①），因此，非纽约市民的声音不可小视。

住在纽约"隔壁"新泽西州的居民对拥堵费感到尤其不满，因为他们每次开车进城时就已经需要缴纳桥梁或者隧道的过路费了，并且，鉴于拥堵费主要是用于改善纽约的基础设施，外州人就更觉得自己没有义务为此买单。

为此，来自新泽西州的国会议员乔希·戈特海默（Josh Gottheimer）于2021年8月提出了一项联邦法案《反拥堵费法》，提出：如果纽约的拥堵费不对新泽西司机进行减免的话，联邦政府就不得为MTA提供项目资金，并且国税局需要对新泽西司机缴纳的拥堵费进行抵税处理。31 戈特海默在提出该法案时说道："我明白纽约想要筹款改善他们地铁系统的愿望，也支持MTA提高他们的收入，但我不支持这要建立在牺牲新泽西居民的利益的基础上②。" 32

低收入人群的声音

拥堵费的出发点是为了改善环境和基础设施，但关于其实施细节的讨论主要是集中在"公平"这个议题上——谁会得到收益，谁又来买单？这笔经济账要如何来算，关乎数十万甚至几百万人的生活。

在拥堵费的讨论中，低收入人群所受到的影响一直极具争议。尽管纽约州政府在2019年立法允许了该政策的实施，但在很长一段时间里，时任纽约市长白思豪一直对拥堵费持保留意见。白思豪担心的是：拥堵费是一种"累退税"，对低收入人群不公。

累退税指的是对越富的人税率越低、对越穷的人税率越高的税。33

---

① 纽约分5个行政区，每个区都各自为1个郡，详见第7章。
② 英文原文为"I understand New York's desire to increase funding for their subway system and I support the MTA getting the money it needs, but I do not support New Jersey residents being screwed over in the process."。

任何定额费用都可以被理解为一种累退税。打个比方，如果亿万富翁和贫困家庭每年都需上缴3000美元的拥堵费，那么这笔钱在亿万富翁的年收入里可以忽略不计，但3000美元在贫困家庭里占到了收入的10%。如此一来，一视同仁的收费政策其实给低收入人群造成了更加不堪的负担。在听证会上，一位来自布朗克斯的卡车司机表示：许多穷人是开车族，会受到这项政策的不公影响。他说道："如果有人认为开车族都是富有的精英的话，那种想法实在是太可笑了①。"34

然而，虽然穷人也开车，但在纽约，从总体的数据上来看，极低收入人群中的开车族比例是更小的。并且，开车族说到底还是纽约人中的少数，乘坐公交通勤的人仍然占主体（如果只看开车去曼哈顿通勤的人数的话，其比例会更低；真正需要支付拥堵费的贫困上班族的比例只占2%）。35 拥堵费既然是被用于改善交通设施，那么它意味着这是让一小部分开车的人（包括穷人）来为大部分乘坐公交地铁的人（尤其是穷人）的福利买单。

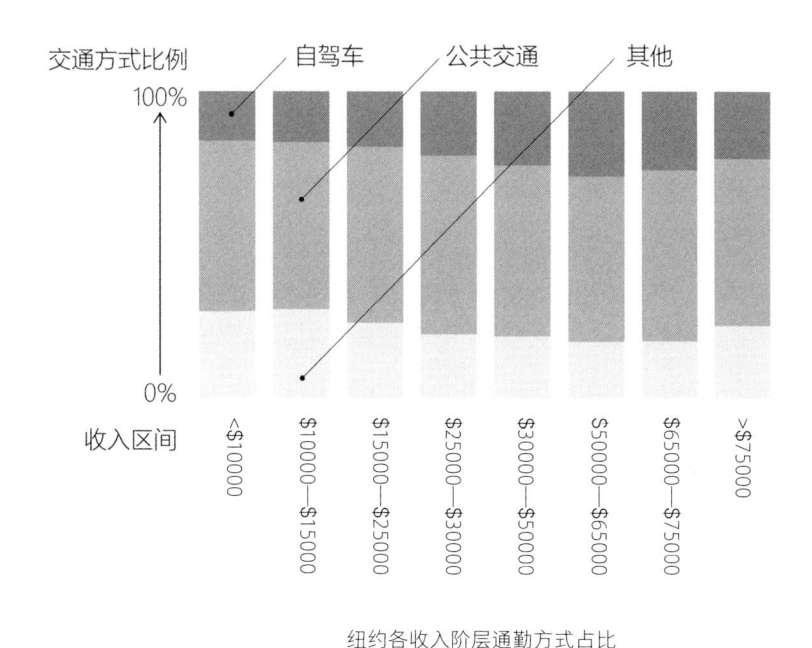

纽约各收入阶层通勤方式占比

---

①英文原文为"The idea that local motorists are rich elites is laughable."。

针对收入的问题，纽约的区域规划协会还做了进一步的分析，发现：在纽约地区，有车族的平均收入是无车族的 2 倍以上，并且去曼哈顿上班的人要比不去曼哈顿上班的人工资高。在布鲁克林，去曼哈顿上班的人的家庭年收入要比不去曼哈顿上班的人高 2.4 万美元；在长岛，去曼哈顿上班的人的家庭年收入要比其他家庭高 4 万美元；在新泽西，这个数字则为 4 万至 6.7 万美元。[36] 这意味着，能开车来收费区上班的人，大部分是有着更好的经济基础的。

拥堵费是否对低收入人群公平，以及这项政策是否可以起到一定程度的收入再分配作用，其问题的关键取决于收上来的钱具体用在哪。[37] 钱花在谁身上和钱是谁出的同样重要，而这正是拥堵费政策批准后这几年实施细节还没有最终确定的事宜。如果 MTA 将拥堵费用于改善布朗克斯的公交车系统或是帮助皇后区不通地铁的社区能更方便地与地铁线路连接起来，那么其对低收入人群的帮助将可能是显著的；反之，如果 MTA 首先将资金投入到曼哈顿办公区的地铁站维修上，那么其公平性则更应被质疑了。[38]

社区之间的摩擦

第 7 章在分析纽约的社区时提到：这座城市是不同社区的综合体——社区可以按照行政边界、街区等空间概念划分，也可依照人口、经济和文化维度来划分。关于拥堵费的争议充分体现了纽约社区的复杂性；看似目的和手段都很直白的交通政策，实际上却会对不同的地区和人群产生差异性的影响。政府在制定政策时举办的一系列听证会则给了这里不同社区的居民直接发声的机会。

拥堵费听证会展现了全市整体利益与部分群体利益的碰撞。在第 13 章分析拉瓜迪亚机场快线时，我们提到了类似的公共利益与私人利益之间的矛盾：尽管一些基础设施对城市发展整体有益，但如果其在实施过程中会对小部分群体产生不良影响，那么这一小部分群体会非常有动力来组织集体行动以阻止这项工作的推进。关于拥堵费，这种情况更加极端——对这项政策持怀疑态度的不仅仅是某个局部的社区，而是纽约几乎所有的社区；哪怕人们都基本上认为拥堵费的终极目的是合理的，但出于对公平性的多样性解读，大家都认为自己所在的社区不应该为其买单。

在纽约，一套政策会在社区之间产生不同的摩擦，哪怕人们对其终极目标存在共识。或许，只有当得失都完全平均地分摊在各地，政策才能被人们认可并成为城市生活的一部分。在听证会上，一位来自布鲁克林的环保人士说道："我认为现在的拥堵费计划太局限于曼哈顿了，我们应该在其他的区也都实施拥堵费政策①。"[39] 谁又能说，这位环保人士看似极端的、一视同仁的主张没有任何实际意义呢？

---

① 英文原文为"I think that the current plan is too Manhattan-focused and that we actually should consider congestion pricing that encompasses the outer boroughs."。

15. 被禁锢的巨头：网约车监管政策

2018 年 8 月 8 日，纽约市议会投票通过了对优步（Uber）等打车软件的限制令，当时这项限制令规定，纽约市政府将在接下来的 1 年内停止向网约车发放新的"上路执照"。2019 年 6 月 12 日，纽约宣布禁令继续延长 1 年，并限制网约车能在曼哈顿内无客驾驶的时间。之后在 2020 年，纽约市政府又因为新型冠状病毒疫情的原因禁止拼车……

因为这些政策，一向喜欢标新立异的纽约，一次次地把自己推到了风口浪尖，成为美国对网约车"下手"最狠的大城市。

其实，前纽约市长白思豪早在 2015 年就很想对网约车出拳了。可是，优步毕竟不是省油的灯。面对市长 2015 年的"歼灭计划"，优步进行了超强的政治游说，导致当时政府不得不作罢。之后，在 2015 年至 2018 年这三年，打车软件迅猛发展，纽约网约车数量几乎翻了 1 倍——在 2018 年时，纽约全城共有 10 万辆网约车。

然而好景不长，"禁令"最终还是下来了。纽约的限制令意味着，在禁令生效期内，这座城市里优步、来福车（Lyft）等网约车的数量将不再有增加的空间。在智能手机普及的移动通信时代，网约车已是像纽约这样的大城市中重要的出行方式。那么，到底是谁在支持限制令？优步等打车软件到底该不该被政府监管？争论各方的逻辑又有哪些不同？

垄断和不良竞争

网约车在全世界范围内的发展是非常引人注目的。随着优步等公司的崛起，传统的出租车司机苦不堪言。在纽约宣布禁令之前，出租车牌照的市场价值大幅度缩水。短短的 2 年内，一块出租车牌照的市值就可减少 20%。[40] 甚至，根据《纽约时报》的数据，有的出租车司机曾花

网约车内

100 万美元购买来的牌照，后来只能卖 20 万美元。[41] 许多出租车司机因此难以维持生计；光是在 2018 年初的头几个月，纽约就有 6 位出租车司机因为经济原因自杀。于是，2018 年的优步限制令得到了出租车行业的大力支持。许多人举着自杀出租车司机的名字的牌子，在纽约市政府门前集会，要求限制网约车。

然而，有关网约车的制霸现象，我们除了讨论其对出租车行业造成的威胁之外，还应研究打车软件这个行业内部的垄断趋势。在美国，2018 年时，优步这家公司处于一家独大的局面，占据了当时 80% 以上的网约车市场份额。[42]

按理来说，网约车并不是一个资源高度集中的自然垄断行业，各大平台本可以通过优化其效率和提高服务品质来充分竞争，消费者也可以较为容易地在不同的平台间选择服务。[43,44] 然而，资本市场的力量却使得打车软件用着"价格战"这种最为原始和粗暴的方式来拼胜负。科技公司要打价格战，靠的就是筹钱的能力。在 2016 年，优步通过融资筹到了 80 亿美元；竞争对手来福车的融资数额则是其

交通出行　221

1/4。[45] 资本市场上的领先优势使得优步可以对其司机和乘客进行巨额的双向补贴，以此赢得更大的市场份额。

一旦用户习惯了"白菜价"的优步，其他烧不起钱的公司便会在这场血淋淋的价格战中被消灭。然而，恶性价格战可能会扰乱市场秩序，其最终"赢家"如果不受监管，则很有可能会仗着自身的垄断优势来危害消费者的利益。

动态价格算法和信息不对称

许多人在刚开始使用优步的时候，会对其动态定价的机制感到无比惊奇。对于相同的车程，如果同一时间内想要叫车的人多，那么优步给出的价格就高（纽约 2015 年跨年时，优步出现了翻 12 倍的高峰定价）；[46] 当人少的时候，价格就低——这不就是经济学中的供给需求曲线在现实中的完美应用吗？确实，相较于出租车一成不变的单位价格，网约车灵活的定价机制可以根据实时市场信息来计算最合理的服务价格，并用价格来"调节"司机和乘客间的供求关系。这似乎对司机和消费者来说都更为公平。

然而，"同时打车的人到底有多少"是一个优步可以精确得知而消费者却无法具体衡量的信息。换句话说，在优步先进的定价机制背后，有着信息不对称的隐患。说到底，优步的定价机制是一个神秘的算法黑箱，且这个黑箱是由优步公司自己掌控的，不受政府和大众的监管。

这正是优步和传统出租车的一个重要区别。传统的出租车价格需要通过政府的听证会决定——从某种角度上来说，听证会是一个公众和出租车公司"讨价还价"的环节，基本确保其价格处于公众可以接受的范围内（之所以需要这种价格控制，是因为出租车在传统的出行产业里处于垄断地位——现在对比网约车对出租车造成的威胁，实在是有点讽刺）。

优步的定价机制虽然先进且灵活，但定价过程中信息的不对称可能将消费者置于不利的位置。仔细想想，消费者从来没有和优步讨价还价的机会——软件计算得出的是"一口价",消费者除了接受就只能放弃打车。如果某一天,优步彻底垄断了出行市场,那么它就没有必要继续补贴车费了。在信息严重不对称的情况下,试问一家达成垄断且定价不受监管的公司会如何要价呢?

客户的人身和数据安全

不管是出租车也好,还是网约车也好,打车人在叫车的时候,都会或多或少地担心自身的安全。在大城市,一些司机谋财害命的新闻并不是没有。因此,对出租车和网约车司机进行严格的背景调查和安全监管是极为重要的。事实上,在 2018 年限制令被政府通过之前,纽约就已经对网约车司机进行多项安全方面的监管了,包括行车记录审查、健康测试、毒品测试、指纹登记等项目。

然而,除了人身安全以外,网约车还在另一个层面存在巨大的隐患,那便是数据安全。优步等公司通过其打车平台,从每个消费者身上收集了海量的数据,掌握消费者的行动规律。

在信息时代,数据就是力量——不受限制的力量则是各种恶行的源泉。2018 年年初美国科技界巨头脸书滥用社交网络大数据的新闻,让许多人彻底意识到了大数据的阴暗面和数据隐私的重要性。如果没有数据安全方面的监管,谁能保证优步等打车平台公司不会通过大数据来操纵我们的经济和政治生活呢?[47]

最低工资标准

在优步起步的初期,许多人将开网约车视为赚外快的手段。当时,这些人在每天下班后打开软件,上路接几个单,挣点小钱。然而,随着网约车行业的发展,"全职优步司机"越来越多。在纽约,根据 2018 年的数据,有 2/3 的网约车司机是全职工——他们每天的工作就是通过打车软件来赚取收入,除此之外他们没有别的工作,许多人甚至借钱来买车开优步。

很显然，这些人已然相当于优步这家公司的"员工"。可是，从法律的角度来说，网约车司机并不是优步的"雇员"——他们只是优步的"合同工"而已。[48] 因此，优步不需要为司机提供健康保险等"公司福利"，司机也不享有最低工资的保护。

事实上在纽约，根据 2018 年禁令出台前的数据，有 40% 的网约车司机收入极低，一度低到了可以领取政府医疗补助的程度，有 20% 的网约车司机甚至可以领取政府粮食券。当其他公司员工受到了社会福利和最低工资制度的保护时，优步司机却因为不是公司雇员而被排除在了保护伞之外。

所以，在 2018 年时，人们都在问：作为一家当时估算市值为 620 亿美元并有计划于 2019 年上市的公司，优步是否该重新考虑其在劳工市场上的角色？

道路拥挤

最后一条网约车禁令支持者列举的罪状和城市交通有关。由于网约车数量不受限制，马路上的车辆随着乘车出行需求的增加而变得越来越多。

根据统计，在曼哈顿，打车平台导致路面上的小汽车驾驶里程在 2016 年 1 年之内就增加了 9.6 亿千米。小汽车的增多，使得城市交通变得更加拥堵。最终，大部分人的生活都会因此而不再方便。纽约 2018 年限制令的一个焦点，正是讨论优步是否需要为这种负外部性买单。[49]

网约车支持者的声音

虽然网约车被纽约下令限制发展,但其存在对于大城市的生活仍是必要的,创新就是一个主要原因。不得不承认,网约车比传统的出租车在"与时俱进"这个方面做得要好太多了。在纽约,出租车这些年来最大的成就差不多就是能够用信用卡支付,而优步等打车软件却让消费者能轻松地通过手机完成选车、订车、估价、评分、移动支付等环节。

于是,许多人表示,自己喜欢优步并不仅仅是因为它的定价机制和现行的优惠使得其服务有时比出租车便宜;网约车受青睐还有一个重要的原因,就是因为其科技创新给消费者带来了许多便利。毕竟,时间就是金钱。科技创新为人们节省下来的时间,也是一种价值。

除此之外,第12章所提到的地铁质量差也是网约车盛行的原因之一。2018年纽约禁令下达之前是网约车发展最迅猛的时候,也是地铁晚点最严重的时候。一座城市里网约车和地面交通的盛行,和这座城市公共交通系统的瘫痪成正比。地铁的不方便对于"偏远地区"的市民来说尤其有问题。很多人都有这种体验:当来到"荒郊野外",没有地铁也叫不到出租车时,打开优步会让人看到希望——毕竟,当全世界都抛弃了自己的时候,优步不会。这在纽约是一种非常实际的现象。纽约是一座极具多样性的大都市——各个地区的交通条件非常不均衡。曼哈顿之外的一些地区公共交通很不发达;在那些地区,网约车其实是人们赖以生存的交通工具。同时,根据优步的陈述,纽约的普通出租车司机有时会被控诉有歧视及拒载现象;因此,网约车也被认为是一种更加公平的交通方式。

纽约禁令的逻辑

也许正是因为网约车在市民出行中发挥的积极作用,纽约在2018

年首次推出的规定并没有完全禁止所有网约车上路。但是，鉴于前文所述的多个问题，纽约从以下 6 个方面限制了网约车的自由发展。

1. 数目限制：此次限制令规定，这一年内的普通网约车数量将不再增加——这非常类似于政府之前对出租车数量的控制。网约车牌照成为稀缺资源。
2. 违章管制：加大对非法接客和打车行为的惩罚。
3. 数据公布：要求每天运载人次高于 1 万人的网约车服务商向政府提供通行和收入数据。
4. 特殊地段：如果有一些地区非常需要网约车，且不存在道路拥挤的状况，政府会考虑发放新的网约车上路执照。
5. 最低工资：政府将要求为一些网约车司机设置最低收入水平线。
6. 救助站：为经济困难的网约车司机提供财政咨询和心理援助。

有人认为这一系列管制是出租车行业的胜利，也有人认为这将有利于缓解城市道路的拥堵，但许多人忽略了的是：现有的网约车司机才是此次网约车限制令的最大赢家。没错，对于已经持有上路执照的网约车司机来说，此次限制令一方面直接减少了他们所面临的竞争，另一方面保障了他们的最低收入，可谓两全其美，很是贴心。这也就可以解释当时不少优步司机参与游行支持纽约对网约车的限制。

优步司机这次集体动员支持政府监管网约车，是一场组织到位、利益诉求清晰的集体行动。这进一步表明："开网约车"真的并不只是盘活社会资源、赚个外快的兼职行为了；优步司机已是一个真正的职业，虽然没有工会，却有着利益共同体。联系前文所提到的——纽约 2/3 的网约车司机是全职工，甚至不少人专门借钱来买车开网约车，这些信息再次表明：网约车的劳工结构已经越来越靠近传统行业和企业。

网约车标榜为"共享经济"，是一种新型行业，但它其实也一直有着两个并不直接相关的身份：一是"出行"，二是"共享"——前者为消费者提供乘车出行这项服务，后者为司机或有车一族提供新的劳动和

纽约街头的出租车

生产方式。后者（"共享经济"）具有极高的宣传价值；许多人在提到优步时，会首先认为它是一家颠覆人们利用资源方式的科技公司。

可是，随着全职优步司机成为主流，网约车离共享经济的身份也越来越远。从某种意义上来说，优步的"出行公司"职能远远大于其在"共享经济"方面所做的探索。现在的优步更像是一家网络平台用得很高级

交通出行　227

的出租车公司，提供着和出租车非常相似的服务（当然，优步现在已涉猎订餐、信用卡等其他领域，这里先不做讨论）。

无论是优步也好，还是为旅客提供住宿的爱彼迎也好，各种共享经济模式从一开始就引发了社会各界对于监管的广泛讨论。当这些行业创造了新的资源使用和消费者与企业之间的关系时，政府到底能否用传统行业的逻辑去监管这些新的经济行为呢？

或许，监管的目的不应该是对产业进行打压，而是应该要给提供相似服务的各家公司一个统一的、公平的、有利于创新的竞争平台。

纽约是全美国最敢对共享经济下手进行监管的城市之一。纽约之所以对共享经济下手，或许是因为这些新兴产业已经变得和它们一开始所想要颠覆的传统行业越来越相似。优步越来越像是出租车公司，爱彼迎也越来越像是传统的旅馆（很多人专门将房子通过爱彼迎来短租给旅客，而不是自住或通过房地产市场长期租给本地人）。如果"新公司"和"老公司"的本质已区别不大，就不应该只有老公司受到政府的监管。

如果我们用"提供相似服务的商家需要统一的竞争平台"这个逻辑来解读纽约对网约车的限制令的话，人们会发现，政府其实正是在用管理出租车的方式在管优步（限制总数量和规定员工的最低工资）。

但是，如果仅仅是将优步和出租车公司放在同一起跑线上的话，纽约市政府所做的仍然不够。地面出行关系到纽约人生活的各个方面。真正有利于社会的交通产业监管理念，应该是要使得这个行业能够通过竞争来推动创新和服务质量的提升。所以，或许纽约市政府除了对网约车进行必要的限制，还应该适当地"解放"出租车行业，使得整个出行产业中的全体成员都能更好地运用并推动技术层面和商业模式的创新。毕竟，如果运动员好不容易都处在了同一起跑线上，人们希望的是他们能一起向前跑，而不是都停滞不前甚至往后退。

16. 最大胆也最单调的城市发展蓝图：
街道网格系统

还记得我第一次到纽约时，刚从车站出来难免有些忐忑，担心在那个没有智能手机、无法实时查看地图的年代会很容易在这座大城市里迷路。

然而，曼哈顿很快便打消了我的顾虑。

在曼哈顿，道路直角相交，形成了规整的矩形路网，并且大部分的街道以简单的数字命名。东西向的道路叫"街（street）"，有220条，以80米的间距由南往北布满了曼哈顿这座狭长的半岛；大部分的街为宽18米的单行道，少数的街为宽30米的双行道。南北向的道路则叫"大道（avenue）"，间隔274米（密度约为街的1/3），包括以数字命名的12条（第一大道……第十二大道）、以字母命名的4条（A大道……D大道）以及其他少数非数字或字母命名的大道（麦迪逊大道、莱克星顿大道）；作为交通主干线，大道主要为宽30米的双行道。

第39街和第三大道的交叉路口街牌

交通出行

对于行人来说，这套命名方式简单、形状规整、道路密度高的路网系统就像一个巨大的直角坐标系，从任一出发点去大多数目的地的路径都可以在脑海中轻易地用加减法推算出来，非常方便。举个例子：如果你要从第三大道与第 39 街的交叉路口前往第九大道和第 49 街的交叉路口，就只需沿着街往西跨过 6 条大道（步行约 20 分钟），再右转笔直地往北跨过 10 条街（约 10 分钟），即可到达。在曼哈顿以数字命名的街道上，人们不需像在其他地方那样记住以人名或地名命名的复杂街道名称，也不需担心非直角道路会带来的方向错乱，这里是美国对行人最友好的地方。[50]

一座城市是否适合行走除了和路网结构有关之外，也和人行道的质量以及道路两旁楼房和土地的用途有关。[51] 如果是在一片没落死寂的街区，再短的路程都会显得非常难熬；如果是在热闹繁华、充满活力的社区，走走停停哪怕花了更长的时间，行人的感受也会是轻松愉快、乐在其中的。对于在纽约的行人，除了可以享受简单直接以及高密度的道路结构带来的方便之外，街边丰富的商铺和活动更是"走的体验"的重要组成部分。对比在休斯敦、洛杉矶等城市——市区里办公大楼的一楼往往都是一堵白墙，缺乏吸引行人或对公众开放的设施——在纽约，各种便利店、服装店、餐厅以及路边咖啡厅和餐车则将人行道变得更加有趣和适合步行。

纽约 27% 的土地是街道，人行道的总长度近 2 万千米。[52] 这座城市富有标志性的网格状街道系统受到了褒贬不一的评价。建筑师雷姆·库哈斯（Rem Koolhaas）认为这套路网结构大胆地预测了西方文明的发展①。[53] 弗兰克·劳埃德·赖特（Frank Lloyd Wright）则认为它单调得可怕②。[54] 那么纽约为什么会在当初选择这样一种街道规划？今天街道的建造和运营背后又有怎样的复杂关系？

---

①英文原文为 "the most courageous act of prediction in Western civilization"。
②英文原文为 "deadly monotony"。

曼哈顿标志性
的路网结构

1811 委员会规划

在纽约城市发展的最初阶段，道路是由私人地主开发建造的。作为一座港口城市，纽约起源于 17 世纪时曼哈顿半岛南部的水运枢纽。随着城市发展的需要，地主开始自行规划其拥有的大片土地。18 世纪 50 年代时，三一教堂在当时市区的西边拥有大片地产，为了更好地管理和建设土地资源，教堂计划用新建道路把土地划分为数个长方形的小地块。大约同一时期，在城市东边拥有大片土地的德兰西家族也用矩形路网将自己的土地分成多个地块，以便于开发。之后，类似的网格状私人土地规划陆续在早期的纽约出现。

不过，这些私人规划彼此之间并无联系。三一教堂、德兰西家族以及其他地主控制的区域都有着不同的路网规模、间距和朝向。所以，在私人规划的基础上，早期纽约的道路规划是凌乱、有机的，无论在产权还是在形状上都不是一个统一的整体。

交通出行　231

当私人地主一点点地在南部建设市区时，曼哈顿这座半岛大部分的地方仍是蛮荒之地。今日纽约最繁华的中城、上东区、中央公园等地在200多年前都还是荒无人烟的山丘和郊外。

当时，曼哈顿岛屿中央未被私人地主占领的空地被称为"公地"，纽约市政府则是公地的所有者[①]。在很长的一段时间内，政府并未对曼哈顿中部的大片公地做太多的规划，只是把一些地块租给农民或捐给教堂。但到了18世纪末，政府为了给发展得越来越快的城市筹集足够的建设和运营资金，打算将公地尽快以市场价出售给更多的私人地主和开发商。

可是，政府出售曼哈顿的公地并不是一件容易的事——公地的面积广大（约5平方千米，相当于约700个足球场那么大），全是崎岖难行的山地或沼泽，并且交通十分不便，距离当时的经济重心和水运渠道非常遥远。为了将这一大片土地变成利于出售的地块，当时的政府于1785年起对其进行了数次测绘，并着手制定新的规划图，将公地用新的道路分成100多个规整的地块。合适的大小以及配套的路网结构对市场更有吸引力：公地规划中

[①] 第25章会更详尽地讨论早期纽约市政府所持有的土地产权以及其对这座城市制度基因的影响。

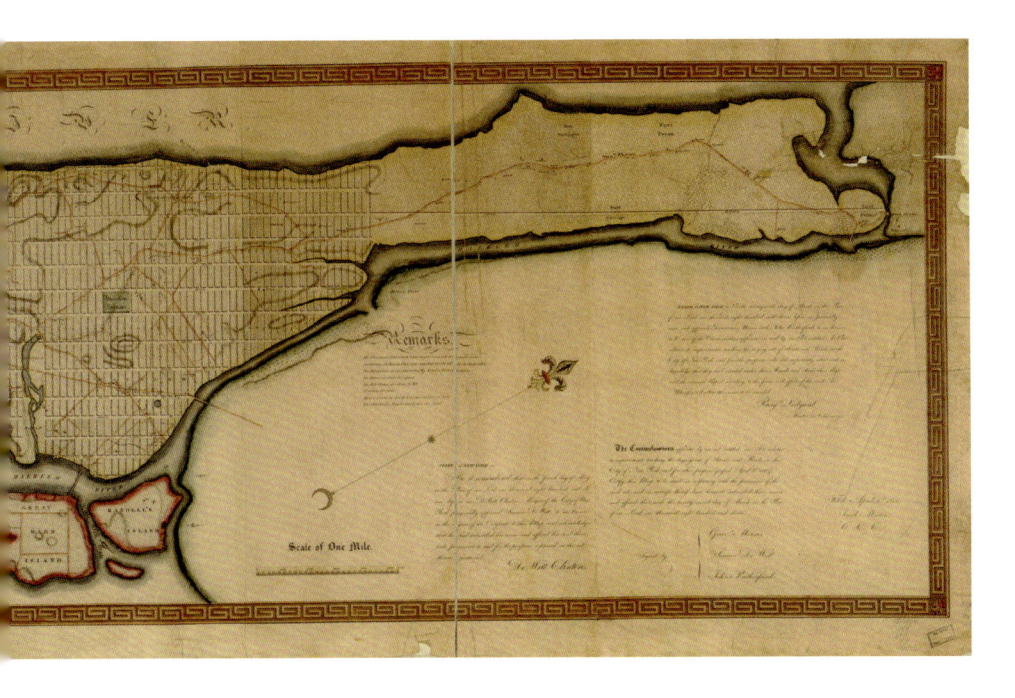

纽约政府制定的曼哈顿路网结构图（1811 委员会规划）以及道路未开发时的土地地势图

图片来源：Bridges, William, -1814, and Peter Maverick. This map of the city of New York and island of Manhattan, as laid out by the commissioners appointed by the legislature, April 3d,is respectfully dedicated to the mayor, aldermen and commonalty thereof. [New York: s.n, 1811] Map. https://www.loc.gov/item/2005625335/.

每个地块的长和宽为 60 米和 280 米——这套路网虽然只局限于当时政府拥有的公地版图，却是之后布满整个曼哈顿的道路结构的基础。

时间来到 19 世纪，纽约市的人口增长迅猛，在新世纪最初的 10 年内增加了 60%，并将在之后的半个世纪内翻 8 倍。为了适应城市发展以及促进未来更高的增长，纽约市终于决定：对整座城市进行道路规划[①]。于是，在 1807 年，州政府立法成立了一个负责制定纽约市道路规划的委员会，其成员为两名官员——其中一名是美国的开国元勋古弗尼尔·莫里斯（Gouverneur Morris）——和一名测绘师。根据州政府的法律，该委员会有权在曼哈顿的豪斯顿街以北布局新的道路，在规划的范围内如果有任何已由私人建设的道路与委员会的预期规划不符，委员会均可忽视那些已有的私人道路来对土地重新规划。1811 年，委员会的规划完成，这套规划中包括了 12 条南北向的大道，以及 155 条与大道垂直、东西向的街；新规划的路网不顾任何山地、沼泽、产权等因素，

---

① 当时的纽约市只包括曼哈顿。

以近乎傲慢的方式，用一套整齐划一的新系统布满了曼哈顿全岛。这套规划叫作1811委员会规划，它的发布宣告着：曼哈顿的路网正式诞生了——后来，这套路网系统成为这座城市最具标志性的特征之一。

如果说道路规划考验着政府的想象力的话，那么将地图上的街道变成现实则考验着政府的执行力。

纽约的道路不是一天建成的，把地图变成现实得靠制度加资金的双重推进力驱使。在1811年的规划发布后，每当政府决定按照地图开辟一条新道路时，纽约州最高法院便会委派一个评估委员会。这个委员会主要负责评估两个数字：一、如果新的街道需要占用私人土地的话，被征用的土地值多少钱——政府需要据此对私人进行征地补偿；二、既然新的街道会改善土地的可达性，给周边地产增值，那么临街的土地增值额度会是多少——涨价归公。根据委员会的评估，新的道路给周边土地带来的增值效果总是高于被征用土地的价值，并且临街增值的土地通常和被征用于建设新道路的土地属于同一人，于是，增值和征收价值的差值即被判定为政府的收入，被用于支付建造新道路所需的成本。

打个比方，一位地主原有2万平方米的土地，其中1000平方米被政府征收土地建设新的街道，政府需支付100美元的征地费，然而新的道路会给该地主在新道路周边剩余的土地（1.9万平方米）带来1000美元的经济收益，那么这两个数字的差值900美元即可被政府用于支付道路的建设费。这套执行方案意味着：政府耗费极少的财政收入就能建造一整套全新的基础设施①。

依靠着这套低（政府）成本的道路建设融资机制，新的大道和街很快便从南往北"生长"，布满了曼哈顿的版图。19世纪末，1811委员会所规划的道路已有2/3建设完毕，第168街以南均已密密麻麻地住满了居民；20世纪20年代时，整个曼哈顿的道路均已完成。[56]

规划和融资是分不开的。高密度的路网结构会提高城市中出行的效率，增加发展的空间，但高密度路网也更昂贵——因为在相同的区域面积里，道路越多意味着需要修建的基础设施越多。对于许多新兴城市，其早期的政府缺乏雄厚的财政收入来投资基建。这就是为什么新城往往没有高密度路网的原因。[57]纽约则不一样。正是因为纽约路网的规划具有配套的、低成本的融资机制，1811年的蓝图才能如此有底气地用超高密度的路

---

①开发的前期，法律规定私人地主的资金至少需要足以支付道路开发2/3的成本，剩余的部分由政府财政负责。1869年时，法律将私人资金的额度下调到了原先的1/2。这套依靠私人资金修建城市道路的制度直到1961年才完全消失——后来在新的城市宪章的指导下，纽约的道路建设才百分之百地由税收买单。[55]

曼哈顿西边直角相交的街道

网结构铺满整座半岛。曼哈顿的道路开发巧妙地借助了私人地主的资本，因此可以在城市发展的早期就制定好其高密度道路结构，支持未来百年以上的发展需要，促进商业街区的繁华。

今天的纽约道路系统

从1811委员会规划的出台，到21世纪，纽约的道路已经发展成为非常复杂的系统，涉及交通、社会、经济、文化以及自然环境各个领

交通出行 235

域。[58] 200 年前，纽约市政府只需花很少的钱便可主要依靠私人地主的资金完成基础建设原始融资；今天，这里的政府已是拥有多个部门的巨大官僚组织——对街道的治理和运营必须要依靠多个机构的协调以及公私双方之间的配合。

现在在纽约，建设和治理街道涉及10多个纽约市政府部门。纽约市交通局是这座城市道路系统的主要负责人，掌管市内道路的建设、维修和运作，包括与道路相关的设施（如信号灯、路灯、停车位等）的运营。不过，道路修建等市政项目还需与建设局和环境保护局紧密协作——之所以需要与环保局协作，是因为纽约的下水管道是由环保局负责管理的。

除了在修建道路时需要顾及下水管道，在平时，一条普通道路的正常运营还涉及由消防局和环保局共同负责的消防栓系统，由环保局、公园局以及交通局共同负责的雨水管理系统，以及由私人企业负责的电路、燃气以及通信网路系统。街道的清洁（包括下雪天除雪）则依靠卫生局、交通局和公园局的协作，有时综合改善区也对街道提供额外的维护和保洁工作[①]。

至于运营街道两旁的人行道，所涉及的机构更加复杂。在纽约，人行道虽然是公共空间，但法律规定：修葺和维护人行道的义务在临街的私人地产所有者身上，交通局会定期对人行道的安全状况进行检查——如果有人因为人行道不安全而绊倒，那么受伤者需起诉私人地产所有者而不是政府；不过如果人行道是因为行道树的树根而受损，那么私人地产所有者可以向公园局（行道树和绿化带的管理部门）提出人行道修补申请。[59]

人行道的维护责任虽在私人业主，但纽约市政府对人行道的运营仍享有高度的管控权。任何想在人行道上建设各种结构（比如单车架、绿化带、报刊亭）的个体，都需向交通局递交申请。若想将人行道切割成方便轮椅、婴儿车上下的缓坡，则还需与建筑局进行协调。街道两旁建筑物若是要新建门厅、地下室入口、雨棚或标牌等占用或影响人行道空间的使用的设施，也需由建筑局批准。本章开头提到：在曼哈顿行走是一种轻松的体验，人行道上的建筑物和设施则是影响步行体验的关键，政府对人行道的多层次管理是步行体验背后的制度保障。

人行道除了满足通行功能以外，也是经济和文化活动的场所；各种餐厅、商铺以及

---

① 综合改善区是代表特定区域的私人组织，依靠区域内业主缴纳的费用来提供额外的公共服务。第 10 章对这套管理和融资系统有更加详细的分析。

公共空间让漫步纽约充满趣味。在纽约，如果想在人行道上经营室外就餐场所（包括第6章提到的在新冠疫情期间的"开放餐厅"）或开设餐车，需要交通局、健康局以及消费者保护局的批准和协调。人行道上的公共艺术装置则需要交通局、公共设计委员会以及文化局的协调。至于更加大型的、需要封锁人行道或整个道路的公共活动（如街区派对、集市等），则需要交通局、活动管理办公室、警察局、消防局、卫生局和建筑局的共同协作。

为了进一步将街道打造成高质量的公共空间，对于机动车使用率相对较低的街道，纽约市交通局通过其"广场政策"将原机动车道改建成中小型的人行广场。[60] 与传统的、由政府自上而下主导的城市规划不同，广场政策是一套自下而上的城市建设逻辑：交通局邀请纽约市内的私人组织递交广场计划，然后与获选的组织一起展开项目的初期规划和设计工作，政府提供建设资金将街道改造成人行广场，但私人组织需要承担起广场的长期运营和管理工作。现在，"广场政策"在纽约全市范围内70多个地方落实，其运营者包括综合改善区、大学、商会等。

时代广场如今通过交通局的"广场项目"而获得了额外的人行空间
左图为改造前，右图为改造后；绿色部分为人行广场

时代广场

　　今天的时代广场就是由机动车道改建为人行广场的最有名的案例之一。时代广场虽然名字中带有"广场"这两个字，但其原本只是夹在两条交叉的交通主干道之间的狭长的交通岛，每天数十万的旅客挤在狭小的人行道和交通岛上非常不方便也不安全。所以，自2009年起，纽约市政府着手对其进行改造工作。从一开始的机动车道路封锁到最终的整体重新设计,时代广场的拓宽工作于 2016 年正式完成。改建后的时代广场将部分的原机动车道改为了人行广场,与原有的人行道和建筑物相连,大大增加了行人可自由行走和驻足的空间。时代广场位于综合改善区,其区域管理协会"时代广场联盟"负责改造后广场的运营和维护工作,包括购置新的桌子、座椅、遮阳伞等设施,供行人休息和户外就餐。

塑造公共性

纽约市前交通局局长珍妮特·萨迪克-卡恩(Janette Sadik-Khan)曾说过:"如果你能改变街道,你就能改变世界①。"[61] 她的话代表着政府和活动家对街道的高度重视:确实,街道的质量直接影响人们的生活,从而影响整个社会的运作。但街道也是被影响的一方,其规划、建设以及运营受到不同的文化、政治以及权力关系的支配。随着世界的改变,街道也会随之发生变化。

曼哈顿今天标志性的路网系统起源于 1811 年由政府发布的委员会规划,而当年的地图充满了那个时代政治与哲学思想所打下的烙印。

18世纪末,美国独立战争结束后,平等主义(egalitarianism)和共和主义(republicanism)的思想渗透了美国政治、经济与文化的方方面面。新共和国强调人与人之间的平等以及公共精神:政府的行为不应制造出社会中的不平等或少数人的特权——这套思想正是1811委员会规划的核心精神。[62]

和其他世界知名大城市相比,曼哈顿的格子路网显得极为单调。当伦敦、巴黎、维也纳的街道巧妙地利用不同的交叉角度和弧形街道塑造出圆环、椭圆形广场、放射性大街等壮观的城市景象时,纽约只有整齐划一的长方形格子而已②。但也正是这种整齐划一、单调乏味的路网结构,才能避免塑造出社会中的不平等。如果有的人能住在美丽的广场或圆环旁边,而其他大多数人只能住在格子路边,那就相当于是政府的规划促成了特权。当每一个格子的大小和朝向

---

① 英文原文为 "If you can change the street, you can change the world."。
② 1811年规划颁布时,中央公园的概念还没有被提出。

纽约街头

都相同时，其中的房屋体量（在当时以低层建筑为主的建造条件下）就都会相差无几，哪怕是再有权有势的人，也很难在那个年代跳出路网规划的限制建造出庞大的宫殿。这种单调的路网结构给不同人、不同组织在纽约共同生存和发展提供了一致的条件，用新城中物理空间的平等来展现新共和国社会和政治理念所推崇的平等。

1811委员会除了用统一的路网结构来达成平等之外，还希望这套简单、普通的系统能满足城市的首要职能——供市民居住。针对前文所提到的特殊街道形状（如圆环、椭圆广场等），委员会确实有考虑过，但最终为了塑造出最方便人们建造住宅、容易居住的城市，委员会还是选择了直角相交的道路。在1811年发布规划时，委员会写道：

> 委员会在制定路网的形状时考虑过直角正方的道路和圆形、椭圆形、星形等能让城市更美的形状。在考虑这些问题时，委员会必须意识到城市的最主要的功能是供人居住，而直角街道以及方正的住宅则是造价最低也最方便居住的。在考虑到这些问题后，

> One of the first objects which claimed their [Commissioners'] attention was the Form and Manner in which the Business should be conducted; that is to say, whether they should confine themselves to rectilinear and rectangular Streets, or whether they should adopt some of those supposed Improvements by Circles, Ovals, and Stars, which certainly embellish a plan whatever may be their Effect as to Convenience and Utility. In considering that subject they could not but bear in mind that a City is to be composed principally of the Habitations of men, and that strait sided and right-angled Houses are the most cheap to build and the most convenient to live in. The Effect of these plain and simple Reflections was decisive.

委员会规划内容英文原文 [63]

委员会的规划决议就显而易见了。

纵观世界城市发展史，大都会的规划常常是权力意志的体现：巨大的广场、宽广的大道等物理空间象征着统治和权威。而曼哈顿的这套路网系统以市民的居住为出发点，用最简单、务实的规划为当时的纽约——一座才刚起步的城市——提供了最大数目的可建造用地，助其在规划颁布后能快速地建设和发展，哪怕这需要牺牲大型广场等景观能为纽约带来的城市之美。

在确定了道路规划是要满足城市未来发展和市民居住需求后，委员还需考虑另一个非常棘手的问题：新的规划是否应该迎合私人地主之前各自所做的片区规划和道路开发。在经过一番尝试且发现许多私人规划与新的网格系统难以结合后，委员会还是坚决地认为不应该承认私人规划。在1811年颁布规划时，委员会写道：

在确定了新道路需要直角相交时，委员会考虑该如何将新道路与旧的、由私人制定的道路规划结合起来。如果能在不牺牲公共利益的条件下将两者结合的话，结果会是很好的，因为这不仅能让新的规划被更多人接受，也能减少开发新道路的造价和成本。但最后由于实际规划中的难处，将新旧规划相结合的目的不得不被放弃。一些私人地主可能会对此感到有怨言，但有怨言的人应该这样问自己：如果自己的邻居比较幸运，他的规划能被保存下来，而自己的规划是为了保存邻居的规划而被铲除，那么他自己难道不会感到更加不幸吗？

> Having determined, therefore, that the work in general should be rectangular, a second, and, in their opinion, an important consideration was so to amalgamate it with the plans already adopted by individuals as not to make any important changes in their dispositions. This, if it could have been effected consistently with the public interest, was desirable, not only as it might render the work more generally acceptable, but also as it might be the means of avoiding expense. It was therefore a favorite object with the Commissioners, and pursued until after various unsuccessful attempts had proved the extreme difficulty, nor was it abandoned at last but from necessity. To show the obstacles which frustrated every effort can be of no use. It will perhaps be more satisfactory to each person who may feel aggrieved to ask himself whether his sensations would not have been still more unpleasant had his favorite plans been sacrificed to preserve those of a more fortunate neighbor.

委员会规划内容英文原文[64]

如果为了邻居的利益而牺牲了自己，那么自己难道不会感到更加窝火吗？委员会提出的这个问题非常有趣，言下之意是：新规划以近乎傲慢的方式忽视了规划范围内全部的私人规划，这其实是一种比"选择性忽视"

更加公平的方法。委员会追求的是平等，这除了体现在对未来新空间的塑造上，也体现在对过去特权与地主阶级所塑造的空间的统一无视。

但是，纽约的道路规划真的可以带来社会的平等和公平吗？

尽管1811年的委员会试图通过空间规划来打造出一个符合新共和国平等理念的纽约市，但是不平等的现象还是会出现。这是因为：空间并不是决定人们生活的唯一因素；整齐划一的路网结构并不意味着不同的个人和群体的社会地位和生存状态也会被均质化。如第7章在讨论纽约各种社区的章节中谈到的，不同的街区随着城市的发展而逐渐形成，将人种、文化和收入不同的社区在空间上分离开来——上东区的富人区和下东区历史上的贫民窟的路网结构并无不同，相反，它们都是建设在同一套城市蓝图之上的。

同时，随着建造技术的发展，拥有更多资源的地主和开发商得以用摩天大楼在有限的占地面积上打造出炫耀自己财富、彰显地位的各种图腾。1811年的委员会规划虽然确实为人们提供了统一的地块，但因为社会中经济资源的分配是不均匀的，所以资源更多的私人业主可以在相同的平台上生产出更多的财富，塑造更高的地位，这意味着整齐划一的路网结构并不一定就是完全中性、不偏不倚的。正如历史学家亨德里克·哈托格（Hendrik Hartog）评论的："城市空间的不同是私人行为的结果，与委员会的规划无关。不过，委员会虽然或许不需对制造或加剧社会中的不平等来负责，但他们的规划并未阻止空间被用来体现私人财富和权力① 。"65 哈托格的评论直指的已经不仅仅是平等的"机会"，而是平等的"结果"。

政府是否应该更加积极地塑造出人人平等的社会——哪怕这种最终效果上的平等需要政府以不平等的手段来对待不同的社区？

19世纪初期的政治思潮推崇的平等是"手段"和"机会"的平等，而不是"结果"的平等；在当时的社会理念下，政府需要做到的是充

---

①英文原文为 "Private initiatives differentiated city space, not the commissioners' map. The commissioners might be freed from the charge of creating or reinforcing inequality, but their map did little to prevent the use of space to manifest private wealth and power."。

曼哈顿富人区的超高层住宅

分尊重私人的主观能动性，尽量不去改变社会中的现状和趋势。1811年的规划希望通过整齐划一的城市结构，表达出对所有人一视同仁的执政理念。

经过了200多年的社会变迁，在21世纪的今天，纽约的政治思想已经发生了很大的转变。作为全美国最有代表性的进步主义[①] 政治大本营，纽约市政府不再害怕通过差异化的政府投资来改变城市在过去的发展中所产生的不平等。在现在政府的眼光下，纽约是一座贫富差距大、急需被改善的城市，政府应该追求结果上的公平。

俯瞰纽约的城市空间，虽然1811年的规划并不包括许多宏大的广场和公共空间，但一个多世纪的发展还是产生了许多大大小小的公园和广场，并且这些供人享受的公共空间主要集中在富裕的社区和主干道——越是贫穷的社区，道路和公共空间的情况也越糟糕。为了改变这种状况，21世纪的纽约市政府加大了在贫穷社区内的投资。之前所提到的纽约市交通局的"广场政策"就试图改变这种公共资源配置不均的问题，除了对像时代广场这样的富裕街区进行广场改造之外，政府更注重在缺乏市民活动场所的中低收入街区进行街道改善以及公共空间建设投资。

不过，政府对中低收入社区的空间投资并不是一种一劳永逸的解决方案。这是因为，街道以及广场的成功除了取决于一开始规划和建设出来的物理形态以外，还取决于建成后长期的运营和维护质量，而根据纽约的法律和政策，新广场的运营和人行道的维护是私人组织、社区以及业主的责任。然而，不同社区的组织能力和运营资本等软实力是不尽相同的[②]。由于交通局的"广场政策"需要有私人机构作为合作方和运营的承包人，然而纽约很多非常贫穷的社区并不具备这些组织，因此，除非政府同时加强对这些社区软实力的投资和帮助，否则还是很难通过道路和公共空间的建设来追求社会在结果上的平等。

---

①进步主义的思潮主张通过政治和政府福利来改善人类社会。
②第8章在分析街区协会的时候，具体讨论了不同社区的凝聚力和治理能力的差别。

曼哈顿街景

街道变迁背后的私利与公德

以街道的历史和现状来梳理纽约这座城市的发展，我们看到的是更深一层的制度和文化变迁。

在纽约发展的最初时期，街道是由各个地主自行规划和建设的私人领域。纽约市政府在 19 世纪初制定并颁布全市范围内的街道地图，正式确立了政府对街道这一巨大的公共空间系统的绝对掌控权，[66] 标志着街道由私人向公共的变化。

政府掌控街道的规划和建设在一开始受到了私人地主的强烈反对。但很快，随着新街道带来的城市扩张和地产增值，当时在曼哈顿半岛北部未开发区拥有土地的人们尝到了政府规划带来的甜头。根据历史记录，有人曾于 1827 年在如今的第 39 街与第五大道的交界处（当时还是农田）以 200 美元购得一块公地；33 年后，这块土地价值高达 850 万美元，翻了 4 万多倍。[67]

可是，虽然街道规划带来了地产收益，但是许多地主还是对纽约市当时针对地主收费用于街道开发的制度报以怨言，认为政府应该使用公家的财政来修路，而不是迫使私人来为政府买单。所以，在 1811 规划出台后，政府对道路周边的产权进行评估时，许多地主向法院提出了异议。为了记录、处理这些异议，纽约市的政府和法院逐步构建起了现代化的官僚系统和行政管理法律体系。

如今，纽约市街道的管理涉及 10 多个政府部门以及不同的私人组织和个体业主。这套庞大的制度系统起源于 19 世纪初才正式形成的私人领域（地产）和公共空间（街道）的割裂，以及政府对公共领域的彻底垄断。一开始并不适应这种安排的地主，逐渐学会了适应这越来越庞大的公共空间以及政府对公共空间的控制权。[68] 今天，占纽约城市总面积 27% 的街道是属于全体市民的财产——政府通过其各种法律法规以及各部门的协调来确保这重要的公共领域能做到畅通无阻，为人们提供价值。

道路作为一座城市中最大也可能是最早的公共领域，其规划和发展从最初的一种私人行为转变为服务公众、由政府掌控的公共过程，这体现着社会价值观的改变以及相应的制度发展。在美国独立战争后的共和国成立初期，人们要想学会有效地建设公共空间和处理公共事务，需要首先认同并推崇公共领域的价值。美国开国元勋约翰·亚当斯（John Adams）曾在 1776 年写道：

公德是共和国的根基。如果人们不追求公共利益的话，那就不会有共和国政府和真正的自由。对公共利益的追求应要大于私利。当私人利益与公共福利相悖时，人们需要牺牲自己，且为此感到快乐和自豪。

> [P]ublic Virtue is the only Foundation of Republics. There must be a possitive Passion for the public good, the public Interest, Honour, Power, and Glory, established in the Minds of the People, or there can be no Republican Government, nor any real Liberty. And this public Passion must be Superiour to all private Passions. Men must be ready, they must pride themselves, and be happy to sacrifice their private Pleasures, Passions, and Interests, nay their private Friendships and dearest Connections, when they Stand in Competition with the Rights of society.

约翰·亚当斯写给莫西·奥蒂斯·沃伦的信（1776年）英文原文[69]

行走在今天的纽约街头，人们或许不会随时联想起其历史和背后的利益纠葛。这座城市最具标志性的道路系统在最初规划时牺牲了部分地主的既得利益（私人土地规划被政府的 1811 委员会规划无视），但新道路所引领的城市发展也为大量的地主带来了巨大的地产价值收益，而这些私人利益又被政府评估并用于支付道路本身的开发，形成了私人利益与公共领域之间的闭环。今天，街道系统继续支持着这座城市的发展。不过，相较于 200 年前，现在的纽约市政府在责任、能力以及执政理念上已有很大不同，880万市民在出行和生活上所涉及的需求以及社会发展中面临的挑战也有不同。不管是道路清洁和餐车牌照也好，还是通过"广场政策"来加强社区之间的平等以及新冠疫情期间的公共空间政策也好①，纽约的街道在社会、经济的发展中所起到的作用越来越关键。这座城市在未来会持续出现新的问题和挑战，这里的街道以及其所塑造出的公共和私人之间的关系势必继续成为纽约前进的动力和载体。

---

① 请参见第6章对开放街道政策的讨论。

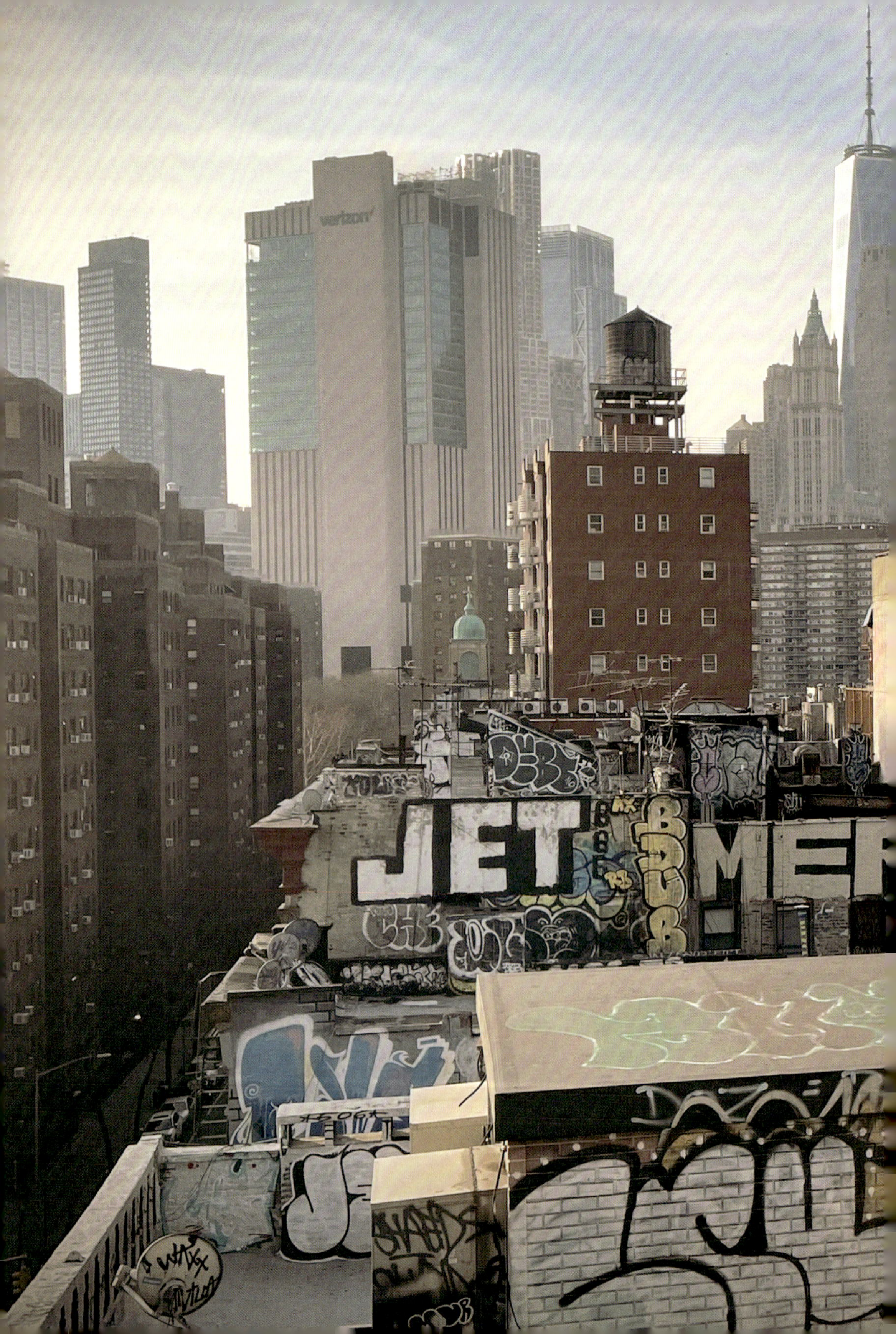
verizon
JET

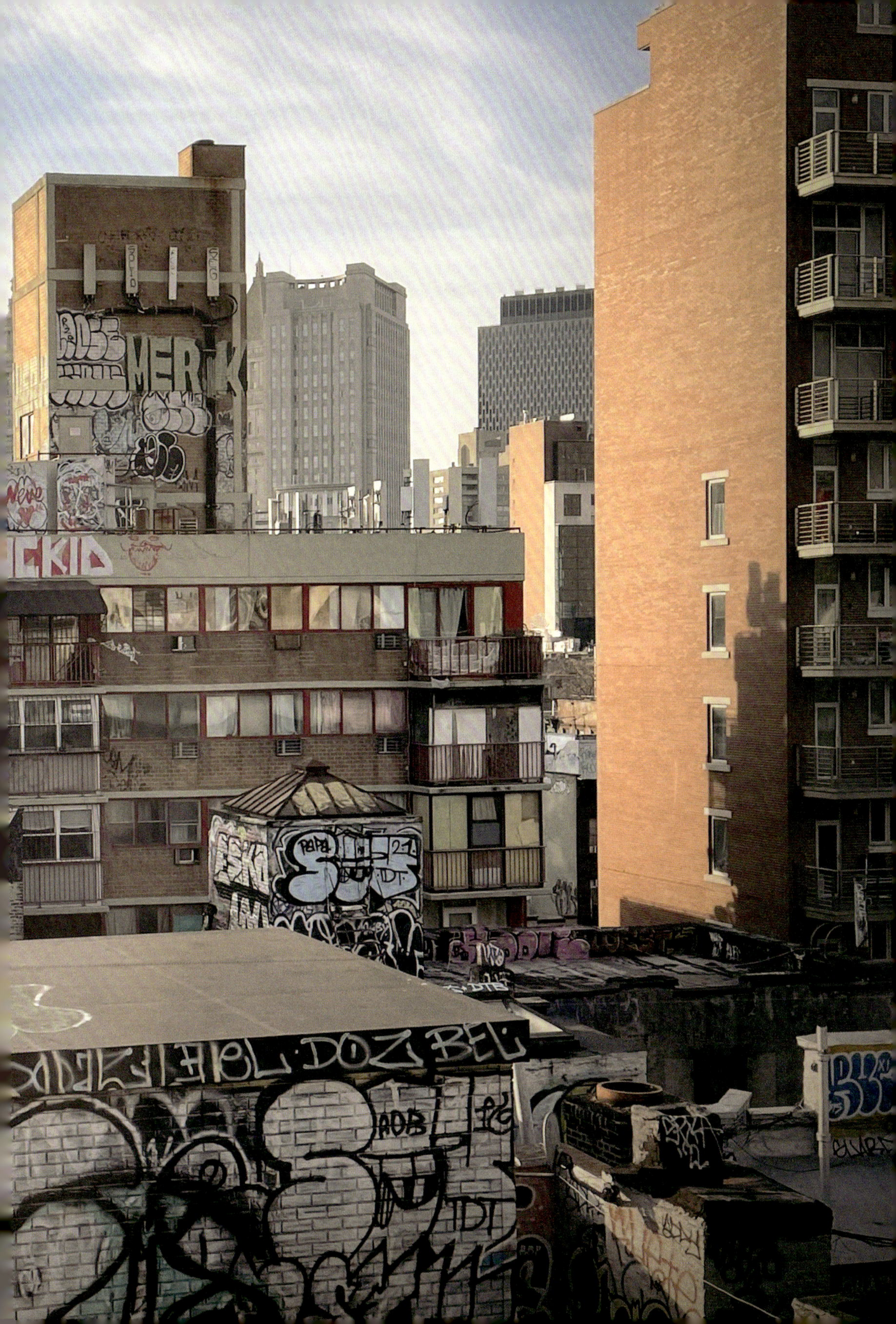
MERK

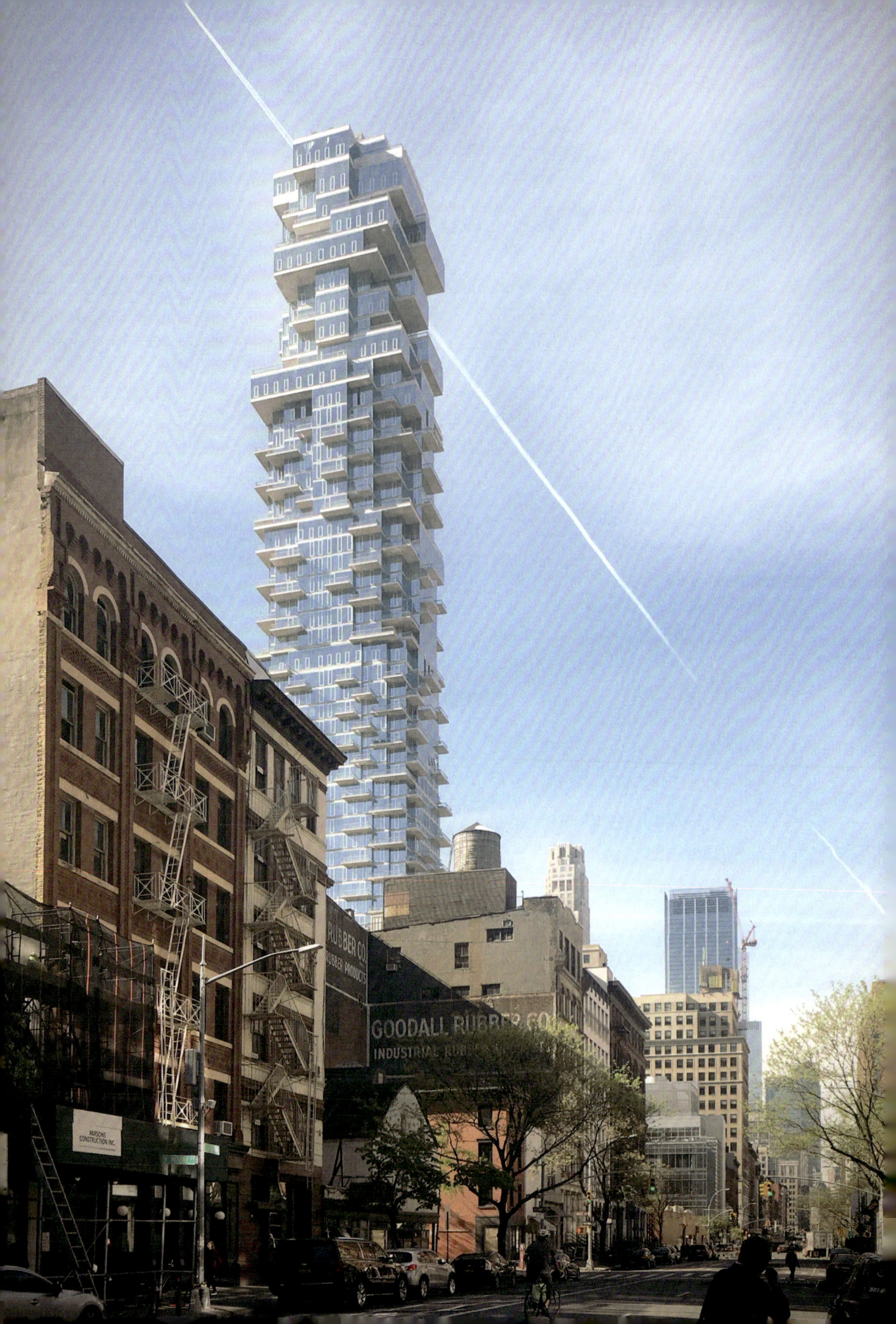
RUBBER CO.
GOODALL
INDUSTRIAL
PARSONS CONSTRUCTION INC.

四 地产开发

Real Estate Development

17. 房地产背后的游戏规则：规划制度

人们坐在夜间抵达纽约的航班上飞过曼哈顿时，会被眼底的城市景象深深震撼。这座占地面积并不大的狭长半岛像电脑的主板一样密密麻麻地布满了楼房。一些高楼大厦，若是放在其他城市的话，都可以鹤立鸡群，但在纽约，它们并不只是孤单的独立地标而已，而是在好几个街区内成规模地聚集了起来，并在夜间一起迸发着近乎刺眼的光芒……

夜间航班经过曼哈顿

在高空上俯瞰纽约这座城市，直观的感受是房地产在这座城市里所汇聚的巨大能量。

论房地产市场的规模，纽约确实在全美排名第一。根据数据机构CoStar的分析，纽约办公楼的市场总值6000亿美元，是美国第二大市场洛杉矶的3倍以上；公寓楼的市场总值接近7000亿美元，是洛杉矶的近2倍。房地产是纽约这座城市里当之无愧的支柱产业，直接贡献了市政府一半的财政收入。[1] 可以说，如果没有房地产的话，就不会有今天的纽约。

对于许多开发商来说，在纽约建楼是梦想；对于全球富豪来说，在这里置地是身份的象征。房地产和其他经济行为一样，需要受到政府政策的制约和管理。城市规划即房地产的游戏规则——楼可以在哪儿建、造多高，这些都得受规划制度的影响。

和美国其他城市相比，纽约的规划制度是迥异的。对于雄心勃勃的开发商来说，纽约既有可能是天堂，又有可能是地狱。从一方面来说，纽约没有总体规划，绝大多数的项目甚至不需要规划局进行审批，这极大地降低了开发的门槛；但从另一方面来看，其独特的社会和政治格局，也会给不少项目带来层层关卡，加大了开发的难度。

制度是一个地方社会的缩影。纽约的规划制度影响整座城市的地产和城市格局——既有其光鲜亮丽的一面，又有其无奈与不公的一面；了解这里的规划制度，即明白纽约社会在创造这座城市时所经历的种种妥协、协作和冲突。

没有"总体规划"的城市

纽约是一座特别"任性"的城市——越是传统、常见的事情，纽约就往往偏不去做。比方说，美国几乎所有的大城市都有自己的总体规划，而纽约将这种文件给彻底摒弃了。

曼哈顿中城密密麻麻的高楼

    总体规划是指导城市发展的纲领。加州的法律规定州内的所有地方政府需要定期制定总体规划来详细地决定住宅、交通、公共空间、安全等方面的发展路径;[2] 西雅图的总体规划将目光放眼于未来 20 年，指导政府各部门通过重点加强对已有的城市和社区中心的基础设施投资，促进西雅图的健康发展。[3] 而纽约却没有总体规划。虽然这里的各任市长也都推出过自己的规划愿景，比如 2007 年发布的 PlaNYC 和 2015 年的 OneNYC，但这些规划都只是战略规划而已，并不是严格意义上的总体规划。纽约的战略规划作为市长的行政纲领，反映了各届政府的工作重心，但这些文件并不像其他城市的总体规划那样是被立法部门正式通过的法律，通过白纸黑字的法定条例来对之后城市内的地产开发产生实质性的影响。

纽约的这种"离经叛道"有些令人捉摸不透，甚至似乎直接违背了州政府的要求。

纽约州的《普通城市法》其实规定了：地方政府必须要对城市的发展做整体性的规划——即考虑土地利用对城市整体发展的利弊，并以此来约束和指导地产项目的开发。[4] 只不过，纽约州的法律允许城市的整体规划以成文法或普通法中的任何一种形式存在——这就涉及了欧美社会中的两种不同的法律体系和文化差异。

成文法是大陆法系的代表，指法律以特定的条文和律令的形式存在；条文中写了什么，法律就是什么。举个例子，19 世纪拿破仑统治下的法国所颁布的《民法典》就是大陆法系的代表。放在城市规划的语境下，以成文法为形式的整体规划通常是一份详尽的文书，就像加州和西雅图那样的总体规划法律文件。在这些文件里，政府通过对人口、经济、空间、环境等各个方面的详细分析，制定出一套城市未来发展的蓝图，并由立法部门通过，正式成为主导城市未来开发建设和基础设施投资的条条框框以及合法性来源。

普通法则与成文法逻辑不同，是海洋法系的代表。英国和美国都是这种体系的代表。在普通法的体系下，法律并不是具体的条令或法典，而是对先例的尊重，其中包括法院在过去对各种法律问题的判决；最终，一系列的先例累积形成人们所普遍遵循的法律观。先例允许了什么，法律就是什么；当有新的法律问题产生时，针对该问题的判例将成为新的先例，并这样一点一滴、循序渐进地构建社会整体的法律体系。将普通法的精神运用到城市规划中意味着：政府并不需要在某个特定时刻来一次性制定出完整、详尽的法定文件或蓝图；相反，所有在过去曾经指导过开发商、政府和居民进行城市建设的规则和判定都是先例——不管这

纽约市规划局所在的办公楼建于 1915 年，
这栋楼曾因其环境影响而直接促使政府于 1916 年颁布了全国第一部区划法规

图片来源：Equitable Building, New York City. , ca. 1915. July 14. Photograph. https://www.loc.gov/item/2003668551/.

些规则是适用于整个城市的法规，还是只针对局部地区的判定，它们加起来所形成的整体，即普通法体系中的整体规划。

在大陆法系的成文法和海洋法系的普通法之间，纽约市选择了以普通法作为其城市规划的合法性来源。这也就是说，虽然纽约没有正式的总体规划文件，但在这里，所有过去约束过政府、开发商和居民就房地产开发做出决议的制度都是纽约的规划工具，它们共同形成了一套有机的规划体系。

在纽约的普通法规划体系中，区划（zoning）法规是最主要的元素，用于管制土地的用途和开发指标。纽约虽然没有总体规划，但有自己的区划法规文件，其第一版诞生于1916年，是全美国最早的区划法规。[5]纽约的区划法规起源也不乏趣事。1915年，曼哈顿的金融区里建起了一栋169米的超级高楼。这座高楼因为太高、和周围楼房隔得太近，所以很大程度地遮住了周边街道和房屋的阳光，纽约人因此终于意识到了：房地产的发展如果不受控制将会变成一场灾难。于是，政府在1年后制定并通过了区划法规文件。讽刺的是，100多年后，当初那栋直接导致纽约制定区划法规的大楼，现在正是纽约市规划局办公室的所在地。

纽约区划法规在最初颁布后的一个世纪以来经历了一系列修改，最终形成了今天的体系，主导这座城市的空间发展。但对于习惯了依靠总体规划来主导城市发展的人来说，纽约的模式仍是奇怪的，尤其是以下这两个方面。

首先，区划法规涉及的领域相对较窄——只涉及空间和楼房的建造，而几乎不直接讨论城市发展所涉及的非物理层面。区划法规的核心是管控城市的土地用途，将全城的土地划分为了多个功能区，并规定了每个功能区所允许的土地用途、最高容积率、退缩尺度以及停车位（对于住宅，区划法规还会规定其最大居住单元数、开放空间等）和相应的激励条款。[6]这和其他城市的总体规划相比就很局限了；总体规划涉及的范围除了房地产之外，还包括经济、人口、交通、公共设施、医疗教育等各方各面。[7]

其次，区划法规的作用主要在于限制，其关键是约束地产开发，让人们知道哪里能建什么、哪里不能建什么。而总体规划除了约束土地开发以外，也同时起到积极引导的作用，引导政府、开发商以及其他机构去主动地改变城市的面貌和发展方向。[8]

纽约这种仅靠区划而无总体规划的制度不乏其批评者，他们认为纽约发展到今天有着如此多的城市病——贫富差距大、公共资源不足、中低收入社区住房开发量不足……这些都和纽约的规划制度脱不了干系。

地产开发

纽约市规划局所在地

由于总体规划缺失，房地产的开发是孤立的，没有配合政府在基础设施和公共服务方面的战略性投资以及区域内整体人口和经济发展的趋势。在这种模式下，新建住宅过多的地方，往往会面临学区资源紧缺的情况——因为政府没有相应的总体规划将学区资源和住房建设配成一套。而且，在一些经济蓬勃发展的地区，住房会供不应求，因为开发商过于注重商业地产的开发，且政府没能借助总体规划而提前将住宅地产资源和经济战略整合。[9]

但无论如何，纽约市就这样以独特的规划制度成为美国房地产市场

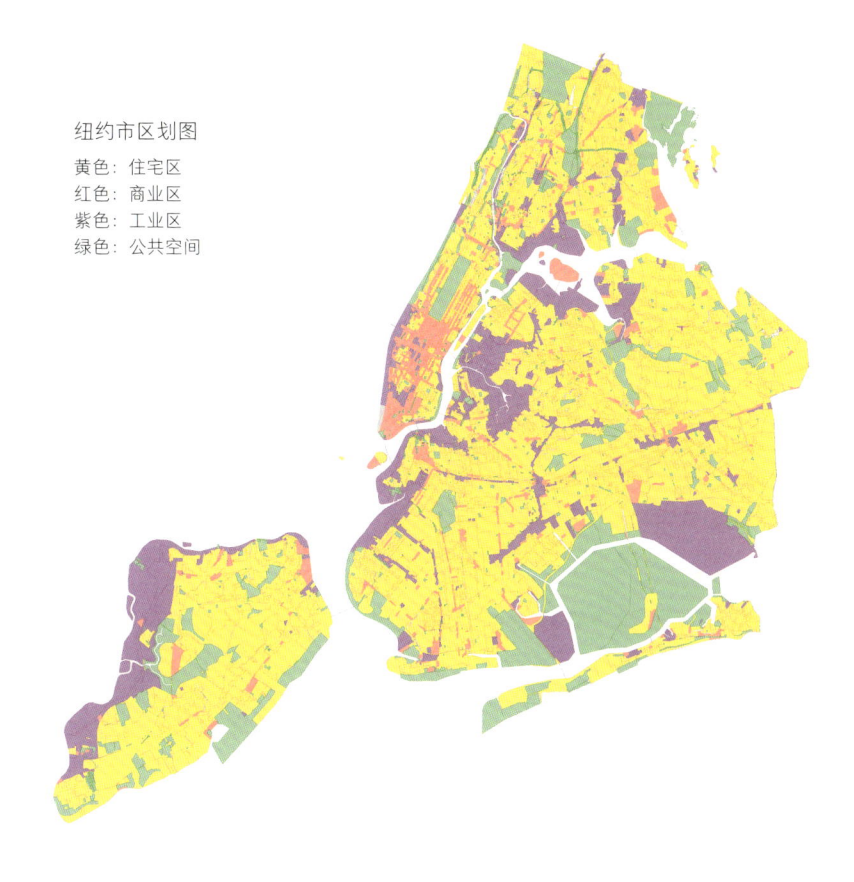

纽约市区划图
黄色：住宅区
红色：商业区
紫色：工业区
绿色：公共空间

最蓬勃、城市变化最快的大城市之一。

在纽约以区划为主的城市规划游戏规则的框架中，开发商可以选择两条不同的路径。

如果开发商想要建的项目在用途、容积率等方面均符合该地址既有的区划法规，那么这个项目在规划层面就不再需要被政府审批；这种开发商有权力直接进行开发、规划局不用过问的项目叫作"既有合规开发"。

相反，如果开发商项目的用途与既有区划法规所规定的用途不同，或是容积率超过了原有的区划法规所许可的最大容积率，那么这种项目就需要纽约市政府对该地原有的区划法规进行修改；如果判定的结果是通过，那么该地址的区划法规也就跟着改变，并在普通法的制度下成为新的先例，影响之后该地的开发。

既有合规开发和判定式规划审批这两种开发模式的复杂度不同，塑造出了不同的开发商、政府和居民之间的权力关系，最终影响了项目开发的结果，造成了纽约独特的城市发展规模和现状。

90% 的地产无需规划局审批

我曾经住在纽约一条普通的街道。这条街上都是三层楼高的民宅，邻居在房子前的院子里种些花花草草，过着闹中取静的生活。突然有一天，街道路口、离我家仅 40 米的一栋房子被拆，脚手架立刻搭上，起重机、混凝土搅拌机相继而至。短短几个月后，一栋 11 层楼高的住宅楼建了起来。这突如其来的建设，改变了这条小街的面貌，整个过程甚至没有提前告知社区，也没有规划局的审批——因为这栋新楼房的建设属于既有合规开发。

之所以说纽约是开发商的天堂，正是因为既有合规开发制度的存在。在这座城市里，高达 90% 的私人地产开发都是通过既有合规开发机制这一程序进行的。[10] 既有合规开发机制给了开发商非常大的主动权：地产项目无论是何种规模，只要它的用途、容积率等因素符合该地址原有的区划法规，那么开发商都不需要将项目送到规划局进行审批，公众甚至政府都无权在规划层面进行过问。我以前居住的街上的那栋新住宅楼，虽然高度是街上其他楼房的 3 倍多，但因为其并没有超过政府以前对那个区域的容积率的限制，因而属于既有合规。

这套完全依赖过去的区划、削弱政府和居民对未来新开发项目的影响的规划机制在美国城市中是罕见的。纽约前规划局局长玛丽萨·拉戈（Marisa Lago）是这套机制的拥护者，并称既有合规开发是纽约城市发展的命脉。她表示：如果纽约取消既有合规开发，转而像旧金山那样对每一个地产项目都做审批，那么在纽约开发房地产——尤其是新建住宅——的效率将会大大降低，这会使得房屋供不应求的问题变得更加严重。[11]

中央公园南部的超高型住宅楼

　　不过，赋予开发商如此之大的能动性也会产生问题，对城市的发展造成不良影响。当既有合规开发与"地块合并"机制发生共同作用时，就会导致摩天楼集中建设、政府和居民对此类大型建筑无权过问的结果。纽约的法律准许同一个街块内相邻的地块通过市场交易而进行合并，合并后的新的地块的容积率为之前各地块自身容积率的总和。当开发商购得多个地块、合并出大额的新容积率后，就有权在既有合规开发的机制下建设超大体量的建筑；如果开发商决定将建筑物集中在整个地块内部的某一个较小的区域，那么他就会设计出超高层的建筑物。哪怕这些建筑物对周边环境的影响巨大，但由于其没有改变整个街块的总容积率和用途，因此得以绕过规划审批，快速建成①。

　　纽约在最近 10 多年内，经历了史无前例的超高层建设热潮，天际线变得越来越诡异，充满了各种"铅笔楼"和"筷子楼"，这种城市现象就与既有合规开发有关。根据城市艺术协会在 2017 年发布的报告，纽约

---

① 这种通过合并地块来建设超高层建筑的方式叫作开发权转移，第 18 章会更加详细地介绍该制度。

地产开发　263

市区内的超高型建筑（180 米以上的楼房）高达 79 栋。我在 2009 年首次来到纽约时，当时全市最高的大楼是美国银行大厦，高达 366 米。在 2022 年，纽约已有 7 栋新的大楼高度超过了美国银行大厦，并且新的超高层建筑还在逐年增加。集中开发高层建筑——尤其是超高层住宅——会加大它们所在社区的教育、交通、医疗、公共空间等资源压力，然而由于它们是既有合规开发，被影响到的当地居民和城市政府都对此无权过问。[12]

10% 的地产开发需要从社区到议会的逐一决议

如果说既有合规开发将城市发展的主动权完全交到了开发商的手上，那么判定式规划审批则把权力收回到了政府和公众手上。在纽约的规划制度下，如果某地产开发项目需要改变区划法规许可的土地用途或是增大区划法规允许的容积率——比如在原本规定只能建商用建筑的地段建住宅，或是在原本只能建低密度住宅的地方建高层公寓，那么开发商就需要向规划局递交申请，来改变那块地的区划。

改变区划可不是一件简单的小事——无论是在程序上还是在法律和社会意义上。在美国三权分立的制度基因下，立法权（制定法律的权力）和行政权（执行法律的权力）是分离的。这个区别对于城市规划很重要，因为区划法规并不只是一张普通地图或一条规划局颁发的行政命令而已，其本质是纽约市的法律。既然区划是法律，那么它的制定就需要由立法机构来掌控，而不是由规划局（行政机构）来负责；相应地，修改一个地方的区划来满足新项目的建设，也是对纽约市法律的修改，在本质上属于立法行为，不能仅由一个政府部门做决定就可以了。

正是因为如此，修改区划需要走一套严格的立法程序——"土地利用统一审批过程"（Uniform Land Use Review Procedure，以下简称 ULURP）。这套流程的具体操作是由基层到高层逐步通过的。首先，规划局在收到开发商的申请并认证其申请材料完整后,项目所在地的社区委员会即开始进行审理的第一环;之后项目所在地的行政区区长进行审理;再之后代表全市利益的规划委员会收集社区和行政区的建议,并对项目进行全面的专业审批以及表决;被规划委员会推荐的项目将再由市立法部门——市议会——进行最终审批并投票表决;由议会通过的项目再由市长签字通过。[13] 整个 ULURP 的流程涉及多个政府部门,会经过 7 个月的时间。

与既有合规开发相比,ULURP 确实要更加复杂和烦琐,但这也正是纽约市现在这种以区划法规为主导的城市规划体系的合法性来源。前文提到,纽约州的法律要求市政府在制定区划法规时需要以整体规划为依据,那么对于纽约来说,在《总体规划》文本缺失的情况下,这座城市要如何证明其对地产开发的约束是以整体规划为基础的呢? ULURP 就是证据。

纽约州的法律规定:城市在对区划法规做修改时,需要满足两大基本条件才是合法的。一,该项目需要符合社区的整体利益;二,在修改区划法规和批准新项目建设之前,政府必须对该项目进行详尽的研究。[14] 在纽约市,ULURP 的制度设计就满足了这些条件。首先,ULURP 过程中的一系列决议——从最初的社区到后来的规划委员会——代表了社区和城市整体利益之间的平衡;并且,除了由普通市民以及民选官员发表意见之外,ULURP 的决议还需采纳规划和环境等领域专家的详尽研究,这些都是地产开发考虑了城市整体发展利益以及详尽研究的证据。

所以,ULURP 的本质是什么? 它说到底,是一种多方利益共同进行深思熟虑和辩论的过程。其背后的精神是:区划是一种对社区和社会都影响深远的法律;因为它是法律而不是普通的行政令,所以对区划做出改变需要由民众的参与和专业的分析来决定。ULURP 的复杂性和全面性,也正是纽约规划制度合法性的来源。

但对于开发商来说,ULURP 的确是令人头疼的。这套制度使地产开发变得更复杂,并且由于其涉及一系列的公开听证会,也往往将项目变得更加政治化。如果项目不符合既有合规开发,那么开发商在

ULURP 的过程中除了需要约见规划局的规划师和领导之外，还得抱着图纸到社区委员会来向基层群众做汇报。往往越是"高大上"的项目，就越会招致群众反对的声音。居民反对项目的原因是多种多样的。比如，历史街区内的新酒店可能会破坏原有街道的氛围，大型住宅项目可能会给紧张的学区资源带来更大的压力。通常，当西装革履的开发商工作人员完成项目汇报后，到场的居民会群起而攻之，一个接一个地发表看法。有时候发言者情绪比较激动，也会愤怒地数落项目的方方面面，骂脏话的情况都有可能会发生——到场的设计师和工程师都会恨不得找个地洞钻进去。甚至还有时候，反对的情绪早就在当地发酵过一阵子了，抗议者会直接扛着标语口号来参加会议，不给开发商任何的颜面。

面对纽约居民对项目的公开反对和质疑，开发商需要一颗大心脏。如果开发商在挺过充满火药味的基层汇报后，做出一些妥协，根据居民意见对项目进行一些修改，那么项目也就可以继续进行下去。但如果反对的声音实在太强，那么民众的口水也可能会让项目直接熄火，这时开发商不得不承认自己在这场与基层的"对决"中败下了阵来，将开发计划取消①。举例来说，布鲁克林的开发商 Industry City 曾计划改造一片占地面积 14 万平方米的旧工业区，投资 10 亿美元建设新的商业地产；然而 2020 年，在当地群众的强烈反对下，开发商宣布撤销其 ULURP 申请，布鲁克林史上最大的商业开发项目之一也就因而化作了泡影。[15]

由于 ULURP 的复杂多变，所以从城市发展层面来看，ULURP 也与纽约最严重的城市病——住房问题——脱不了干系。

从一方面来说，ULURP 过程中的每一个环节都为项目的反对者提供了出击的机会，[16] 正是由于 ULURP 结果的不确定性，开发商通常会在这些项目的前期支付高额的律师费、游说费、公关费以及其他咨询开

---

① 虽然项目最终是否获批的投票大权是掌握在市规划委员会、市议会以及市长手上（社区委员会仅仅能提意见，起不了决定性的作用），但鉴于社区委员会举办的"基层大会"是该地产项目在整个审批流程中的首场公开听证会，开发商在会上的表现以及民众对项目的态度都会被区长、议员以及市长看在眼里，并有可能作为其官方意见或投票的民意根据。所以，社区委员会虽然手上没有直接投票的权力，但拥有能够传递公众意见、制造社会舆论的"话筒"——这是社区委员会足以和开发商斗法的武器。

支来提升成功的概率——这些费用最终会提高项目总体的开发造价，并由消费者买单，成为纽约高房价的原因之一。根据纽约大学房地产研究中心费曼中心的研究报告，ULURP 过程的不确定性会使得开发商提高住房造价或直接选择取消项目的开发和建设，造成房源的短缺。[17]

从另一方面来说，对于纽约市里相对贫穷、房价不高的社区，ULURP 使得开发商更加不愿意去那建房子了，因为 ULURP 项目的高花费和高风险在那些地方没有未来的高租金来支持——这样的结果就是 ULURP 阻碍了这些社区内的住宅供给。近来，纽约经历了经济回暖和大幅度的就业增长。[18] 然而，新的住房供给却滞后于人口和工作岗位的增加，尤其是在房价相对较低但需要新建住宅的地区。根据纽约市的统计，在 2000 年至 2017 年期间，纽约每增加 1 个就业岗位对应 0.6 个新住宅单元；作为对比，北新泽西地区与纽约一河之隔，在那里每个新就业岗位则对应 2.8 个新住宅单元。[19]

房地产既然是纽约的经济支柱，那么 ULURP 也已然在今天的纽约生成一套完整的产业链。设计师、律师和公关顾问都谙熟这套流程的种种"地雷"和应对诀窍，甚至还有专门的公司负责帮忙组织与 ULURP 有关的社区交流会。这一系列开发商、政府和社区居民之间的斗智斗勇，实则也包含了多样的人际关系和社会情绪，体现了法律之外的复杂性——毕竟，再严谨、客观的法律过程，也是离不开人的因素的。

对于开发商来说，ULURP 的不确定性促使他们更倾向于选择在 ULURP 正式开始之前就与市民、官员等利益相关方进行协商，力求提高项目审批的成功率。如果开发商和项目所在地的市议员或居民领袖之间存在着较好的个人关系或信息对话窗口的话，那么开发商就可以提前获知一些审批时可能会遇到的议题，并提前做出政治策略上或是项目设计上的解决方案，减小 ULURP 过程的风险。

对于关心社区发展的居民来说，ULURP 则是他们的战场。尤其是在凝聚力强、政治参与率高、邻里之间沟通频繁的社区，居民可以通过 ULURP 期间组织集体抗议、在媒体上发表异见等方式来影响政府的决策，增加自己与开发商和政府对谈的筹码，确保自己的意见能对重大项目的规划审批产生一些作用。之前第 8 章和第 9 章分析的街区协会、社区委员会等组织都是民间力量在 ULURP 中起到作用的平台。

多元的社会，复杂的城市景观

纽约的城市景观是光怪陆离的，一些地方高楼大厦密集得仿佛能把云层捅破，另一些街区则保留着静谧的氛围。有时，高速发展的社区和传统的街道甚至仅转角之隔。房地产毫无疑问缔造了这种特殊的城市景观，然而在背后支配地产商动作的，说到底还是纽约独特的城市规划制度。

纽约的城市规划和房地产开发体现了制度对城市发展的深远影响。建造房屋并不只受到金融市场、原材料市场、房地产市场等行情的影响；因为地产开发涉及多个公共和私人的主体，[20] 其过程说到底是一种社会现象，受到当地制度因素的深远影响。这里所提的制度是一种广义的概念，它既包括正式制度，又包括非正式制度。前者指那些成文的法规和条例，后者则包括社区和社会中的文化、意识形态、人与人之间的关系以及习俗。这些正式制度和非正式制度共同影响着地产商对风险的把控和对利益的计算，影响着一个个开发项目的操作，并从宏观层面塑造出了城市发展的大格局。[21]

在纽约，既有合规开发和 ULURP 这两套机制将正式制度（法律程序）和非正式制度（人情、社会因素）糅合，导致了纽约独特、充满矛盾和多样性的城市格局。

相较于众多其他美国城市，纽约的既有合规开发大大降低了可以走该流程的房地产开发的交易成本，这提高了开发商的积极性，是纽约房地产市场蓬勃发展的重要因素，并直接导致了许多在其他城市很难获批的高楼、"怪楼"得以在纽约找到开放的土壤。高密度、高强度的开发塑造了纽约独特的天际线，蓬勃发展的房地产市场也是这座城市经济中最重要的根基之一。

至于 ULURP 的存在，则为不符合既有合规开发的项目增加了交易成本。但是，值得一提的是，因为除了政府程序等正式制度以外，像社会关系、凝聚力、社区文化等非正式制度也会对经济活动产生影响，所以，同一套政策会在不同地方有着不同的效果。

纽约ULURP最耐人寻味的地方就在于：正是因为这座城市本身如此多元，不同的社区有着截然不同的人口构成、社会状态和历史文化①，所以同一个城市的不同社区会有着程度不一的凝聚力、政治参与度以及影响力。而这些社区之间文化的不同，使得ULURP（"土地利用'统一'审批过程"）做不到真正的"统一"。

研究表明，在纽约，高收入人群对他们所在的区域内的新开发项目大多持反对态度，[22] 并且拥有地产的业主人群（相对租户）对区划变化的影响力很大。[23] 也就是说，高收入、政治参与度高的业主（通常是白人）更有可能在 ULURP 过程中成功地对开发商和政府施加压力，推翻项目的进展，进而保护这些人自己生活的社区的历史风貌，将新的地产开发量和住宅供给维持在相对较低的水平，不给未来新的居民搬入该社区提供太多机会。[24] 而在那些低收入人口集中、新移民落脚或人口多元化程度高的社区，因为人们有可能难以统一意见，或忙于生计根本没有时间参与听证会，所以社区在 ULURP 过程中鲜有发声；于是，那些社区则会成为不少开发建设方活跃的舞台，哪怕这些开发会对当地的居民产生一些不利的影响——包括噪声、公共资源承受能力以及垃圾污染。这种现状加剧了贫富社区之间的差距和社会的不公平。

同时，由于 ULURP 的过程将权力分给了市民和直接代表选民的市议会，所以一些对全市整体发展有益的项目可能会因为影响了少数人的利益而被阻挠。在纽约，ULURP 的通过与否得看立法机构（市议会）的最终投票。市议会由 51 名代表全市各个社区的议员组成，是政府中最能代表民意的分支。但是，所有的议员共同投票并不意味着这个机构就能代表全市的总体利益——说到底，每个议员代表的是各自选区的

---

① 参见第 7 章对纽约各个社区的讨论。

利益，议会所表现的是纽约各个社区自私的基因而非宏观共识。并且在 ULURP 过程中，纽约市议会在对区划变更项目进行投票时有个虽不成文但鲜有破例的习俗：代表项目所在地的那一位议员享有特权，整个议会都得顺从他的意见。这也就是说，如果项目所在地的那位议员支持项目的建设，那么其他 50 名议员则会跟票，哪怕项目对全市的发展会有不良的影响；如果当地议员因为其当地居民的抗议而反对，那么其他 50 人则也投反对票，哪怕项目对纽约整体是有益的。[25] 这也就是说，地方居民狭隘的忧虑可能会导致重要的宏观政策无法落实（比如社区因为新建经济型住房住宅楼会阻挡原居民的视线而反对区划变更）①。ULURP 把主导规划的权力集中到了当地社区，这套机制是否真的能权衡一座城市乃至整个区域的总体需求，则成了问号。

在纽约这样的大城市内，社区的多样性和文化的多变性，使得制度在实际中的操作变得不可预测。虽然纽约的区划法规有普适性，但因为这座城市所承载的复杂的地理、社会和文化因素，各个地区民众在法定流程内发声的程度以及人们的政策偏好存在差异。[26] 这也就是说，尽管 ULURP 设计的初衷是增加开发建设规划审批的可预测性——对于开发商来说，ULURP 需要遵守严格的时间线，这确实让程序具有可预测性，[27] 但是，由于居民凝聚力、影响力与谈判能力的不同，以及不同社区的不同需求和意见，有些社区内的居民得以成功地在博弈过程中给开发商施压，有些社区则更多地让步于开发商，或无法通过与开发商谈判来得到实际的公共利益——这使得 ULURP 的结果仍然变得充满悬念。

但或许，也正是这种不协调和悬念，才使得纽约的规划制度变成了一面镜子，充分地反映了不同社区之间的多样性、社区内部的多元性，以及将规划大权向社区倾斜所带来的结果。这些社区内部和社区之间的不同，塑造出了今天纽约繁华并割裂的城市景观。

---

① 第 13 章在介绍基础设施建设时，也分析了类似的由于过多听从地方声音而对宏观利益产生问题的案例。

曼哈顿的下东区是纽约新建项目最多、变化最快的街区之一

延伸讨论：

纽约是一个高度成熟的房地产市场，其规划机制的经验和教训对其他正在向成熟市场转型的城市具有一定的参考和警示意义，尤其是当城市尝试在效率和质量之间，在激励和管控之间，以及在发展与公平之间找到平衡点时。

地产开发

在纽约，开发商普遍适用的既有合规开发流程显著地降低了项目开发时可能会遇到的社会和政治阻力，这能帮助纽约缓解一些由于迅猛的经济和人口发展所带来的住房压力。当其他地方需要花上非常长的时间才能批准一个新项目时，纽约似乎永远都有新的脚手架搭起、新的楼房建成。这套给予开发商最大灵活度的游戏规则是纽约相比其他美国城市来说最有胆量的制度决定之一。

但纽约的实际经验也证明了：在总体规划缺失、开发权转移等制度因素的作用下，异常高效的地产开发与建设也会使得城市发展失衡。这些失衡的表现包括个别地区城市风貌改变过快，以及政府资源无法承担高强度的新增公共服务需求。

为了防止地产的步子迈得太快，纽约对于那些并非既有合规、具有潜在争议的项目使出了从基层到立法部门雨露均沾的规划审批流程。这套程序给了市民和官员参与到审批中发表意见甚至做决策、影响开发商项目规划的机会，其政策设计的初衷是为了确保当地市民和社区的利益。

其实，在美国其他城市，市民在规划决议中发声是种主流的社会态度和法律环境；在其他国家的城市，居民参与也越来越广泛地在规划界被尝试。在韩国，地方政府尝试着让市民在城市更新项目中拥有更多的主动权和参与度：政府仍然是城市更新规划项目的最主要推动者，但市民可以在前期提出建议和计划，政府需要严肃考虑；在规划和实际项目的推进过程中，市民中的积极分子在政府、专家以及市民之间的交流中起到了重要的沟通和协调作用。[28] 在日本，法律要求地方政府在制定"都市计划图"时必须让市民参与进来——具体在实施过程中，居民的声音则主要是通过社区组织的形式被集结并反应到政府主导的规划工作中。[29]

但是，市民参与到规划中来，并不一定就可以确保规划的结果会是公平、有效且利于城市发展的。纽约的规划制度实践经验表明：由于大城市里不同社区的人文环境是不同的，公众参与规划的这套制度所产生的实际效果可能会并不均衡、不理想。在居民参与度低的社区，规划会被建设方牵着鼻子走；在居民热情高涨的社区，居民的抗议则可能会过度阻碍规划。甚至，影响规划进程的居民，也可能只是社区中的极个别有影响力的少数群体，而不是多数人意志的体现。

所以说，如果公众参与的门槛和环节设置得不公平或其程度没有被拿捏好，那么城市发展的方向就可能被少数的居民、群体或利益集团所牵制，到头来损害城市整体的利益。其他地方的政府若将公众参与融合到地产开发审批工作中，则需要重点考虑制度执行的细节，吸取纽约的经验和教训，尽可能地确保那些看似公平、统一的制度可以在人口结构和政治参与度不同的社区内产生相对均质的积极影响。

18. 从空中"拿地"的开发商：开发权转移机制

曾经有人开玩笑说："纽约的天际线可以申报世界非物质文化遗产。"的确，这座城市里各种摩天大楼组成的经典风景吸引了全世界游客、人才和资本的目光。但纽约天际线的迷人之处，也在于其不断的变化——当许多欧美城市正在经历人口收缩，或是由于严格的规划限制而减慢了建设速度时，纽约却总有新的高楼窜入空中，让天际线变得更有张力。

纽约的天际线是其蓬勃发展的地产业的剪影。在这座寸土寸金的城市，土地和楼房上空的"空气"其实也价值连城。这是因为，当人们以为建设指标已经封顶时，"上空权"为地产开发提供了往更高处建设的空间。

上空权的正式名称为可以被转移的土地开发权。假设有两个地块，A 和 B：A 的开发商已经建满了规划所许可的高度，但还想继续建设更高的楼房；B 则并未建满规划许可的体量。那么在开发权转移的机制下，地块 A 的开发商可以向地块 B 的所有者购买其土地上空闲置的土地开发权——即将地块 B 上空未被建筑填满的开发空间转移到地块 A，从而可以在 A 自己的地盘上建设体量超出原有规划所许可的房屋。

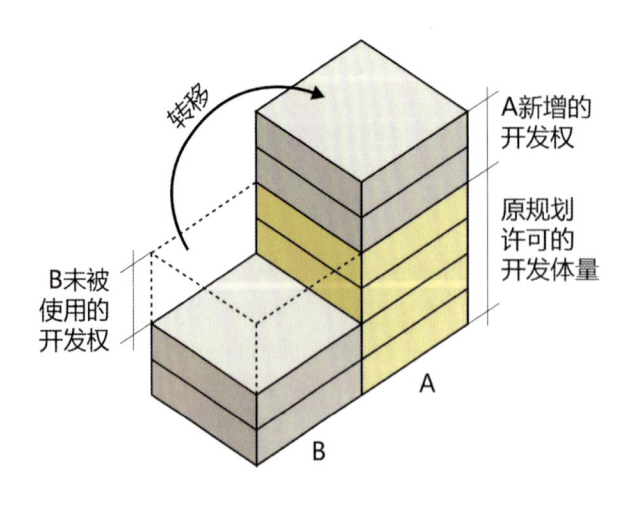

开发权转移机制的原理

开发权转移机制使得开发商得以利用其他地块的容积率建设额外的房屋

纽约的开发权转移自然和这座城市的房地产市场以及天际线息息相关。但很多人不知道的是，除此之外，这套制度其实也和古建筑保护、产业发展、公共空间等政策话题有着重要的联系。

制度起源

战后，美国迎来了一阵建设热潮，大量的新建筑彻底改变了城市的风貌。在这段高速发展的时期内，纽约的许多历史文物建筑被摧毁，令人唏嘘不已。于是，一场古建筑保护运动在20世纪60年代和70年代兴起。1965年，纽约成立了自己的文物保护部门——地标保护委员会（相当于这座城市的文物局），其目的就是让重要的历史建筑能在房地产市场和经济发展的高压下被保存下来。

但是，文物建筑在被保护后，往往会遇到新的生存危机。任何一栋楼房，无论房龄，都得花钱进行长期维护——越是古老、具有文物价值的建筑，其维护单位所需承担的维护费可能会越高。但是，一旦某栋建筑被列为文物，法律就会禁止其所有者对这块土地进行改造或再开发。禁止改造和开发，即切断了土地所有者的财源。这样一来，文物机构反而由于保护而失去了一大块潜在的资金来源，因此面临运营风险。

在纽约，不少地标性文物建筑是处于繁华商业区的教堂。这些教堂建筑面积很小，但纽约的区划对这些教堂所处的闹市区给予了很高的开发强度，所以按理来说教堂上空都有不少的潜在开发空间。但文物保护部门却封锁了这些古建筑所在的土地被再开发的权利。所以，当教堂周围的地块上都建起了摩天大楼的时候，教堂自身的开发权却被文物局给"凝固"了。空有开发权却不能使用，这些文物机构的固有资产无法实现其市场价值，久而久之许多古建筑由于缺乏维护资金而面临破败的危机。

于是，纽约在成立地标保护委员会后的第三年（1968年），立法通过了专门针对文物的开发权转移机制。在这套政策下，被列为文物的古建筑可以将自己无法使用的开发权卖给其他地块，从而通过房地产市场来赚得一笔资金。[30]

这种针对古建筑的开发权转移机制可以带来不少好处，实现多维度的公私双赢。

首先，通过出售开发权，负责经营古建筑的文物机构可以改善自身的财务状况，社区也得以享受更高品质的文物保护工作带来的街区整体利益。

纽约市的文物圣巴多罗买教堂将4600平方米的开发权卖给了摩根大通银行建设新总部

并且，开发商也可以从中获利，在收购开发权后，在其他地块上建设超出原规划许可的房屋，在寸土寸金的纽约拿下新的开发空间。

同时，这项政策可以推动政府更加广泛地开展文物保护工作，却不用增加政府实际承担的财务成本。最初，当地标保护委员会在刚开始运作的时候，曾遇到了不少挑战：许多古建的所有者因为担心自身未来的财务状况，所以极其反对政府将其资产列为文物[1]。开发权转移机制则

---

[1] 有文物机构甚至将政府告上法庭，称政府将自己的财产定为文物且禁止开发，相当于侵犯了私有产权。[31]

使得文物保护不再意味着财务灾难，增加了公众对文物保护工作的接受程度。

最后，这项政策能提高政府的税收收入。许多文物机构（如教堂）是非营利组织，这些机构不需要缴纳房地产税（即获得税务豁免权）。开发权转移机制则使得这些免税机构原有空闲着的开发权通过出售而转变成需要缴税的建筑物面积，可谓一举多得。[32]

更大规模的尝试

通过允许文物和古建筑上空的开发权转移，纽约尝到了各种甜头。那么除了文物保护以外，是否有其他的政策目的也可以通过开发权转移的机制来促成呢？答案是肯定的。

其实，单个文物地块上空的开发权转移是件特别麻烦的事，因为纽约的法律规定购买开发权的土地必须与提供开发权的文物所在地相邻或隔街——即只有邻居之间才可以买卖开发权，这大大限制了交易的可能性。许多想要转移开发权的古建筑往往在其四周找不到符合要求的买家。根据政府的统计，从 1968 年法律生效至 2015 年，与古建筑有关的开发权交易仅有 11 笔而已。[33]

为此，纽约推出了"开发权转移 2.0"——特区机制，即在地图上画出一个片区，并给这片区域内的地块更大的自由度来买卖开发权。根据纽约的制度，特区内的买方和卖方无需相邻，许多政府审批程序也被简化，这既扩大了开发权转移的市场范围，同时又降低了交易成本。

位于时代广场和百老汇的剧场特区是纽约最早也最成功的开发权转移特区案例之一。

百老汇是纽约最具特色的文化名片之一。《歌剧魅影》《狮子王》等音乐剧演出是无数来到纽约的游客必须打卡的。然而，20 世纪后半叶，纽约中城蓬勃的商业房地产市场向百老汇"蔓延"，对文化产业造成了

剧场特区是百老汇音乐剧演出的大本营

威胁。百老汇的传统文化产业虽然有名，但从地产的角度来说，其价值远不如商业大楼，因此剧院面临着前所未有的搬迁压力；同时，许多剧场也被纽约地标保护委员会列入了古建名单，因此面临着前文所提到过的财务困难。

为了保护纽约独特的百老汇文化，防止剧场一个个破败消失，纽约市于1998年推出了剧场特区的开发权转移机制。该机制主要由以下五点构成：

1. 制定了大范围的剧场特区（从第40街到第57街，位于第六大道和第八大道之间）；

地产开发　279

2. 列出了其中 30 多个剧场，并允许它们与特区内的任何一个地块进行开发权交易，这相当于取消了传统的以古建四周为范围的开发权交易距离限制；
3. 简化了政府审批的过程，并根据交易的开发权的体量制定了不同程度的审批要求；
4. 建立了剧场特区基金，让在特区内购买开发权的开发商向基金缴纳"手续费"，为特区内剧场的维护和发展提供更多的资金；
5. 规定卖家（剧场）在交易后必须仍以剧场为主业，不得转身去做其他的行业。

剧场特区的设立，拯救了纽约的百老汇，为其带来了新的活力。

传统的以文物四周相邻地块为范围的开发权转移机制仅仅给产权交易带来了可能性，但并没有真正地激活市场——说到底，古建筑能否找到开发权买家还是取决于其地理位置这种自身难以改变的因素。通过成立特区，纽约市真正地建立起一个个开发权交易市场，并在市场中加入了激励机制，扩大了买卖双方的充分竞争（卖方可以考虑更多的买方，买家也有更多的卖家可以选择）。在打破了传统的文物开发权转移所受到的距离限制后，特区内的开发权转移显著加大了买卖双方匹配的基数和交易的成功率——从 2006 年至 2012 年，剧场特区中一共进行了 15 笔开发权交易，涉及的开发面积一共高达 4.4 万平方米。[34] 这套新政策更加深入地、有针对性地盘活特区内部的土地市场，并间接扶持了濒危的特色产业。如果没有剧场特区，今天的纽约恐怕很难有如此蓬勃的剧场群和文化产业。

除了保护古建筑和特定产业，纽约还使用这种开发权转移特区机制来建设高品质的城市公共空间。之前第 2 章曾分析过，如今纽约的网红景点高线公园正是得益于开发权转移。纽约市政府当初为了高线公园的建设成立了特区，让公园上空的开发权能被公园周围的土地开发商买走，用于更高强度的房地产开发。这形成了一个完美循环：地产商购买开发权的钱用于支持公园的建设；高品质的公园大大提升了周边地块和房产的价值，进一步提高了地产商从公园上空购买开发权的需求。现在，高线公园的成功有目共睹，其周边社区也是纽约最为活跃的开发权交易市场。自从 2006 年创立高线特区以来，仅 10 年间就有 26

笔开发权交易达成，总体量为 3.7 万平方米。[35]

无需审核的开发权交易

文物开发权和特区机制虽然在其政策成效上非常亮眼，但从体量上来说，其实整个纽约只有不到 10% 的开发权交易是通过这两种机制促成的。[36] 绝大多数的开发权交易通过第三种方式进行，且这种模式不需要规划部门的审批——这第三种机制，就是"地块合并"。

在纽约，街块被分为多个区划地块。区划地块的面积乘以该街块的容积率，得到的就是每个地块的开发权数额（即区划法规许可的总建筑面积）。但是，如果同一个街块内的不同区划地块合并，那么规划所允许的开发体量就可以相加。合并后，开发权可在内转移，并在自由流动后叠加形成超高型建筑。

第 17 章曾介绍过，相对于许多其他的美国大城市，纽约的城市规划和开发建设其实在政府管理层面有着非常宽松的一面。只要新建的房屋不偏离区划法规允许的用途和体量，规划局就不需要也不会对该项目进行监管和审批（既有合规开发）。

通过地块合并来转移并累积开发权的操作，是一种既有合规开发，哪怕这样造出来的楼房非常高，对周边环境的影响很大。这是因为，在规划局看来，既然合并地块只能在同一个街块内部进行，那么开发体量就算在地块间流动也终将会保持在同一个街块里——这样做并不会改变这个片区在整体上许可的建筑物密度，因此不算是偏离了原定的区划，所以也就不需要规划局再来审批。也许正是因为合并地块不需要规划局额外审批，开发商才非常喜欢这种操作模式，所以纽约 90% 以上的开发权交易是通过合并地块来达成的。[37]

近年来，曼哈顿各处——尤其是中央公园南边的第 53 街——建起了许多超高层住宅。媒体将第 53 街称作"富豪街"，这条街上之所以能有如此多装在摩天楼里的顶级豪宅就与合并地块有关。纽约的房地产市场吸引的是全球的资本，开发商在这里可谓见缝插针。然而黄金地段的可用土地非常稀缺，且常

超高层住宅公园大道 432 号，利用开发权转移机制不需要规划审批

常地块面积很小，于是很多开发商便想到用开发权转移这一招来从"空中"拿地。

在既有合规开发的体系下，开发商通过合并周围其他地块，用一栋栋超高层彻底改变了曼哈顿的天际线。以豪宅大楼公园大道 432 号为例，

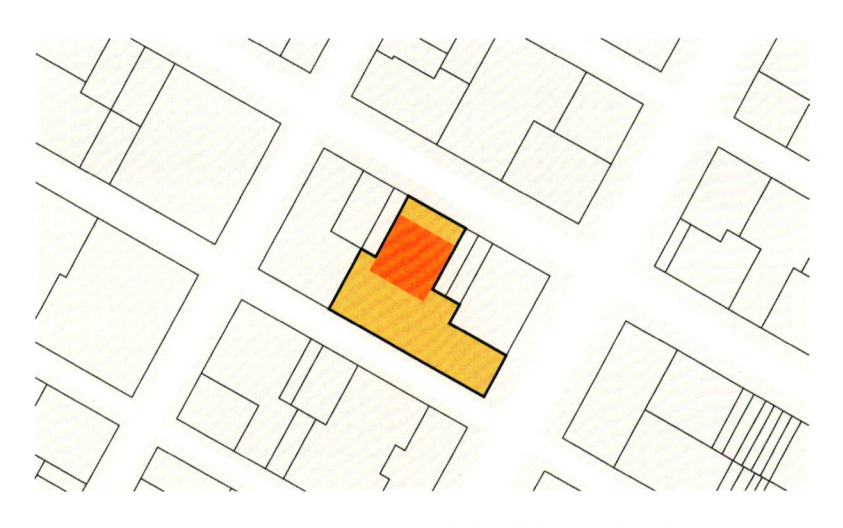

超高层住宅公园大道 432 号经由地块合并获得了大量的开发权，
并通过压缩塔楼的实际占地面积得到超高层建筑

黄色：地块合并后的产权地块

橙色：塔楼占地面积

该项目包含 291 个住宅单元，有 90 层高，建成当时（2015 年）是全世界最高的住宅楼。如此大体量、对环境和天际线产生显著影响的项目，由于是通过开发权转移机制获得了接近大楼总量 1/3 的开发面积，[38] 项目属于既有合规开发，因此该大楼的开发不需要经过规划审批——这在其他大部分美国城市是难以想象的。

从"空中"拿地的实质

开发权之所以能够在"空中"用各种各样的方式转移，是因为政府规划和市场开发之间总是存在着一定程度的不匹配。

规划局基于城市总体发展的考虑，自上而下地制定了各种区划，决定了一个地方可以建何种功能的楼房，以及那里的建筑开发强度可以有多大。但是，区划本身就是"粗线条"的，不能过于详细——规划局可以制定一个区域的总体开发框架，但永远无法、也不应该去规定城市中每一个小地块的具体样子。

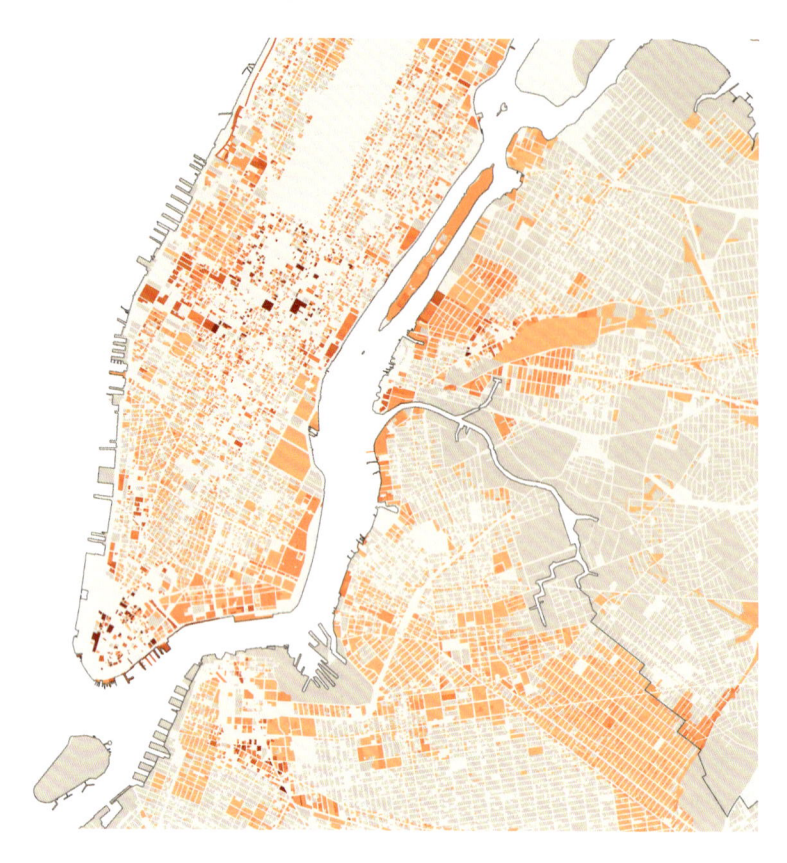

纽约各个地块的未被使用的开发权（容积率）
颜色越深，未被使用的容积率越高

因为不同地块的特性各有差别——大小、形状、临街状况等都不一样，以及市场的供求情况也不同，所以同一个规划分区内的不同地块会存在彼此有别的开发结果。有些地块上的房屋密度大，几乎接近了规划许可的最大值；有些地块上的房屋密度小，剩出了不少的可开发空间。

正是因为政府在一个区域内的规划和市场在每个地块上的开发这两者并不完全一致，所以开发权才存在着在"空中"流动的可能性。

纽约的规划制度承认并支持这种不一致性，让"建得多的人"和"建得少的人"两者之间可以用市场价来买卖开发权。政府通过开发权转移机制允许甚至鼓励开发权流向市场更需要的地方，以此来修正规划在一开始就必定会有的不完美。

开发权转移的出现，既承认了市场和政府之间的根本不同，又能促进彼此的协调和互动。除了可以调节政府规划和市场建设之间的不一致以外，开发权转移还可以帮助政府来达成一些政策目的——如本章所分析的保护古建筑、支持特定产业、提供高品质公共空间等。

但是，纽约的经验其实也揭示出了一些开发权转移的困难因素和负面影响。首先，若是对交易双方的限制过多，那么市场就不会做出反应——在单栋文物开发权转移的案例中，由于买卖双方需要遵守严格的距离条件，因此几十年来纽约实际受惠的文物单位屈指可数。其次，若是政府过于放松对交易的监管，那么新的开发则可能会"失控"——在合并地块的案例中，由于该操作属于既有合规开发，纽约不少超大型的建筑项目竟可不用得到规划局的许可就开工，这虽然在法律上合规，但在许多市民心中缺乏说服力，几乎是对权力的滥用。最后，虽然买卖开发权的价格是由市场决定的，但在这个过程中，买方经常占有过多的议价优势——当文物部门或公共资源的管理者（卖方）在与开发商（买方）谈判时，由于前者总是急于改善自身财政状况，他们可能会接受开发商提出的极低购买价，这会有失公平，且有损保护文物部门和政府的利益。[39]

但不管怎样，一座城市的制度，成就一座城市的"高度"。在纽约，开发权转移制度使得这座城市的天际线一直在改变，用一栋栋新的摩天楼来不断刷新城市高度的记录。有些制度是为了控制和约束——区划法规的核心即是如此。开发权转移则是另外一种制度——它的目的并不是为了控制和约束个体的发展，而是通过制度设计来使原本毫不相干的个人和组织找到共同目标，总是可以实现私利，有时也同时为社会整体做出贡献。开发权转移是一种让人合作的制度；纽约的城市风貌，也正是市场和政府在这样的制度下你来我往的发展结果。

19. 由私人资本买单的公共福利：经济型住房

纽约在人们心中的刻板印象是富裕的、奢华的。但其实，纽约也是贫穷者的聚集地。和整个州相比，纽约市的贫困人口比例要高出 5 个百分点，工资中位数也低于州的整体水平。上百万名纽约人每天都在为收入、食物和住房挣扎着……

对于收入并不太高的广大纽约人来说，这座城市的房租实在太难以负担了。全市有 44% 的租房家庭将每个月收入的 1/3 以上用于交房租，22% 的家庭则将一半以上的收入用于房租；住房压力大在低收入人群、老年人以及单亲家庭中尤其普遍。[40]

就像世界上其他寸土寸金、房价飞涨的大城市一样，在纽约，中低收入人群负担得起的经济型住房属于稀缺资源。

提起纽约的经济型住房，许多人首先想到的是体量庞大、造型一致、与周围街道格格不入的廉租房。这些房子由纽约市政府的住宅局管理，全市总计 302 个廉租房社区，共包括 2252 栋楼（近 17 万户住宅），专门提供给中低收入人群，遍布于纽约城内的各个区域。[41]

政府廉租房的分布图

由政府建设并运营的廉租房系统

纽约绝大部分的廉租房已有 50 年以上的历史，千禧年后再未建过新的廉租房。纽约现存最老的廉租房是位于曼哈顿东村的 First Houses，建设于 1935 年。住宅局建设的最新的廉租房则位于布鲁克林，建于 1994 年。

除了有政府出资建设管理的廉租房以外，纽约还有很多经济型住房是由开发商主导出资建设并运营的 ①。这些经济型住房是专门提供给中低收入人群的住宅，租金由政府严格管控，其高低根据租客的收入来定。如果你的收入在全城中位数收入的一半以下，那么对你来说经济型住房的租金将是市场价的一半不到。[42]

根据纽约市政府的公开数据，自 2014 年起，纽约在短短 7 年间一共新建了约 5.7 万户经济型住房。[43] 开发商投资的效率比政府盖楼的效率要高出不少。根据统计数据，近年来开发商主导建设经济型住房的平均速度（8175 户 / 年）是当年政府盖廉租房（2878 户 / 年）的近 3 倍。

---

① 不同于国内的经济适用房，纽约的开发商承建的经济型住房（affordable housing）绝大部分是用于出租，即房租不超过居民收入的 30%、负担得起的住房。

地产开发

纽约经济型住房与市场价住宅的租金对比（2021 年数据）

收入（单人） 纽约中位数： $84000/年		极低收入 $25000/年	很低收入 $42000/年	低收入 $67000/年	中等收入 $100000/年	市场均价 （2020年前）
政府规定经济型住房月租	一室户	$400/月	$800/月	$1300/月	$2100/月	$2300/月
	一居室	$500/月	$1000/月	$1700/月	$2600/月	$2400/月
	二居室	$600/月	$1200/月	$2000/月	$3100/月	$3100/月
	三居室	$700/月	$1300/月	$2300/月	$3600/月	$4500/月

　　开发商建设的经济型住房种类多样。有些大楼里所有的住宅都是经济型住房，比如位于布鲁克林的 Fountain Seaview 项目，整个项目包含一共 200 个出租住宅单元，均为经济型住房，由专门建设经济型住房的开发商 Arker Companies 建造。还有的项目则将经济型住房和市场价住宅进行混搭，融合在同一个项目里，比如同样位于布鲁克林的 Evergreen Gardens 项目，其包含 183 户经济型住房和 628 户市场价住宅。甚至在纽约，还有不少豪华的高端住宅项目，采取的都是这种经济型住房与市场价住宅混合的模式，将中低收入人群的住宅搬到了黄金地带，比如著名建筑公司 BIG 在曼哈顿富人区（第 57 街）设计的 VIA——这栋造型奇特的三角形豪华公寓大楼，里面就包含了 143 户经济型住房和 566 户市场价住宅。

　　对于纽约的开发商来说，经济型住房的租金远低于市场价且项目租金回报率低，所以绝大多数的公司按理来说应该不会自愿去做慈善、建经济型住房。那么纽约到底是用怎样的政策手段来激励开发商的呢？

由开发商建造的豪华公寓 VIA 内包含大量经济型住房

减税

坊间有言道：纽约要是没有 421a 的话，就根本不会有开发商愿意在城里建住宅。

421a 指的是纽约州房地产税法中的第 421a 条——"纽约经济型住房政策"[①]。这条法律的核心是为提供经济型住房的开发商减免房地产

---

① 英文原文为 "Affordable New York Housing Program"。

地产开发 289

税。根据421a，开发商若是在项目中有20%—30%的住宅是经济型住房，那么就可以申请减免整个项目的房地产税（同一栋楼中的市场价公寓也被免税）。

该政策最早于20世纪70年代提出，在接下来的半个世纪内经过了数次修改。根据2017年的新规定，符合421a规定的项目可在建造时期的3年内和项目建成后的35年间减免新建楼房所产生的房地产税。

减免房地产税对于开发商来说价值连城，因为纽约的房地产税不菲。2021年时，公寓楼的税费是其市场价值的5.6%。这个数额有多大呢？举个例子：前文提到的BIG设计的那栋VIA，因为大楼里包含了符合规定数目的经济型住房，于是成功通过421a减免了房地产税（房地产税为零），其整个项目1年的税单只包括区区2.5万美元的行政费，平均每户承担的费用为30多美元。而在同一条街上、步行10分钟之隔的豪华公寓Park Towers South，作为一个没有经济型住房、不适用421a的参照，其每户平均1年的房地产税高达2万多美元，整栋楼1年的总房地产税为636万美元。636万美元的税是什么概念——这笔现金流如果拿去盖楼的话，可以每年盖出一栋新的包含10多户单位的住宅楼。

纽约开发商拿地、建造的成本都很高，因此许多开发项目若是没有421a带来的房地产税减免，还需每年缴纳高昂的房地产税的话，根本无法实现盈利，银行对于这样的项目在一开始甚至都不会为开发商提供贷款。通过421a，纽约市政府放弃了房地产税收入，换来了开发商建设经济型住房的积极性。面对实实在在的经济利益，唯利是图的开发商便这样自愿"上钩"，加入了这座城市的住房福利体系。

规划制度

之前在第17章分析规划制度的时候曾讲到，纽约的区划法规将城市分成了许多个不同的区划分区——有的地方可以建住宅,有的地方可以建工厂;有的地方容积率高,有的地方容积率低。

区划法规并不是一成不变的:随着城市的发展和人口的变迁,一些原本不能建住宅的地方可能会成为适合居住的场所,一些原本低密度的社区可能会吸引高密度住宅的开发商。根据纽约市的法律,开发商可以申请对特定地块进行区划变更。这种将非住宅区划改为住宅区划、低容积率区划改为高容积率区划的做法又称"区划提升"。

对于开发商来说,区划提升的本质是发掘新地段的市场需求和商机。甚至有时候,纽约市政府为了刺激投资、鼓励特定区域的发展,会将一大片区域主动划出来,进行整个片区的区划提升。在这些被政府主动进行区划提升后的区域内,开发商能不经过单独的规划申请就建设比原先区划规定的高度更高的房子。

第 7 章在介绍纽约的社区时,提到过布鲁克林中心区——这是纽约发展最快、人口变迁最大的区域之一,大型公寓在 8 年内增加了 80%以上,租金上涨了 94%,常住人口翻了 1.5 倍。这迅猛的变化即来自纽约市政府在 2004 年主动进行的大范围的、史无前例的区划提升。

在 2004 年之前,布鲁克林中心区的区划大部分是商业用地,住宅的最高容积率为 3.44——相当于传统的中低层住宅单元。在区划提升后,住宅的容积率被提升到了 10——相当于办公楼的体量了。于是,根据布鲁克林区区长办公室的统计分析,布鲁克林中心区在 2004 年后新增了 1.1 万户住宅,[44] 变得高楼林立。今天走在布鲁克林中心区的大街上,到处都能看到起重机,新的项目还在不停地进入市场。

但是,不管是开发商申请单个地块的区划提升,还是政府对整个片区进行重新规划,在纽约,这些行为都是有条件的——区划提升必须伴随经济型住房的建设。

纽约在 2016 年通过了"强制包容性住宅"政策。这套政策规定,一旦一个地块的区划被提升了(即原本不能建住宅的地方改为可以建住宅,或是容积率提升),那么那块地上所盖的楼就必须提供占项目总户数 20%—30% 的经济型住房。美国许多其他大城市也有类似的政策,

布鲁克林最高楼德卡尔布大道 9 号大楼中包含 30% 的经济型住房

但纽约的要求是最高的；旧金山要求的比例为 12%—20%，波士顿和芝加哥则是 15% 和 10%，且后两者并非强制要求。在第 17 章介绍规划制度时提到，但凡开发项目需要改变一个地块或区域的区划，其都需要通过走严格的 ULURP 规划审批过程，在这个过程中，经济型住房的比例、价格区间和适用人口往往是居民、政府和开发商讨论的焦点。

那么，纽约的这套政策会打击开发商建房子的积极性吗？并不一定——布鲁克林中心新区这几年持续不断的新建潮就是证据。对于开发商来说，虽然占到公寓总数 20%—30% 的经济型住房的租金被政府卡住了，但是区划提升为项目带来的总体利润仍然是巨大的——在原本不能建住宅的地方盖公寓楼以及额外的容积率意味着大量的市场价住宅，这些市场价公寓所带来的高额利润可以弥补同一栋楼中的经济型住房的现金流漏洞。

通过强制包容性住宅政策，区划提升和住房福利合为了一体。正是因为新增市场价住宅带来的收益可以帮助补贴经济型住房带来的亏损，开发商才得以积极响应，造成超高层豪华大楼和经济型住房共存的局面。如今布鲁克林正在建设的全行政区内的最高楼德卡尔布大道 9 号正是区划提升后的产物。它高达 73 层，其中就包含 30% 的经济型住房。

融资

除了用免税政策和区划提升来换取开发商建经济型住房的热情以外，纽约市政府激励市场的手段还有第三种——给钱。

政府给钱的方式之一是给经济型住房开发商提供贷款。对于经济型住房比例高、受众群体工资极低的项目，如果之前提到的激励方法都不奏效，那么政府便会提供比普通商业银行贷款条件要优惠许多的政府贷款，直接帮助开发商降低项目融资的成本。

位于布朗克斯的 Lambert Houses 项目，所有用于出租的公寓单元均为专门提供给低收入以及极低收入人群的经济型住房。项目头两期的总造价高达 6 亿美元，其融资得益于纽约市住宅开发局和住宅开发署提供的专项贷款。

除了贷款以外，政府还通过发放"收入所得税抵免"的方式帮助开发商吸引股权投资。所得税抵免是一种由政府发给投资人的"优惠券"，通过资本市场和国税局联手来为住宅开发融资。正常来说，美国居民不管是通过打工也好，还是通过经营也好，只要赚钱了，就需要每年向联邦政府缴纳收入所得税。但对于那些持有"优惠券"的人来说，他们可以抵免那一年需要向政府缴纳的收入所得税，多留一些钱在自己的腰包。

那么这种"优惠券"又是怎样跟经济型住房联系上的呢？

原来，专门建经济型住房的开发商许多都是小公司。这些公司除了找贷款难，自身的现金也少，所以对于这些开发商来说，要想做成一个项目的关键就是要先找到股权投资。联邦政府为了帮助想建低收入住宅的开发商吸引股权投资人，每年会从政府的预算里拿出一笔钱作为税务"优惠券"，发给低收入住宅开发商。开发商则通过资本市场找到愿意为住宅项目进行投资的股权投资人，并将"优惠券"发给这些投资人作为他们为项目投资的回报。通常这种"优惠券"会有 10 年的有效期，投资人拿到"优惠券"后就可以在每年报税的时候抵免与"优惠券"面额相等的收入所得税——投资建房就可以少交税，少交税就等于多赚钱。这种专门吸引股权投资来建经济型住房的"优惠券"的正式名称叫作"低收入住宅收入所得税抵免"（Low Income Housing Tax Credit，简称 LIHTC），意思是为低收入住宅投资的人可以合法地抵免个人需缴纳的收入所得税。

由于联邦政府每年拿来做"优惠券"的资金有限，开发商需要彼此竞争来获取每年的 LIHTC 名额。接受申请、评选项目的责任则落在了州政府和市政府的身上。2020 年，纽约市住宅开发局给 7 个经济型住房项目（总计 583 户）发放了价值 70 万至 310 万美元不等的 LIHTC "优惠券"，帮助这些项目的开发商吸引市场投资。[45] 位于曼哈顿的 Broome Street Development 公司的项目中有 43% 的住宅是经济型住房，该项目 2020 年得到了价值 300 万美元的 LIHTC 帮助吸引投资。

不管是发放贷款也好，还是给 LIHTC "优惠券"帮助吸引股权投资人也好，政府通过金融手段，让无法赚钱的经济型住房项目变得在经济上可行。

经济型住房制度设计的本质

纽约的住宅危机十分严重,高房价、居民住房压力大是严重的公共政策与社会问题。除了前文提到的个人层面的负担之外,房价对社区和社会总体层面的影响也不容忽视。

随着房价的上涨,一些原低收入人群居住的社区逐渐被高收入人群占据并改造,造成了城市内部的人口置换现象。统计数据表明,在 2000 年至 2015 年期间,曼哈顿的东哈林区的黑人人口数下降了 6%,白人人口数几乎翻倍;布鲁克林的贝德福德－史岱文森区的黑人人口数下降了近 1/5,白人人口数则上升了 10 倍以上。[46] 不断攀升的房价,如果得不到控制,将可能杀死纽约引以为傲的多元文化。

面对严重的住宅问题,纽约的州政府和市政府拿出了多种政策,体现了不同的制度设计逻辑。

通过 421a 政策给开发商减免房地产税,其实相当于地方政府把未来的税收收入拿出来补贴现在的经济型住房建设。LIHTC"优惠券"的逻辑也是如此,只是掏腰包的一方从地方政府变成了联邦政府,税种从房地产税变成了收入所得税。至于纽约市政府直接给那些利润低的经济型住房开发商发放优惠贷款,用以支持住房政策,其资金来源则是政府发行的债券,相当于一种"开发性金融"。

相对于这些财政手段,规划部门用区划提升来换经济型住房的逻辑则有所不同。

把一个地块的容积率提升,不仅没有直接减少政府的税收,反而可能会增加来自该地块的未来税收。区划提升——不管是由开发商申请的也好,还是由政府对一整个片区进行重新规划的也好——其动因都是对该区域未来市场价值的看涨。这些地方以前无人问津,但由于种种原因,现在变得具有市场吸引力了,越来越多的人想要住在这里。市场需求的增长得要有供给的跟进,而供给的跟进则必须要有制度的保障,需要区划允许提高住宅容积率。

布鲁克林的郭瓦纳斯工业区将是纽约下一个地产蓬勃发展的社区

  区划提升是解锁一个地区土地价值的必要条件。举个例子，纽约市政府在 2021 年底正式通过了对位于布鲁克林的郭瓦纳斯运河区域的整体区划提升 ULURP 审批。郭瓦纳斯运河区在第 7 章中介绍过，是以工业用地和低密度住宅为主的社区，其独特的氛围吸引了不少小资群体、艺术家和年轻人聚集于此。政府对这片区域内的 82 个街块进行了整体的区划提升，之后该地段将可建高密度住宅；根据政府的分析，区划提升后的郭瓦纳斯社区可以在 2035 年前迎来 8500 个新的住宅单元，其中 35% 的住宅将是经济型住房。[47]

  如果说更高的住宅容积率帮助开发商和土地所有者创造了更高的土地价值，进而带动了该区域整体的经济活力，那么政府强制要求那些位于区划提升地段的开发项目提供一定比例的经济型住房，则相当于政府"收回"了一部分的新增价值作为公共福利——这是一种"涨价归公"的政策逻辑。

由于纽约没有可以指导全城开发建设方向的总体规划，所以如今每一块地的区划变更，都是一场政府、开发商和公众根据市场行情和政策方向而进行的谈判。如何掌握和分配谈判的筹码正是制度设计的关键。由于区划影响了土地价值的增长，所以对区划的控制，即政府能让开发商来用经济型住房交换价值提升的最强筹码。

　　但是，在这种博弈中，政府也并不总是毫无付出的。通过提高容积率来激励开发商建设经济型住房，这并不是政府的"空手套白狼"；相反，政府也得考虑政策的成本。首先，在421a的政策背景下，经济型住房能帮助开发商减免房地产税，这相当于直接把市政府最重要的财政收入来源给掏了个窟窿[①]。其次，虽然现行政策让纽约市政府通过区划提升换来了许多的经济型住房，但因为新增容积率会带来新增人口，所以这项政策也会让该区域的其他公共资源吃紧（教育、交通、公共空间等），需要额外的公共投资，为财政带来了又一层压力。那么对于政府来说，一个地区的建设发展和新增经济型住房的价值，对比同一地区公共资源面临的压力和所需的额外公共投资，孰轻孰重？在一些特定情况下，开发商是否会为了得到更高的容积率，而答应除了经济型住房之外，也在其他公共服务领域进行私人投资[②]？纽约最复杂、最具争议的规划和开发项目，往往是对这些资源权衡和多方博弈问题的富有创造性的解答。

---

① 关于房地产税的继续讨论，请见第22章。
② 第5章在介绍私人公园时，分析过开发商为了获得开发权而答应建设并运营额外的公共空间的案例。

地产开发

20. 建在铁轨上的新城：
哈德逊广场

在纽约曼哈顿西边靠近哈德逊河的地段，有一片巨大的铁路调车场。这片调车场与不远处的火车站相连，每天出入上千辆客车。然而，就在这片铁路调车场上，6座300多米高的巨塔直上云霄，围绕着中间的大型购物广场、公园空间和高达46米的蜂窝状阶梯地标，构成了整个纽约最新、最特殊的街区。

这个街区的名字叫作哈德逊广场，它是整个美国历史上体量最大的私人地产开发项目，目前建成的第一期项目占地面积6公顷，包含80万平方米的办公楼、19万平方米的住宅、10万平方米的商业、2万平方米的酒店以及2万平方米的文化中心。第二期占地面积5公顷，包含额外的58万平方米的新建大厦。[48] 当全部项目建设完成后，哈德逊广场的总建筑面积将是第11章提到的超大型私人住宅小区史岱文森镇的2倍，是当之无愧的纽约巨型社区。

也许正是因为如此大型的私有地产开发项目在这座城市甚至在全美国都绝无仅有，所以当人们来到哈德逊广场时，会仿佛感到自己并不是在纽约。

在哈德逊广场之外，这座城市的绝大部分房屋和街道是细碎的、拼贴式的——各具年代的建筑、五花八门的商铺以及密集的道路网格组成了纽约标志性的城市体验。然而在哈德逊广场里，巨大的新建筑用玻璃幕墙将其与周边老旧的城市肌理隔离开来。整个街区虽然是完全对外开放，但行人穿梭其中更像是在一个巨大的、与世隔绝的购物中心里漫游。

虽然哈德逊广场的空间体验是纽约普通街区的反面，但这个庞然大物的来龙去脉又是纽约城市规划和地产开发逻辑的最佳代表。其项目的发展史中尽是政府与资本之间的"探戈"——金钱、空间和政治扭曲在一起，淋漓尽致地呈现出了这座城市最有野心也最具争议的样子。

哈德逊广场建在铁轨之上

美国最大私人地产项目的开发流程

纽约的房地产市场是全美最庞大也是竞争最激烈的市场。这里什么资源都不缺，就缺尚未被开发过的土地。哈德逊广场总占地面积11公顷的建设用地曾是整个曼哈顿最后一块未被开发的处女地。[49] 事实上，在哈德逊广场建设之前，原场地整个都是露天的铁路调车场，周边区域也属于纽约西部工业区，荒无人烟。为了建设哈德逊广场，一个巨大的、造价10亿美元的平台被架在了铁轨上，将原本露天的铁路调车场变成了地下设施，并以这新的平台为基础，在全新的人造"土地"上规划建设崭新的建筑。

地产开发　299

哈德逊广场中心的蜂窝状阶梯地标吸引了无数游客

  最初提出计划在哈德逊铁路调车场上建设新街区的其实是纽约市政府。2004 年时，纽约曾经参与申请举办 2012 年的夏季奥运会，并以在调车场上建设新的体育馆为竞标方案——毕竟，曼哈顿也没有其他未被开发的大型地块可以用来建设新的奥运村。为了支持这一地块的发展，纽约市政府针对哈德逊调车场周边的整个占地面积将近 100 公顷的区域进行了全面区划提升，将原本以工业和基础设施为主的区划改为了高密度商业区。这次全面区划提升为该地注入了总量高达 223 万平方米的办公楼、1.35 万户住宅、9 万平方米的商业空间以及 19 万平方米的酒店的开发潜力[①]。[50] 时任纽约市长骄傲地

[①] 哈德逊广场第二期建设用地的区划原本是工业用地，并且未包括在 2005 年整个区域的规划调整的范围之内。之后直到 2009 年，二期用地才被正式调整为商业用地。

将这项新规划称作"纽约几十年来最重要的经济发展项目"。[51]

可是，就在新规划通过的几个月后，国际奥委会在 2005 年夏天宣布伦敦获得了奥运会的主办权。一盆冷水浇下来，纽约市政府虽然失去了举办奥运会的机会，但在这块重新规划过的区域内大兴土木的志向并未消减。奥运会馆既然不再是实际需求了，纽约市政府就和州政府联手让开发商提交在原铁路调车场上建设新街区的方案。[52] 于是，2007 年末，5 家国际大型开发商提交了标书，均与世界最知名的建筑规划公司以及商业合作伙伴联手，构思这块曼哈顿最后的处女地的未来。

哈德逊广场区域地图
黄色：哈德逊广场在原铁路调车场上建设的地产开发项目用地
蓝色：项目一期所包含的楼房，其体量远大于周边其他建筑物
橘黄色：政府针对哈德逊调车场及其周边区域进行的全面区划提升的范围
绿色：公园
紫色：地铁 7 号线

地产开发　301

哈德逊广场地铁站入口

然而，开发商投标热情高并不意味着万事大吉。哈德逊广场建设过程的核心，以及开发商之所以愿意出钱在这里建设新城的关键原因，是政府给予的一系列的激励条件和公共投资。

地铁建设

纽约市政府对哈德逊广场的投资项目众多，但其中最贵、最引人注目的项目就是新修地铁线路和地铁站了。哈德逊广场所在地原本处于曼哈顿的边缘地带，公共交通极其不便，所以并不适合作为新的商业中心。为了改变这种格局，政府提出计划，将原本终点站在中城的纽约地铁线路（7号线）向西延长2.4千米，并将终点站设在哈德逊广场。这样一来，哈德逊广场将摇身一变从人烟稀少之地成为地铁可达的商区。这项地铁

哈德逊广场地铁站内部

延长计划的总价最初估计为 21 亿美元，后来实际高达 24 亿美元。[53]

之前第 12 章曾介绍过，纽约地铁是由州政府而不是市政府掌管，负责修建和运营地铁系统的大都会交通署 MTA 背后的权力是集中在州政府手上的。所以，一般纽约在新建地铁时，是以州政府及其掌权的势力为主导——MTA 出资 80%，州政府再出资 15%，最后剩下的一小部分由市政府出资。然而，在哈德逊广场的地铁项目被提出后，MTA 和州政府都拒绝为此项目买单，因此为了建设哈德逊广场的地铁项目，市政府罕见地下血本付了全款。[54]

为了找到 20 多亿美元的资金来支持哈德逊广场地铁项目，纽约市献出了富有创意的融资政策——"税收增额融资制度"（Tax Increment Financing，简称"TIF"）。TIF 是一种将土地的价值"捕获"起来用于支持公共投资的方式：政府在城市中划定一个区域，将那个区域内地产的房地产税额度"冻结"起来，记录下其价值，之后土地和房子仍会随着城市的发展而继续增值，增值后的房地产税和之前"冻结"时的房地产税的差即为房地产税的"增额"，政府再把这个区域内的地产价值增

地产开发 303

额收集起来，并将这部分资金专门用于支付该区域内的公共项目。[55] TIF 的特点在于：一般情况下，一个区域内的房地产税被政府收上去之后会用于全市范围内的公共服务统筹，纳税人无法命令政府将其上交的钱花在自家门口；而在 TIF 机制下，捕获的税收增额被专门用于其所在的区域内——对于纳税人来说，TIF 帮助他们更好地掌控税收的用途；对于政府来说，TIF 可以让特定区域内的地产持有者为他们所使用的公共项目直接自行买单，理论上不用政府动用额外的财政资源。

TIF 政策经常被用在基础设施融资上。具体地来说，政府若计划在一个区域内新修基础设施，并采用发债的形式为项目融资，那么就可以在项目周边划定一个区域，通过 TIF 来筹得日后政府还款所需的资金；政府投资基础设施会让地产得到增值，因而在 TIF 机制下，增值的部分可以被"捕获"起来，精准地用于支付项目建设所产生的费用。用区域内因为基础设施而产生的额外地产价值来支付政府的债券融资，这实现了价值和融资的一套闭环。

纽约并不是 TIF 制度的首创者——这套机制其实自 20 世纪 50 年代起就在美国其他地方被提出并使用了。[56] 然而，纽约市为了推动哈德逊广场的基建投资，提出了美国史上最大的以 TIF 为逻辑的公共融资政策。[57] 具体地来说，纽约市政府划定了面积近 100 公顷的超大型区域，并且成立了名叫哈德逊广场基础设施公司的城市建设投资公司，允许该区域内的商业地产不需向纽约市政府支付房地产税，而是在协议期限内（通常是 35 年）向基础设施公司缴费以替代房地产税，这笔交给基础设施公司的费用，则将专门用于哈德逊广场内的基础设施投资。

哈德逊广场基础设施公司的成立，以及让开发商用专门费用替代房地产税的政策，帮纽约市政府筹得了大量的基建资金。2007 年，地铁 7 号线延伸项目动工。2015 年，新建成的哈德逊广场地铁站正式投入运营。

新公园

除了地铁之外，为了将哈德逊广场所在的区域打造成对市场具有吸引力的新兴社区，纽约市政府还投资建设了新的公共空间——哈德逊公园大道。哈德逊公园大道是

哈德逊广场内的市政公园

一片占地面积 1.6 公顷、从第 33 街跨至第 36 街的长条形公共空间,[58] 其造价不菲,是纽约史上最昂贵的公园之一,每平方米的建设投资高达 3 万美元——这是之前第 2 章介绍过的纽约网红景点高线公园的 3 倍以上。[59]

除了建设费之外,为了打造公园以及地铁站等公共设施,政府还需

地产开发 305

获得相应的土地产权。虽然哈德逊广场所在的区域之前相对荒凉，但公园大道所占用的地块在项目建设之前也曾有 40 多家住户以及 90 个商业主体为产权人，这些人的私人土地产权不得被侵犯。因此，政府为了挪出土地用于建设公共设施，需要向这些原土地所有者协商购置或采用国家征用权来进行强制征地。对于强制征地的业主，政府需要支付土地的市场价作为补偿。[60]

为了支持公园建设和土地收购，纽约市政府采用了和建设地铁相同的融资途径——通过哈德逊广场基础设施公司发债的形式为项目买单。根据基础设施公司的数据，用于公园建设和土地收购的债券总额高达 12 亿美元。

开发激励政策

对于哈德逊广场的开发商来说，建在新地标社区里的楼房层数越高才越有市场价值。为了鼓励以及促成超高层的建设，政府在哈德逊广场使用了两种开发激励政策。

首先，政府允许开发商通过直接付费来换取额外的建设额度。根据该地的区划，一般住宅建筑的容积率不得超过 6.5，商业建筑的容积率不得超过 10。但如果开发商向哈德逊广场基础设施公司支付一定金额的费用，那么开发商就可以提高项目的容积率，且这套提高容积率的行为属于既有合规开发，不需要由政府部门和公众再进行额外的规划审批，免去了规划审批过程中的政治风险——这相当于给了开发商用钱来解决政治问题的便捷通道。开发商支付的费用越多，换得的额外容积率就越多。付费的金额每年根据消费行情调控，明码标价，2017 年时的价格为每 1 平方米 1300 美元，即开发商只需向基础设施公司支付 13 万美元，就可以获得多建设一套 100 平方米的住宅的法定容积率。[61]

通过开发商付费来换取额外的建设额度，区域内整体的容积率和开发规模增加了。除了这种方式之外，政府还有一种方法不需要增加区域总容积率，但仍能使得开发商建设比其所拥有的地块原本允许的容积率要高的建筑——这种方法就是之前第 18 章介绍的开发权转移机制。在区划允许的范围内，哈德逊广场一期所在的土地上仍有大量未被使用的开发权，这些未被使用的开发权可以建造面积达 42 万平方米的房屋总量，相当于哈德逊广场一期内全部办公楼体量的一半。这些未被使用的开发权的所有者是哈德逊广场前身（铁路调车场）的主人——大都会交通署 MTA。于是，纽约市政府向 MTA 支付了 2 亿美元，换来了这些未使用开发面积的出售权，然后再将这些规划范围内允许的容积率出售给区域内其他地块的开发商，[62] 进一步盘活了哈德逊广场周边的地产市场。

政府助力下的绿卡融资

哈德逊广场的开发商除了向银行贷款以及使用自己的资本之外，还从美国政府的投资移民（EB-5）项目中融资了 12 亿美元。[63]

美国投资移民政策的基本框架是：外国公民通过向美国进行投资，帮助创造新的就业岗位，换取移民美国的绿卡身份。美国政府设立投资移民的政治经济逻辑是要让外国移民为美国的扶贫和经济发展项目（包括房地产项目）注入利率低、周期长的廉价资本；换句话说，美国通过外国移民申请者的钱，在市场不看好的本国贫困地区发展经济，这相当于一种"开发性金融"。根据本书写作时的美国政策，符合移民条件的外国人如果对项目投资达到 100 万美元，就可以获得绿卡；如果投资项目的所在地位于贫困的目标就业区的话，那么获得绿卡的投资门槛可以被降至 50 万美元。目标就业区是由失业率定义的，这些地方主要包括农村和一些经济发展滞后的城市地区。

为了能让哈德逊广场满足接受大量投资移民资金的条件，开发商和纽约市政府用极具创造力的方法，把这个项目的所在地变成了"贫困地区"。

在美国移民局的规定中，一个目标就业区如果要接受投资移民的资金，其失业率就得是全国平均失业率的 1.5 倍或更高。然而，当联邦政府制定此项政策时，国会并没有规定目标就业区的地理边界到底应该怎么画。

绘制边界的权力在州政府手上。[64] 纽约州政府在制定目标就业区边界时，则展现了超强的"创意"。根据纽约州的法律，州政府有权将无限数量的人口

哈德逊广场所在的目标就业区（橙色线框）包括了位于中央公园
北部的极度贫困、高失业率的社区

普查区拼起来变成一个大区，用一些包含在地图里的低收入社区来拉低大区的平均失业率。纽约州政府为了能让哈德逊广场的开发商使用大量的投资移民资金，操纵了目标就业区的划定，制定出了形状奇异的哈德逊广场目标就业区。这个区域从哈德逊广场所位于的曼哈顿西城区一直延伸到了整个中央公园，并一路向北，最终包含了曼哈顿顶端的哈林区。哈林区少数族裔占总人口的90%，失业率高达市平均值的2倍；正是这超高的失业率，使得整个大区的平均失业率能够显得很高——哪怕它内部的其他地区并不贫困。[65]

州政府利用行政权力来左右投资移民政策的适用程度，这虽然不是政府对哈德逊广场建设的直接投资，但该政策上的倾斜也是一种政府投入。通过对政策的把控，州政府使开发商更易获得绿卡申请者带来的私人资本，这正是政府作为游戏规则制定者在市场中所起到的主导作用。

政府的投入到底值不值得

哈德逊广场是美国史上最昂贵的私人地产开发项目，造价 250 亿美元，开发商 Related Companies 和 Oxford Properties 的投入巨大。但纵观整个项目的全貌，政府在促成哈德逊广场顺利建设中起到的作用也至关重要。

纽约市政府在一期项目建设中投入的基础设施和产权交易高达 35 亿美元——作为对比，市政府计划在 2022 年至 2026 年用于全市范围内修建公园的总投资金额也才 43 亿美元[①]。[66] 这 35 亿美元被用于修建哈德逊广场地铁、公园以及购置额外的用于激励开发商的开发权；至于其他诸如修改规划以及州政府通过制定特殊的目标就业区边界来帮助开发商获得绿卡融资的操作，虽然不涉及直接的金钱交易，但也需要相应的政府机构和官员为此付出可观的政治成本。

政府对哈德逊广场项目的投入	
政府投入	金钱成本
调整区域规划	–
修建新地铁	21 亿美元
公园一期修建和土地收购	12 亿美元
大都会交通署开发权协议	2 亿美元
制定目标就业区边界帮助开发商使用绿卡融资	–
总计	35 亿美元[67]

在纽约市政府的眼中，着力支持哈德逊广场既是一项必要的政策，又是一笔合算的生意。政府在规划哈德逊广场时的前期调研中发现：曼哈顿传统的办公中心（中城和金融城）正在逐步失去市场份额，所以如果纽约不采取措施供应新的高质量办公地产的话，那么曼哈顿将可能缺乏对高端公司的吸引力，并在全国乃至全球的商业市场竞争中逐步丧失优势。哈德逊广场所在的地段面积广大，且离中城较近，是纽约加大办公楼市场开发的首选地带。[68] 基于这项研究，纽约市政府认为对哈德逊广场进行投资是一项势在必行、帮助保住纽约经济地位的重要政策。

---

① 更多关于政府建设性项目预算的分析，请见第 4 章。

同时，咨询师的经济模型显示，哈德逊广场在建设和运营期间会产生巨大的经济效益。根据一期项目竣工前的估算，哈德逊广场的 250 亿美元投资可以在项目建设期间创造近 10 个份就业岗位；项目建成后，哈德逊广场将创造 12 万个就业岗位，为纽约市贡献 2.5% 的 GDP 份额，并且每年为纽约市贡献 4.8 亿美元的税收收入。[69]

然而，政府支持哈德逊广场的理由并未说服所有人。对哈德逊广场持批评态度的人通过研究发现：虽然哈德逊广场声称可以促进纽约的经济增长，但其办公楼里的公司中有 90% 的企业都是从纽约其他区域搬来的，因此哈德逊广场实际上是在和纽约其他办公地段"抢生意"，而并未为纽约市的经济发展创造新的增长点。[70]

事实上，许多纽约的公司之所以趋之若鹜地奔向哈德逊广场，除了因为其崭新的办公空间和基础设施以外，还因为政府对哈德逊广场的开发商提供了额外的金钱投入。

之前在分析哈德逊广场地铁融资时提到：纽约市政府允许哈德逊广场所在区域内的商业地产不需向市政府支付房地产税，而是向哈德逊广场基础设施公司缴费来替代房地产税。纽约市政府在制定这项政策时，为了鼓励地产商缴费来帮助政府为基建融资，还推出了一系列的财政激励，包括 20 年内高达 6 折的费率优惠（这相当于原本每年需缴纳 10 万美元房地产税的地产商，可在协议期间每年只缴纳 6 万美元的费用）。根据政府公布的数据，哈德逊广场内的 7 栋新建办公楼在 25 年内累积的税收优惠高达 10 亿美元——换句话说，政府为了吸引开发商来哈德逊广场建办公楼，甘愿放弃了 10 亿美元的税收收入[71]——10 亿美元，相当于纽约市老年局每年预算的 2 倍。

除此之外，纽约市政府还直接出钱帮哈德逊广场基础设施公司还债。虽然前文提到，TIF 机制的核心是让地产的增值来为区域内的公共服务直接买单，且哈德逊广场基础设施公司确实是计划通过地产商缴纳的费用来支付基建投资产生的债务以及利息，但是，基建和地产建设遵循不同的时间线——在商业地产建设完成之前，基础设施公司无法从开发商手中收费，然而债务和利息却每年都需要按规定偿还。为此，纽约市政府在成立哈德逊广场基础设施公司时附加了额外的承诺：同意在地产商缴费达到预期水平之前，用政府的财政收入来帮助基础设施公司偿还项目融资产生的利息。市政府的这项承诺对哈德逊广场的基建融资至关重

哈德逊广场内的公共空间

要，因为这相当于政府担保了基础设施公司的偿还能力，帮助其贷款获得了高级别的信用评级。[72] 可是，这项政策增加了市政府自己的风险，尤其是当地产开发速度缓慢以及建设造价超出预期的时候，政府需要帮助填补的资金空缺就会变大——2008 年的金融危机，就导致了许多商业地产开发的延期。政府原本预计在 2007 年至 2015 年之间需要提供的利息支付补助金额为 740 万美元，但由于现实的发展状况，纽约市政府最终在这项支出中投入了 3.6 亿美元[73]——这相当于纽约财政局全年的部门预算。

纽约为开发商提供税务优惠，并动用政府资金为基建项目直接买单——但这还不是全部。政府还为哈德逊广场直接投资建设了新的公共设施。哈德逊广

哈德逊广场内的高端办公楼和住宅

场作为新的纽约社区，不能只有开发商建设的办公楼和住宅，新的人员注入意味着这个地段需要有新的教育和文化设施。为此，政府投资建设了一所新的学校和文化中心，造价合计 1.8 亿美元。[74]

私人资本与公共投资

《纽约时报》建筑评论家在报道哈德逊广场时说：纽约的政治和地产像极了《罗生门》；对于像哈德逊广场这般昂贵、复杂的项目，任何评判都取决于你的视角①。[75]

---

① 英文原文为 "New York politics and real estate are notoriously akin to 'Rashomon.' Any verdict on an undertaking as costly and complex as Hudson Yards depends on one's perspective."。

在这个全美国历史上最大的地产开发项目中，公共和私人之间的关系不断地被糅合和转变。一个人对这个项目的看法，取决于他对这座城市中"公共目的"的理解。

虽然哈德逊广场是主要由私人地产商开发建设的项目，但纽约市政府在其中起到的作用至关重要，除了一开始的区划提升为整个项目的产生提供了先决条件，政府还在项目的基础设施建设、开发体量、地产融资、税务优惠等各个方面倾尽全力。尽管开发商和政府都对外宣称哈德逊广场的开发是一项"自力更生"的买卖，但政府在促成项目的发展中投入了大量的政治以及财政资源。这个美国史上最大的私人地产项目，到头来还是离不开公家给予的补助。

可是，政府虽然对哈德逊广场的建设提供了大量的投入和补助，但并未以此为理由对开发商的规划提出足够的约束，换取更多的公共利益。这座纽约最新的大型社区确实不设围墙，人们也的确可以自由穿行。但是，无论是街道的设计、楼房的体量还是公共空间的布局，这座"城中城"都给人一种无法亲近、与城市整体格格不入的体验。相反，这是开发商主导的"聚宝盆"，是全球富豪投资、商业精英呼风唤雨的场所——项目中的公共空间，令人感到的是私人掌控的压抑感。

哈德逊广场的批评者认为：政府不应该就这样将曼哈顿如此难得的"造城"机会拱手让给开发商，让私人资本的力量主宰一个崭新社区的规划、设计和建设。但或许，这一切正是纽约的本意——在以经济发展为工作重心的纽约市政府眼中，促进私人企业发展、吸引资本积累就是最正当的目的，而且为了达成这个目的，政府可以动用公共资源。所谓的对公众的关怀以及城市体验对每个个体的影响，或许本就不是政府制定政策的最终目的。

也许，在纽约，在这座诞生了像哈德逊广场这样野心勃勃的项目的城市，公共目的就是私人发展。

21. 还没开始就惨淡收场的超大型规划：亚马逊新总部计划

在 2018 年至 2019 年间，纽约的地产界和科技界发生了两件大事。

首先，在 2018 年末，纽约州政府、纽约市政府以及全球科技界的巨头——市值排名全美第四、总部位于西雅图的亚马逊集团——宣布将在纽约建设公司的全球第二总部。消息一出，马上成为全国的焦点。

然而，就在短短的几个月后的 2019 年的情人节时，亚马逊宣布撤销在纽约建总部的计划，再次制造了一个大新闻。

亚马逊从宣布建设新总部到和纽约"分手"的整个过程一直充满了戏剧性。

当初，在亚马逊放出消息要在全国范围内寻找第二总部的地址时，曾经吸引 200 多个城市在这场为期 1 年、宛如"选妃"大赛的投标过程中争奇斗艳。后来，亚马逊将橄榄枝抛向了纽约市皇后区的新兴社区——长岛市，承诺将带去 2.5 万个高薪工作岗位，这是纽约市招商引资的巨大胜利。当时，许多人表示这个结果一点也不稀奇——毕竟纽约作为全美最大的超级城市，对企业的吸引力显而易见，并且亚马逊的当时的总裁也早在纽约买了房。但很多人并不完全理解的是：纽约既然已是"王者"（纽约州的别称是"Empire State"），为何也要和其他城市一起参与这场"选妃"大赛？纽约这个经济总量高达 1 万亿美元的庞大经济体真的缺个亚马逊么？为了吸引亚马逊，纽约的政府到底给出了怎样幅度的优惠政策？后来，又是因为怎样的争议，导致亚马逊和纽约不得不在短短的数个月内就宣布"分手"了呢？

一场别开生面的竞标大赛

早在 2017 年 9 月，亚马逊官方就向全国宣布了要建立新总部的消息，邀请各地政府和经济发展组织来竞争。238 个城市相继响应，有的减税，有的送地，纷纷给出了各色各样的优惠政策。不少地方政府的创意十分独特：佐治亚州亚特兰大周边的一个小镇同意圈出一块地让亚马逊自己建立一座叫作"亚马逊"的城市，密苏里州堪萨斯市的市长亲自从亚马逊上购买了 1000 件商品，并全部给出 5 星好评以示诚意（并在每条评论中都安插了自己城市的宣传语）。

几个月后，亚马逊在 2018 年 1 月宣布：北美一共有 20 个城市进入决赛。在最终轮的比拼中，亚马逊要求这 20 名决赛选手提交更为详细的竞标方案，除了列举各自政府的优惠政策细则外，还要提供大量数据，包括当地的人力资源、教育资源、房地产信息等，供亚马逊参考。

在美国，这种地方政府争相"抢夺"大型企业进驻的现象并不罕见。随着运输和通讯技术的发展，越来越多的企业变得"自由"，可以考虑以往不可能选择的新办公或办厂地点。许多地方政府会设立各自的工业发展署或经济发展署，专门负责招商引资，为四处物色合适地点的企业提供信息和优惠条件。

最终，在 2018 年 11 月，通过多轮角逐，亚马逊宣布将在纽约市皇后区的长岛市和华盛顿周边的水晶城建立两个新总部，每个总部都各提供 2.5 万个新的工作岗位。

亚马逊的城市经济学

亚马逊财力雄厚、人员众多，是一个典型的巨型公司。在经济学中，巨型公司的作用绝不仅仅是给一座城市提供大量的税收和工作岗位那么简单。通过产业聚集效应（agglomeration），巨型公司会对所在城市的其他公司产生影响，进而从整体上促进当地的经济活力和收入水平，甚至改变一座城市的产业结构。

历史上巨型公司举办的"选妃"大赛不计其数。举个例子：早在 20 世纪 90 年代初期，宝马公司发布了要建新厂的消息，全世界 250 个城市争相对这个汽车巨头献出了橄榄枝。宝马的竞标过程和亚马逊一样扣人心弦：其候选城市从一开始的 250 个被逐步筛选到 20 个，并在半年后变成两个美国城市的终极对决。最终，南卡罗来纳州的一个小城胜出，其命运也从此改写——现在，这座小城拥有全球最大的宝马汽车工厂，宝马毫无疑问成为当地乃至整个区域内绝对的经济支柱。

有一群来自麻省理工学院、哈佛大学和加州大学伯克利分校的经济学家就专门研究过巨型公司的选址过程及其经济效应。[76] 通过收集美国境内各种大公司选址的历史数据，经济学家量化分析了大公司对城市整体经济的影响。研究表明，巨型公司的入驻，可以使当地其他公司的平均经济实力在 5 年内进步 12%[①]。这是一种强大的溢出效应（spillover），相当于巨型公司给全市的各个企业都补了一剂福利。随着巨型公司对其他企业的促进影响，更多的企业家会嗅到商机，进而被吸引到这个地方来。这在宏观层面上，会表现为这个城市的整体经济活力提升。

但是，溢出效应的强弱和其他公司的种类也有关。因为巨型公司对其他公司的溢出效应主要是通过劳工市场效率和技术进步这两个渠道产生的，所以越是和巨型公司关系密切的公司，其经济实力的提升就越大。经济学家的分析显示：如果一家公司和巨型公司之间存在频繁人员流动的潜质，那么它就能更有效地雇到技术过硬且符合自己公司需求的员工，这样一来，这家公司的生产效率会进步神速。如果一家公司和巨型公司使用相似的生产方式和研发技术，该企业的实力增幅也会大于同城的其他企业。有时候，相同领域的员工下班后在酒吧一起喝个小酒聊聊天，就能促进企业间技术层面的交流、进步和创新。

说到底，巨型公司的同行企业将获得比当地其他行业更高的经济实力提升。这样一来，该城的巨型公司同行企业会越来越多，而其他行业的占比会相对缩小；从宏观的角度来看，整个城市的产业结构将发生改变，向巨型公司所代表的行业转型。

所以，这场比赛中选手们真正看中的，并不只是一家公司承诺的直接好处，而是巨型公司能带来的产业集聚效应以及产业转型动力。

在纽约，亚马逊的落户会给城里其他的科技公司打上一剂强心针。虽然非科技行业（如餐饮）也会享受整体经济活力提升的果实，但亚马

---

① 本文的"经济实力"即全要素生产率（total factor productivity），指不包括资本、劳动力等外来输入，其他所有影响产出的要素——即一个经济体本身实力的进步。打个比方，当人力物力本身不变时，知识、教育、技术培训、规模经济、组织管理等方面的改善都可以提供额外的经济实力进步。

逊的同行企业将通过劳工市场、技术进步等渠道获得更大幅度的经济实力提升和企业净利润增长——从长远的角度来看，越来越多的"码农"企业家可能会被吸引到纽约，并且留在这座城市。因此，纽约的科技公司比例将得到提升，甚至可能会从以金融和服务业为主的行业结构逐步转型成以科技为主，改变纽约的产业结构，达成对整座城市经济的"基因编辑"。

作为美国最大的城市，纽约其实并不缺少工作岗位和财政收入。它之所以如此热切地欢迎亚马逊，是希望借助其溢出效应，加速科技产业在纽约的聚集，并在未来吸引更多的科技公司和创业者，成为美国乃至世界的"科技新中心"。纽约这座传统的金融中心，非常清楚产业结构单一的风险，因此以亚马逊这个"巨无霸"为支点打造更强的科技产业集群，实在是一步妙棋。

纽约付出的代价

为了吸引亚马逊来开发建设新总部，纽约放下了"王者"姿态，转而提供了丰厚的礼金。政府在这次竞赛中使出了浑身解数，献上了长达157页的标书，图文并茂地把自己的各种好处夸了个遍，并给出了纽约市内4个价值连城、各具特色的黄金地段作为亚马逊新总部的备选地。除了最终"中奖"的位于皇后区的长岛市以外，纽约市提供的街区方案还包括中城西区和曼哈顿下城，以及布鲁克林的科技三角区，任由亚马逊挑选。

但仅仅是"自吹自擂"还是不够的。在此次大赛中，纽约州政府和市政府还联手拿出了极为丰厚的奖励金作为实质性的引诱条件。根据纽约州政府、纽约市政府、纽约市经济发展署和亚马逊共同签订的合作协议，如果亚马逊落户纽约，政府将提供：

· 12亿美元的纽约州"Excelsior"减税政策用于补贴员工的工资税。

纽约为亚马逊准备的 4 个
总部候选地
A 长岛市
B 中城西区
C 曼哈顿下城
D 科技三角区

这项补贴来自州政府，包括对亚马逊员工工资 6.85% 的补助，前提是亚马逊在未来 10 年内如约提供 2.5 万个工作岗位。

· 3.25 亿美元的建设补贴用于建设新总部。如果亚马逊能超过原定的目标提供 4 万个工作岗位的话，那么州政府的建设补贴将相应地达到 5 亿美元。

· 每年 1000 万美元投资用于科技岗位培训。州政府、市政府各出 500 万美元，亚马逊自己额外提供 500 万美元，用于培训高科技岗位所需的劳动力。

· 亚马逊可申请纽约市政府提供的价值 9 亿美元的搬家补助和 3 亿美元的工商税务减免。

· "减免"新总部的房地产税。根据协议，亚马逊不用向市政府全额缴纳新总部的房地产税；其将把原本每年要交的税金，一半给纽约作为市政府的一般性公共预算，另一半作为基建基金，用来专门建设和新

亚马逊纽约总部原规划建设用地现状

总部有关的基础设施。

不过,纽约给的不仅仅是钱。政府给予亚马逊最诱人的优惠,在于其承诺对新总部的建设使出罕见的土地开发模式,免除了该项目开发本会涉及的规划审批程序——而这,也正是亚马逊最终面临巨大争议然后不得不决定退出的原因。

城市规划说到底是一种调控城市空间发展的政策和法律工具。纽约是一座世界级超级大都会,有着高度繁荣的房地产市场和独特的制度设计。如第 17 章分析的,作为一座不断自我更新的城市,纽约市的法律允许人们超出现有的区划做地块开发,如增大容积率,或在工业用地上建设住宅等——但前提是这些申请要走严格的 ULURP 规划审批程序,包括在社区委员会做公告,以及通过规划局和市议会的审查和投票许可。哪怕市政府自己是开发项目的主体,只要开发超出了原有区划所允许的

地产开发　319

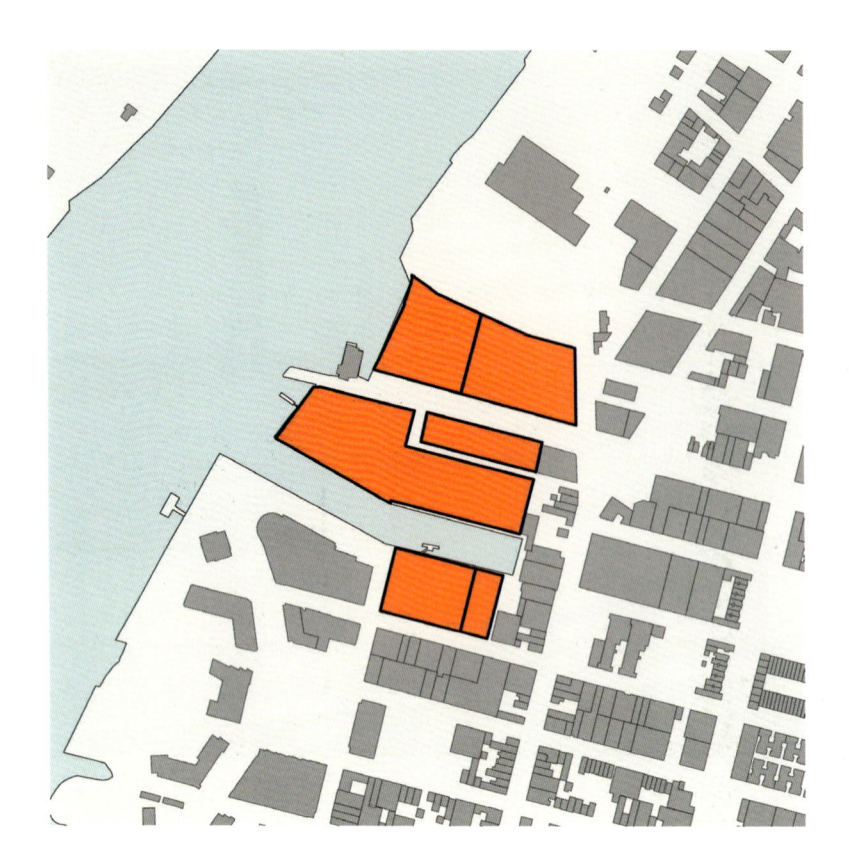

亚马逊纽约总部原规划建设用地

范围，那么项目也不能绕过规划法律的制约。

在纽约的 ULURP 规划审批过程中，起决定作用的机构是纽约市议会。让最能直接代表各区市民的立法机构来把控城市发展中的重大决策，代表了民意监督在城市规划中的重要性。

然而，在纽约和亚马逊的这次交易中，州政府将直接出面掌管亚马逊圈中的土地，并决定州政府在新总部的开发过程中有权无视市议会的审核和监管，剥夺了纽约市民和议会对开发过程的监督和决策权。

在美国，监管城市规划和开发建设是由州政府允许市级政府执行的职责和权力，州政府"越界"来主动涉及城市建设的案例存在，但并不特别常见。[77] 在纽约市内，州政府跳过市政府的监管来主导项目开发的例子仅在非常重要的大型项目中出现过，且往往和公共福利直接相关，如时代广场的改造和第 1 章介绍的布鲁克林大桥公园的建设。

从法理上来说，州政府在主导开发建设时是否有权无视甚至否决市政府的规定，其实是一个复杂的问题。在 1973 年的"弗洛伊德 vs 纽约州发展署"（Floyd vs NYS Development Corporation）一案中，州法院的终审判定是纽约州政府确实有权撤销市政府的规划法律。法院判定：州宪法允许州政府在主导城市开发建设时只需要遵守州政府的法律，如州制定的环境审批法、建筑规章等。这就产生了一个尴尬的矛盾：在美国绝大部分地方，具体的空间规划——尤其是约束土地利用的区划法规——这件事情本身只由市级政府管；所以如果说州政府只需遵守州法律的话，就相当于州政府不需要受到土地利用规划的制约——毕竟纽约州政府除了环境和建筑方面的法规之外没有从州层面控制土地利用的制度。对于州政府主导的规划项目来说，这种法律既然不存在，也当然谈不上什么遵守。

无论如何，州政府绕过市政府规划法来主导亚马逊的新总部开发建设——这是一种以往政府会在公共项目上使用的方式，表明了纽约市政府将亚马逊视为一种公家利益的立场。但亚马逊本身是一家以赚钱为目的的私人企业，其总部建设不是纯正的公共福利项目。于是，新闻一出，纽约市的舆论就掀起了轩然大波。来自皇后区的国会议员和市议员立刻在社交网络和媒体上发表言论，炮轰此项决议，并带领民众走上街头抗议，认为州长、市长和亚马逊之间的交易不够透明。[78] 人们带着亚马逊公司的快递包裹盒，将上面的微笑符号改为了愁眉苦脸的样子，以示不满。市议会也相继召开听证会，用将近 3 小时的尖锐质询作为给亚马逊的"欢迎仪式"。

不少群众之所以对亚马逊落户纽约感到不安，是担心这 2.5 万个高收入岗位在进驻纽约后，会进一步推高长岛市乃至整个纽约的房价，且使得公共设施更加不堪重负（地铁、学校等）。对于很多普通居民来说，纽约的高科技经济转型似乎会加大居民收入的不平等，弊大于利。而这些问题的探讨，正是纽约市规划法中 ULURP 规划审批的初衷——对于城市发展中的大动作，社区、专家以及最终代表民意的市议会需要认真讨论、权衡利益后再做出表决。州政府主导的开发机制则免去了 ULURP 规划审批，剥夺了当地人民参与决策的权利。

"基因编辑"一座城市的双重悲哀

城市由高度复杂的空间、文化和社会构成。但不管它多么复杂，一座城市从"出生"到"成熟"所遵循的生长逻辑，是其经济结构。亚马逊入驻纽约，说到底，是一场政府主动追求的对城市经济的"基因编辑"——目的是对其自身经济结构的再创造。亚马逊的新总部如果建成，通过劳工和科技的溢出效应，将加强纽约全城的经济活力，尤其是加速科技企业在纽约的聚集，改变城市的产业结构。

但是，为了将亚马逊这个"强基因"植入纽约的城市基因序列，政府给出了巨大的让步——根据计算，纽约这次给出的奖励金额度是这场竞赛的另外一名获胜选手给出的条件的 2 倍，[79] 而这些政策优惠最终都是要由纳税人买单的。

虽然纽约的居民从总体上来说会是经济发展的受益者，但是因为政府和亚马逊的交易过程缺乏透明性，纽约人也确实被剥夺了决定是否需要以及如何执行这次"基因编辑"的权利。在这种环境下，越来越多质疑的声音浮现了出来：亚马逊真的会履行诺言，给整个城市带来巨大的经济增长力吗？如果亚马逊一开始就是看中了纽约本身的资源和吸引力才选择落户，那么纽约是否真的有必要用纳税人的钱来争夺亚马逊呢？亚马逊的选址过程是否在"空手套白狼"？如果纽约有钱给亚马逊提供优惠政策，那么政府为什么不用那些钱去改善其他市政服务呢？将亚马逊的房地产税减免，相当于丧失了一笔可以用于改善市政服务的政府收入，这值得吗？亚马逊通过签订保密协议的方式，使其与政府的谈判过程在结果公布之前不受公众监督，这究竟合理吗？免除 ULURP 规划审批的过程，让市民和市议会无权对项目的开发进行监督和表决，这符合纽约的精神吗?

最终,争议的声音太大,这对政府和大型企业来说都是非常负面的影响。于是,亚马逊在 2019 年 2 月 14 日发表声明:"在经过仔细考虑后,我们决定不再在皇后区长岛市建设第二总部。对亚马逊来说,建设第二总部需要州和地方政府民选官员的积极态度和长期支持。虽然民调显示 70% 的纽约市民支持我们的计划,但是一部分州和地方政府民选官员明确表示了他们不会和亚马逊合作①。"[80]

此次亚马逊和纽约之间这戏剧化的一段故事,让人不得不再次审视当下各地政府和私人企业之间的关系。纽约这回给亚马逊的政府补贴虽大,但它在美国城市经济发展的历史上也只排到了第五名而已。排名第一的是波音公司 2013 年从华盛顿州拿到的巨额礼包,其中包括价值 87 亿美元的激励性政策。榜单上亮眼的交易还包括富士康 2017 年在威斯康星州拿到的巨额补贴,共计 58 亿美元。[81] 随着现代经济中巨型企业的不断增长,它们在和政府谈判中的优势会越来越大。[82]

从经济上来说,企业在政府面前如此有地位,这是因为前文所述的集聚效应会使大企业有能力改变一个城市的经济基因——这种效应对谋求经济发展的地方政府来说具有极大的吸引力。从政治上来说,大企业代表的特殊利益集团(special interest group)有着充足的资源和游说能力,它们常常可以直接在立法和行政层面影响政府的决策。在亚马逊的例子中,它除了有以上提到的两个因素之外,还在此次选址过程中收集到了北美各大城市的详细数据,这势必将让亚马逊在未来的布局和与政府的谈判中占有更强的优势。

大公司对城市的方方面面知根知底,而市民却因为政商谈判的保密协议被蒙在了鼓里。这样一来,手里握着成千上万张选票的市民,却在

---

① 英文原文为 "After much thought and deliberation, we've decided not to move forward with our plans to build a headquarters for Amazon in Long Island City, Queens. For Amazon, the commitment to build a new headquarters requires positive, collaborative relationships with state and local elected officials who will be supportive over the long-term. While polls show that 70% of New Yorkers support our plans and investment, a number of state and local politicians have made it clear that they oppose our presence and will not work with us to build the type of relationships that are required to go forward with the project we and many others envisioned in Long Island City."。

重要议题的决策上往往还是抵不过会议室里和谈判桌上的少数几个政府要员和企业权贵。这是市民的悲哀。

但是，当市民的声音通过民选官员、媒体等渠道被放大，也可能会对企业和政府高层的决策产生不小压力，甚至衍化成激烈的对抗，使得各方之间没有任何谈话和协作的余地。亚马逊纽约计划的崩溃，是草根政治的胜利，但纽约也因此错失了难得一见的大规模发展科技行业的机会，这是否也是这座城市的悲哀？

延伸讨论：

全球各地的政府，只要其工作重心包括发展地方经济，就离不开招商引资。招商引资的重点是吸引来自本地以外的资金和企业入驻，从而增加当地的居民就业、社会和政府财富，以及长期经济活力。

上海交通大学的陆铭教授在分析中国城市政策时讨论了中国政府招商引资的现状和影响。从一方面来说，吸引外部投资帮助了不少地方发展起自身的经济；但从另一方面来说，在一些地方，当地的人口城市化进程以及服务业都还未赶上工业化的速度，于是城市重点吸引大体量、资本密集化的企业——尤其是工业和制造业——可能会导致效率低、产能过剩和环境污染问题。[83]

说到底，招商引资是一个资源配置的问题。对于企业，它们需要决定在哪里投资办厂可以提高自身的利润率和竞争力。对于政府来说，政策的重点除了决定当地要吸引怎样的企业以外，还包括决定应把怎样的资源拿到桌面上来作为其对资本的诱饵。在中国，地方政府采取的政策往往包括税务优惠——这和前文分析亚马逊选址时提到的手段是类似的。不过除了税务优惠之外，对于国内用地指标宽裕的政府来说，地方还会采用在工业园区内给予几乎"零地价"以及配赠商业地产开发权的方式来吸引企业入驻。可是，由于一些地方的区位条件不占优势，那里的政府吸引企业入驻的情况并不理想，并造成当地工业园区遍地开花却集体闲置的现象。[84]

土地是城市中最重要的资源之一。在中国城市土地国有制的制度框架下，地方政府拥有对土地利用的垄断权力，因而得以借助建设工业园区、"零地价"、配赠开发权的方式来招商引资。在美国，涉及土地利用问题的制度基础是私有制，因而政府在涉及招商引资方面的规划和开发动作上，能操作的空间有限。纽约亚马逊总部计划是一个政府控制土地规划的特例，其经验表明：政府在主导规划和开发时，如果步子迈得太大，则会栽跟头。如第17章介绍规划制度时所阐述的，在纽约，更改土地用途和城市规划属于立法行为，需要由最能代表民意的立法部门来做决定。所以，在亚马逊的例子里，当纽约市政府行政部门想要越过市民和市议会，利用大型规划推动招商引资时，市民的反应是异常的愤怒和激烈的冲突。哪怕州政府越过市政府的操作在技术层面可能是合法的，但这种将决定城市土地用途和开发过程的权力从市民手中剥夺的发展模式，在当地的规划制度和文化中，是无法落地的。

当中国更多城市进入存量发展阶段后，土地利用变更和规划开发的复杂性将增大，其可能导致的争议也会变多。政府和企业在追求更高的经济增长目的时，或许可以从纽约亚马逊总部的失败案例中得到一些警示，提前预估和化解风险。

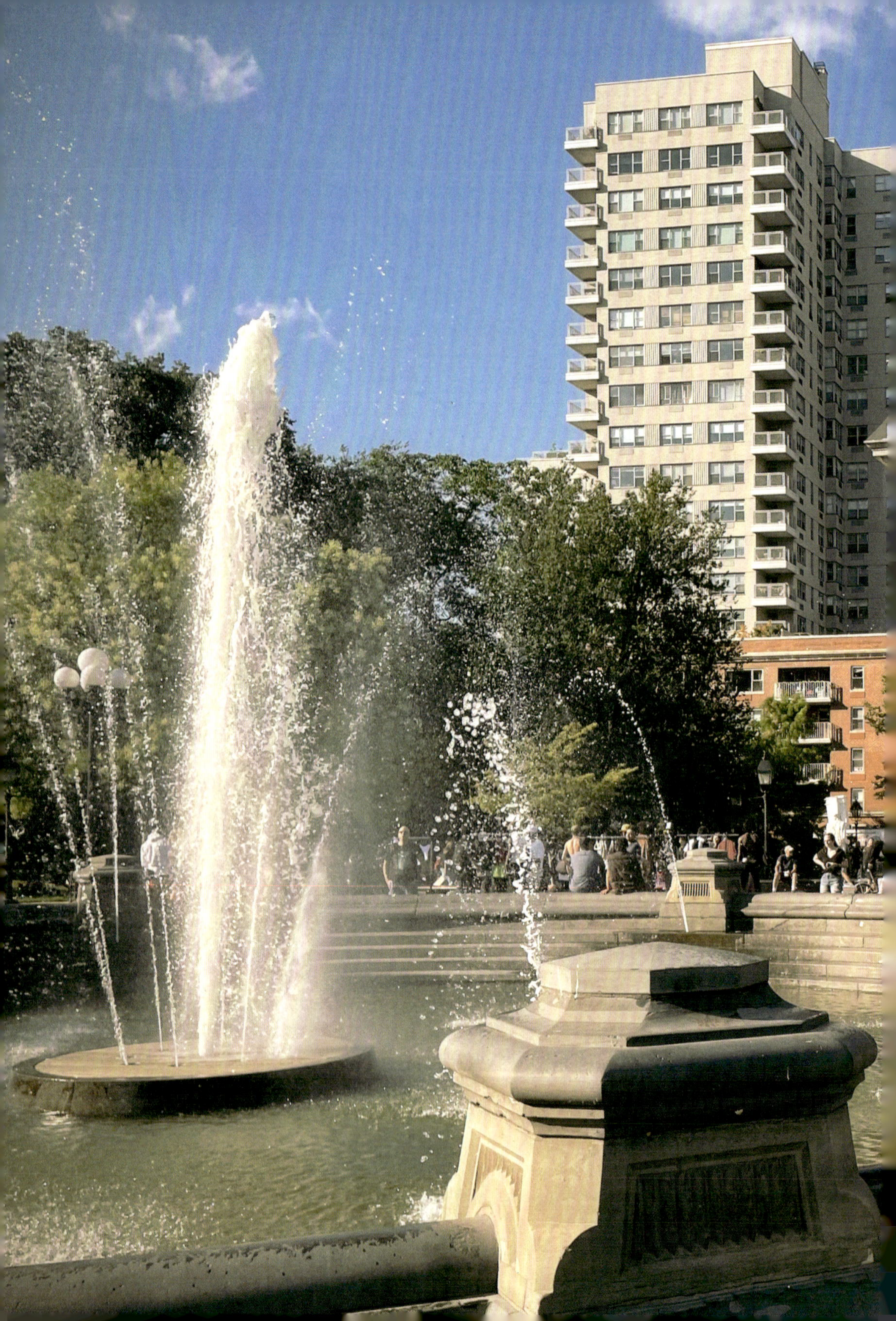

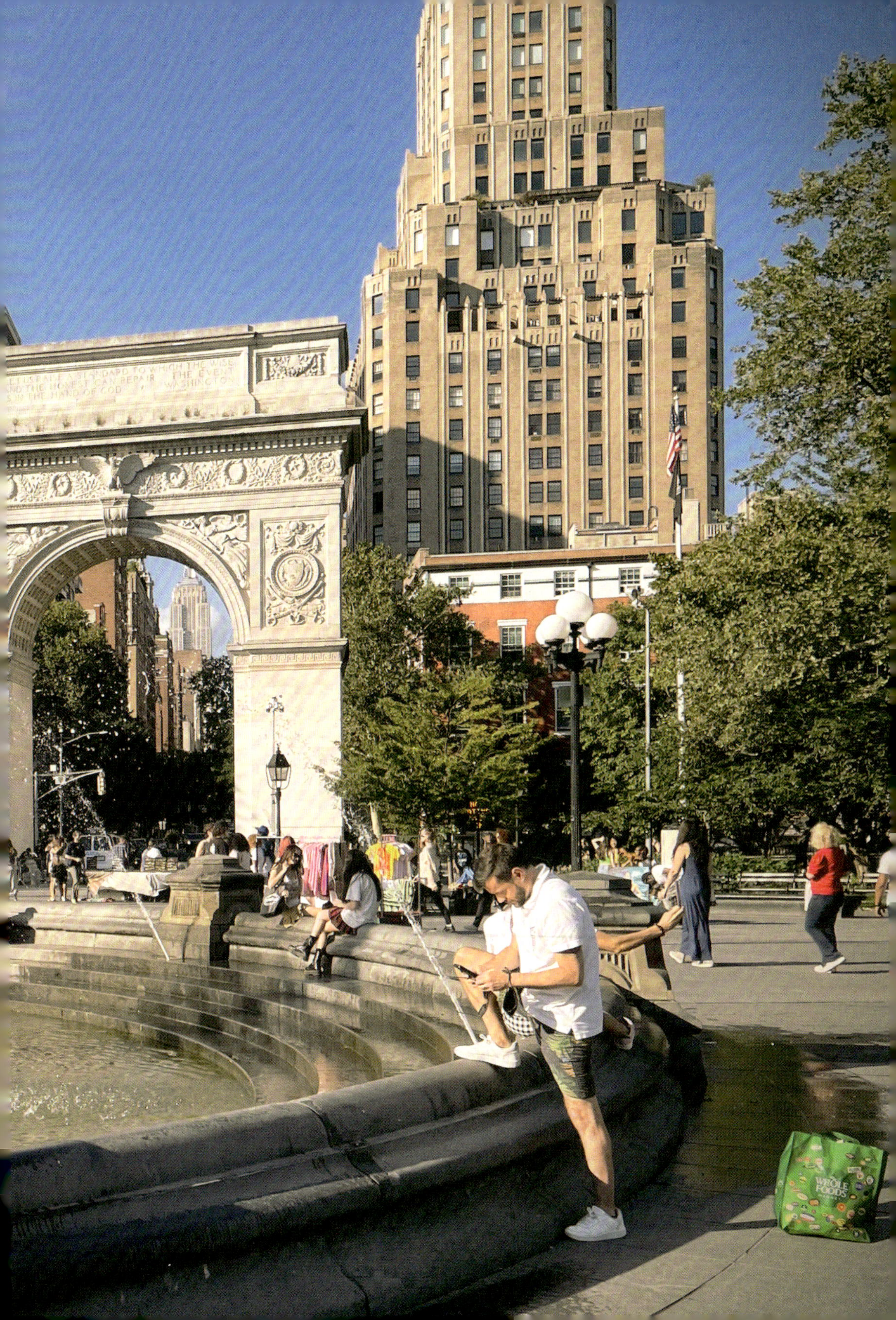
WHOLE FOODS

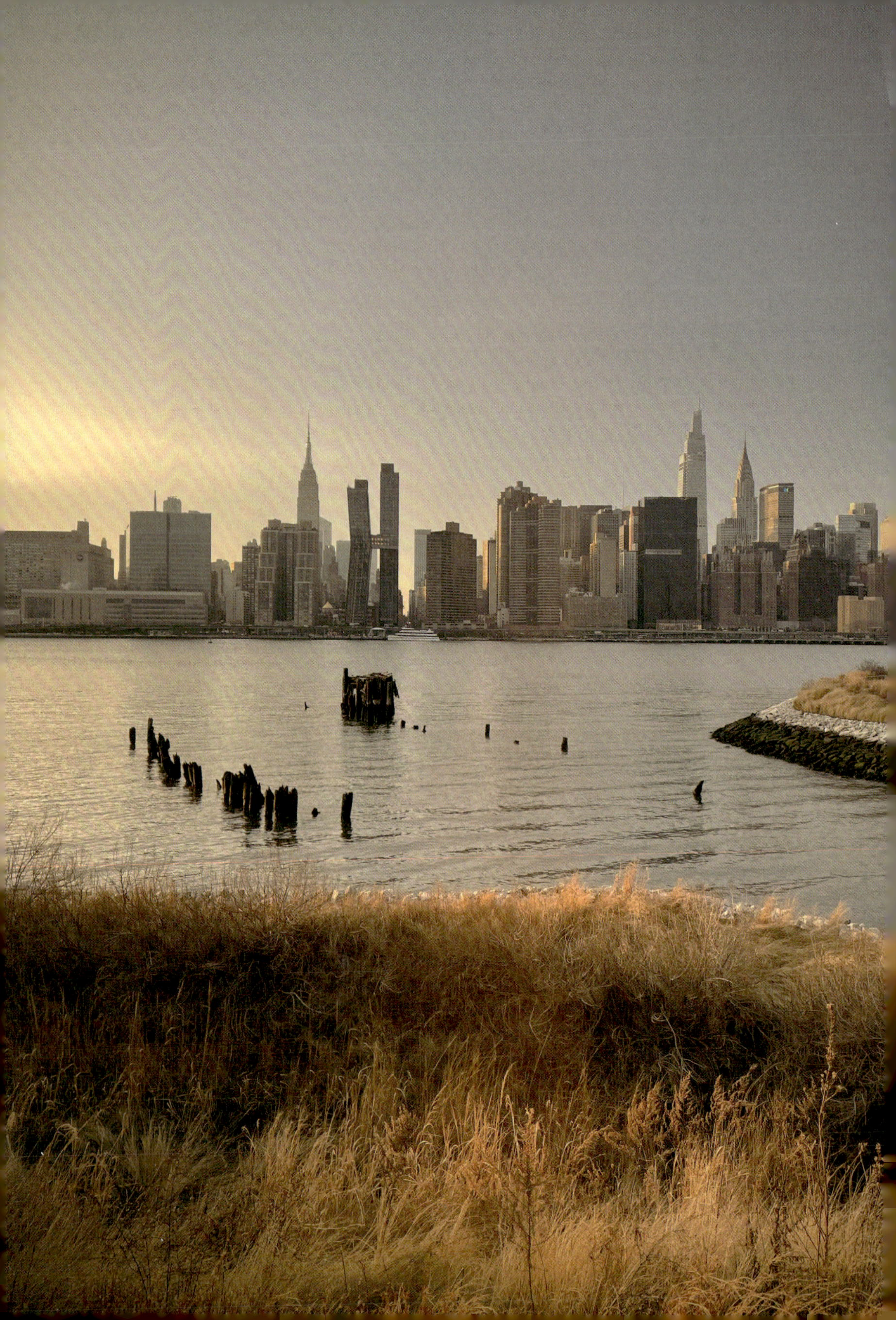

五

政府运作

Government

22. 最易被误解的地方治理根基：房地产税

中国部分城市试点征收房产税的新闻一直受到人们的强烈关注[①]。对于国内（非一线城市）的市民来说，政府对房产征税是一项全新的政策。而在大洋彼岸的美国，房地产税已是社会中最普遍、最根本的税种之一。

在纽约，市政府对私人持有产权的房地产进行征税。早在17世纪，当纽约还是荷兰的殖民地时，房地产税就已存在了。在2022年，纽约市每年所收上来的房地产税总额高达数百亿美元，占到市政府一年总收入的30%，在市政府的所有税收收入中占比最大。如果说纽约是依靠房地产建设起来的话，那么也可以说，这里的市政府是被房地产税养活的。

然而，虽然房地产税对于纽约的政府运作如此之根本，但是许多人对这一重要税种还是有着许多的"想当然"和误解，并且忽视了房地产税对于当地社会的深远意义。政府为何要收房地产税？具体的税率该如何计算？政府又应该按怎样的规矩制定政策？……税收是政府和公民之间的一份契约，规定了两者之间的权利和义务。一些看上去虽然只是程序上的细节的问题，却可能直指房地产税的实质，不应该被忽视。

关于纽约房地产税的一些误解

虽然在纽约房地产税已是最普通的税种之一，但当路人被问到"政府如何计算房地产税"这个问题时，也可能会给出好几种不同的答案：

· 有的人或许会认为：政府按照每个人手上房子的数量收房地产税，房子越多的人交的税越多——这是错的，忽视了不同房子之间的

[①] 以上海、重庆为例，地方政府于2011年试点征收房产税。

曼哈顿中央公园西部是纽约房产价值最高的地段之一

区别；

· 还有的人或许会觉得：政府按房子的面积收房地产税，大房子多交，小房子少交——这也不对，大房子并不一定就总比小房子值钱；

· 许多人也可能会想：政府将每个人名下持有的房子的市场价值乘以固定税率，然后得出房地产税——这个答案意思接近了，房地产税

政府运作 331

确实是与房地产的金钱价值挂钩,是一种"从价税",但这还不是最准确的。

以上所有的说法都不够精准,代表着人们对纽约房地产税征收逻辑的不同程度的误解。有许多人认为,房地产税和企业税、个人所得税一样,都是政府在某次大会上制定好了税率,然后每年都以这个税率为基础,从纳税人手上收钱。这种想法听起来有道理,但和纽约的房地产税逻辑是大相径庭的。

事实上,纽约房地产税与地方政府做公共预算的程序逻辑关系密切,其本质是政府与纳税人之间的相互制约和权利交换。房地产税背后的逻辑是:在纽约,房地产税既是政府最大的"粮仓",也是市民对公共预算的一种强有力的约束。

征税的基本过程

对任何一种税来说,税率都是相当关键的一部分。然而,纽约的房地产税并没有固定的税率。在纽约,政府收房地产税的第一步并不是去先前的法律文件中查税率,而是退一步,先制定下一财年的政府财政预算。

在纽约州,地方政府必须做到预算收支平衡(balanced budget),这意味着地方政府的预算支出和预算收入必须持平,既不能有预算赤字,也不能有不合常理的预算盈余。

在公共预算制定的过程中,地方政府会通过详细的分析来预计下一年的所有支出的总和(包括教育、医疗、公务员工资等)。然后,政府会计算所有除了房地产税以外的政府收入总和(包括其他税种、上级政府拨款、执照费收入等)。

通常情况下,政府预算的总支出是会大于非房地产税收入的总和的,其差值就需要靠房地产税来补上,做到整体收支平衡。政府便是这样通

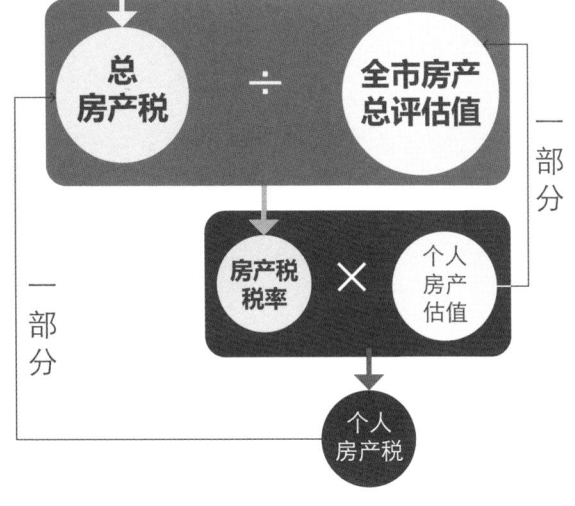

纽约房地产税征收逻辑

过加减法，计算出下一财年所需要收到的房地产税的总数——我们姑且称它为一个城市在下一年所需要的"总房地产税"。

然后，市政府会对辖区内所有的私人产权房地产进行地产估值。不同地区、不同种类的房屋会有不同的价值，这些房屋的价值全部加起来得到的就是全市私人产权房产的"总评估值"。

最后，政府用明年需要征收的"总房地产税"除以全市私人房屋的"总评估值"，得到的就是下一年房地产税的税率。然后，政府将这个税率乘以这一年每户私人房产的估值，得到的就是这户业主下一年应交的房地产税的具体数额。

讲到这里，人们会发现，按照这般流程，所谓的房地产税税率，其实是个每年都会变的浮动税率。没错，纽约房地产税的税率，并不是一个政府一早敲定之后就可以管好几年的数字。税率的高低，其实会随着每个财年的政府预算需求以及全市房产总评估值的改变而改变。而每个业主所需缴纳的房地产税，也会随着当年的全市税率和个人房产评估值的改变而改变。纽约近 11 年间的房地产税税率表明[1]，随着预算和估值的变化，房地产税的税率也一直在波动。

	纽约房地产税税率的变化	
财年	税率（单户住宅楼）	税率（多户公寓楼）
2023	20.309%	12.267%
2022	19.963%	12.235%
2021	21.045%	12.267%
2020	21.167%	12.473%
2019	20.919%	12.612%
2018	20.385%	12.719%
2017	19.991%	12.892%
2016	19.554%	12.883%
2015	19.157%	12.855%
2014	19.191%	13.145%
2013	18.569%	13.181%

政府预算总支出、政府预算非房地产税总收入、全市房产总评估值以及个人的房产评估值，这四个因素，任何一个如果发生了变化，都会影响最后业主个人所需缴纳的房地产税金额。同时，如果多个因素同时变化，也可能会产生意想不到的结果。

对于有些人来说，虽然房子可能更值钱了，但需要缴纳的房地产税可能降低。这是因为，如果那位业主个人的房产增值幅度比不上全市房产增值幅度的话，那么在政府应收总房地产税额度不变而导致全市整体税率降低的情况下，业主最终计算出的个人房地产税可能反而会降低。

还有的业主，可能房子贬值，却需要缴纳更高的房地产税。比如说当全市房产总估值大幅下降，但政府应收总房地产税上涨时，那么相应

---

[1]纽约不同用途的房屋的房地产税计算方法不同，这里以单户住宅楼和多户公寓楼的税率为例。

的税率也会大幅增长，和下降的个人房产估值相乘，仍然会算出更高的税额。

从 2022 财年至 2023 财年，纽约市的总房地产税上升了 6%，全市公寓楼的房产总评估值增长了 5.8%。相应地，公寓楼的房地产税税率增加了 0.032 个百分点。在这一年间，虽然政府整体房地产税收入大幅度地提升了，但因为全市房产总值也有类似幅度的增加，所以个人房产的税率没有很大的改变。

延伸讨论：

绝大部分的人是想要少交一些房地产税的。在纽约，如果业主觉得自己的房地产税太高了，通常有三种思路来处理。这些途径也从不同层面体现了房地产税制度的执行细节和社会意义。

一是在知道其他因素不变的情况下，检查自己房产的估值是否太高。从政策执行的细节上来说，如果一个人认为政府对自己房产的估值有误，可以向政府的估值人员申诉，提出证据要求重新给自己的房产估值。在美国，地方政府通常会提供专门的房产估值申诉平台。

第二种是在置业时，选择政府估值和市场估值差价大的房产，在法律允许的情况下压低自身房产的实际税率。纽约的房地产税制度有一个非常特殊且极具争议的地方：政府对每家每户的房产的估值并不是完全依靠其楼房的实际市场成交价来定的。根据纽约州的法律，市政府在对那些用于出售的大楼（独立产权公寓）进行估值时，需要将它视为非出售的出租公寓楼，并用与之相似的出租楼的现金流来为这栋用于出售的大楼进行

政府运作　335

估值。然而，那些用于出租的房屋和用于出售的房屋的定位和价值本就不同，因此，纽约的这套规则导致了许多房屋的政府估值大大低于其实际的价值——尤其是当政府用平价出租屋为参照对豪华大楼进行估值时，会导致豪华大楼的估值被严重压低，并因此得到偏低的房地产税账单。根据彭博社的分析和报道，对于用于出售的房屋来说，纽约市政府的总体估值是其实际市场成交价的20%；对于用于出租的房屋来说，政府估值则是实际价值的40%——两者都是政府估值低于市场价值，但用于出售的房屋的折扣更大。并且，对于价格越昂贵、越奢华的楼房，其政府估值和实际价值的偏差也越大。[1]

这种估值的差异是纽约法律中留下的漏洞，意味着越富有的业主所需承担的实际税率其实是越低的。[2] 而这种法律漏洞，使得纽约的房地产税系统不利于促进社会公平：富人所拥有的高档房产享受相对更低的实际税率，而租户居住的大楼却要承受更高的税率——公寓的房地产税最终又会转移到租户缴纳的租金上。纽约是一个社会贫富差距巨大的城市，而房地产税作为政府最主要的税收来源，非但没能做到累进税制该有的资源再分配作用，反而是向更加富有的资产所有者输送利益。

第三种改变房地产税负担的思路，则是检查政府计划要收的总房地产税是否太高。全市范围内的总房地产税太高可能意味着政府支出过多。如果市民认为政府预算不合理，可向市长或市议会等行政和立法部门提出意见，或通过其他政治流程去影响公共预算的决定。毕竟，在纽约，预算即政府执政方针的数字化体现；市长每年提出的预算要由直接代表选民的市议会来投票决定是否通过。第23章会具体讨论政府预算背后的政治和技术。

金融区的地产为纽约贡献了大量的房地产税

美国社会中房地产税的实质

在美国，联邦政府和地方政府的职能和权力有着明确的划分。联邦政府不收房地产税，只有地方政府才能向房产所有者征收房地产税。毕竟，在美国的制度环境下，政府收房地产税的目的，正是为了提供居民

曼哈顿中城的天际线

可以直接享用的基本公共服务，而这些基本公共服务大多是由地方政府来负责提供的。

在纽约市，政府税收收入有将近一半来自房地产税。这些税收上来后，28% 被用于最基本的市政服务（公安、消防、清洁），31% 被用于教育，18% 被用于健康和医疗，23% 被用于其他目的（如交通、住宅、公园等）。[3] 这些都是关乎市民衣食住行各方面的政府职能。

税是政府和公民之间的一种契约，涉及权利与义务的明晰和执行。纳税人有权利享受政府带来的保护和服务，也相应地有义务向政府纳税，来支持政府尽到自己的义务，包括制定预算和管理公民日常需要的各种公共资源①。

---

① 从更加根本的层面来说，在美国的土地私有制的制度环境下，市民向政府缴纳房地产税，换来的是政府承认并保护自己私有产权不受侵犯的权利和自由——这是公共权力与私人领域之间最根本的一种契约关系。更多关于这个角度的讨论，请见第 5 章。

如前文所分析的，房地产税是和每年政府制定公共预算的过程联系最紧密的税种。企业税、个人所得税和消费税的税率是政府定下来之后就执行许多年的（纽约现行的消费税率于 2009 年制定），而纽约的房地产税的税率不一样，它是浮动的，会随着每年政府预算的变化（以及全市房地产市场价值的变化）而变化。正是因为如此，纽约人可以通过房地产税的高低，来非常直接地感知纽约市政府每年财政计划给自身带来的影响。

如果把纽约公共预算过程看作政府和纳税人之间的一场"讨价还价"的话，那对于其他那些税率早就定好了的税种来说，政府在预算过程中的议价权很大——定好的税率没得商量。然而，公平的契约需要平衡，因此，在房地产税这一块，纳税人的议价权则理应要变得大一些，从而平衡公民在其他税种上的转让权——每年浮动的房地产税税率使得政府和公民之间总有一些商讨和回旋的余地①。

所以，在纽约，房地产税的实质是一种更为直接的政府与纳税人之间的制约关系。相较于其他税种，房地产税这种先定预算后定税率、逐年更新的模式让纳税人更有理由和动机去要求政府将预算制定得更加透明且合理。

从更宽广的视角来看，以纽约的制度为例，在城市中购置地产和缴纳房地产税是公民意识的重要来源。缴纳房地产税的人就像一座城市的"股东"，支撑起整座城市建设的地产就是纳税人持有的"股份"。政府作为城市的管理者用"股东"缴纳的管理费（房地产税）来提供运营和服务，而这些公共服务如果质量好的话，就会最终令股东（市民）的资产增值②。若是政府对城市运营不力，"股东"的投资无法换来相应的回报甚至发生亏损，那么市民便会有理由去投反对票——既可能是用手投票（在政府换届选举时表达对之前政策的不满），也可能是撤资和用脚投票（搬离这座城市）。

---

① 政府预算每年需要由最能代表选民的政府机构——市议会——进行投票表决议。
② 比如说，公立学校依靠房地产税来运作；而格外优秀的公立学校也会使得学区房的价值得到显著提升。

纽约房地产税的制定以及相应的预算管理不仅是这座城市的经济和政策机器中的一环，更是公民意识和社会互动的关键纽带。房地产税分量极重，但也容易成为政策解读的盲点——其流程背后彰显的是公众和政府之间的关系。在纽约，每年通过预算过程跟着政府计划以及市场行情而上下浮动的房地产税税率把私人义务和政府义务连接了起来，让两者互相制约，共同盘活城市发展所需的资源。试想一下，假如纽约市政府向人们征收房地产税，承诺带来一流的公共服务，但不允许纽约人对其财政收入和支出的计划有着详细的知情权和间接的监管权的话，那么这种制度哪怕被渲染得对城市发展有多么重要的作用，也会丧失其支撑起公民社会的"里子"，成为一则徒有其表的虚伪寓言。

23. 政治机器上的一颗螺丝钉：
预算局分析师的工作

任何对城市发展和运营的讨论总是离不开政策。政策是公共管理的"剧本"：从住房、医疗到市政建设，这些政策决定了城市生活的方方面面。但是，当人们在关注城市政策时，却不是都习惯对一个重要的概念给予相同程度的关注——预算。尽管大家都明白"钱很重要"这个道理，但政府的预算文件动辄好几百页长，并且总是充满了一长串的数字和冷冰冰的表格，这些都令预算显得过于枯燥、难以咀嚼。

其实不然。政府预算虽然听起来是单调、机械的，但它也充满了戏剧性。预算的数字以及其背后的"戏"所构建出的，正是整座城市运作的底层架构。

纽约是全美国最能花钱的城市，市政府的预算要比佛罗里达一整个州政府的还要多。预算局是政府的首席财务官，负责审理、制定和支配政府的预算——小到批准政府部门购买卫生纸，大到制定多个市政项目的建设计划，这些事务的背后都有数字，数字的背后也都有故事。

预算背后的故事是各个民选官员、技术官僚和居民针对有限的资源所进行的博弈。在多方角逐并做出妥协后，所形成的政策最后都以预算中的一笔笔拨款为量化体现。新闻和媒体常常把各种政策写得天花乱坠、扑朔迷离，但预算中的数字往往才能真实、直接地体现政府的各种意愿和政治风向。毕竟，数字可以充满戏剧性，但不能说谎。

最被人痛恨的纽约市政府机构——预算局

纽约市预算局的全称是市长管理和预算办公室。纽约预算局虽然很庞大，其组织结构却相对扁平化。400多名分析师按照政策领域被分成

纽约市政府的行政大楼

各个工作组，每个工作组再专门对接一个市政部门。比方说，纽约市的公共绿地和游乐设施是由公园局负责，那么预算局里就有一个相应的"公园工作组"，由5—6名预算分析师组成，专门管理公园局的资金和预算。相应地，交通局的预算将由"交通工作组"管理，住宅开发局的预算将由"住宅工作组"管理，以此类推。

在每年的预算季刚开始的时候，各个市政部门会向其对应的预算局工作组递交明年新的项目计划以及预算方案。市政部门的新需求可谓五花八门，细节程度更是各有不同。有些很抽象，比如好几千万美元的节能减排计划——然而可能并没人知道这个计划具体要怎么操作；有些则很具体，比如申请3.6万美元来为办公室购置32台电脑——电脑的型号可能都确定好了。

面对这些来自政府部门的各种新需求，预算局工作组的分析师需要使出浑身解数，唱起"黑脸"来分析提案的合理性。

我曾是纽约预算局的一名分析师，在我刚开始接触预算制定的时候，组长曾语重心长地说道："伸手要钱的政府部门往往不会把所有的信息都公布得一清二楚。你得要比它们更聪明，用一轮一轮枪炮式的提问，来洞察每个需求背后的故事。只有这样，你才能分析出每个新需求的内部逻辑、价格运算以及政策意义。"

近代政治学之父马基雅维利（Machiavelli）曾说过，君主只有像狐狸那样狡猾，才能识破各种陷阱。[4] 的确，预算局的分析师在工作中会发现：

1. 有时候，政府部门的需求是虚假的——比方说，它们申请添置32台新电脑，但查出来竟发现其实这个部门前不久才刚刚集体更新过硬件，且这段时间没有人员扩招的计划，所以根本不需要买电脑；

2. 有时候，部门的需求虽然是真实的，但资金数额计算有误——3.6万美元可能是电脑的市场价，但政府集体采购时可能会有优惠；

3. 还有时候，需求本身没有问题，但不是那么紧迫，可以等到以后再来拨款支持。

美国政治的本质即人民对政府的不信任。其实光是在政府内部，也存在预算局对其他部门的不信任。所以，其实预算局的工作，并不只是和数字打交道，做做加减乘除。预算分析师的工作更像是侦探：通过对各种数据和文件进行研究分析，以及通过和市政部门的负责人进行直接对话，预算局判断每一个部门新需求的真实性、准确性和必要性。在这个阶段，预算局的分析师非常不留情面。而面对预算局的分析师，其他政府部门也许有些害怕或者充满"恨意"。

黑脸与红脸

纽约预算局的领头人叫作预算主管。预算主管由市长直接任命，是

纽约市预算局的员工工牌

直接和官员进行对话、掌管整个城市的钱袋子的最高级政府职员。预算局的主力——分析师——作为政治机器里的一颗小螺丝钉，平常接触不到预算主管。只有在制定预算的中后期，分析师才有机会跟着组长一起进到预算主管的办公室，在他/她面前做汇报。

  面对主管，工作组成员的立场有了180度的转变，从一开始的"侦探"变成了"推销员"。起初，预算分析师还和各自负责的市政部门"对着干"，但到了预算主管的面前，分析师站到了市政部门的同一战线，成为项目的推荐者。

这是因为，从一开始的前期审查到中后期的总结汇报，预算局工作组的角色已经从"买方"变成了"卖方"。之前唱"黑脸"时，分析师的目的是筛选出真实、准确且重要的好项目。现在分析师面对预算主管，就需要唱起"红脸"来推荐这些项目，代表各个预算工作组负责的市政部门来向纽约市的预算主管"拿钱"。

"黑脸"代表着绝对的技术理性。在金融领域，买方只有对一家公司进行了深入的分析，才能预判投资能否有丰厚的回报，并依此决定是否买入；公共财政从某些方面来说与金融有相似之处，其核心任务是将纳税人的钱分配到回报最高的地方（这里的回报除了经济回报，还可能是政治回报、环境回报或社会回报）。对于政府来说，确保项目和需求的真实性、准确性和必要性，是整座城市财政健康和政策合理的必要条件。

既然工作组的分析已经确保了这批项目的质量，那么预算主管为什么不直接为预算分析师推荐的所有项目都批钱？为什么分析师还得去唱这个"红脸"，绘声绘色地尝试说服他 / 她？这是因为，技术理性并不是预算制定过程的全部。在预算这场"戏"中，工作组的人设和主管的立场存在根本上的不同。

预算局工作组的分析师是预算局的基层公务员，和其他各个接洽的政府部门有频繁、直接的接触，因此分析师了解和关心各自考察项目的种种细节。但对于预算主管、市长等官员来说，他们在意的则不仅仅是项目本身，而是公共资源在不同政策领域的分配以及这背后的政治角逐。

如果资源是无限的话，那么每一个应该得到拨款的好项目都应该被写进政府预算中去。然而，因为真实世界中的资源总是有限的，所以并不是每一个真实、准确和必要的项目都能够得到资金支持。

在一次跟预算主管做完汇报后，我问组长："所以在纽约，每年的政府预算到底有没有一个封顶值？如果有的话，这个封顶值到底是多大？"组长笑了笑，说："其实对于这个问题，很少有人能答得清楚。级别越高的人，在看待预算的时候，关注的往往就越不是数值本身的大小。他们关注的，是不同政策领域之间的对比。"

在看待数字时，相对值比绝对值重要。这便是最直观的预算政治。

打个比方，如果主管说"纽约市交通局今年申请的预算太高了"，那么她的意思也许并不是说这份预算的数值本身太高。她的言下之意可能是：和其他部门的预算相比，交通局的预算不合理，因为在目前的政治环境下，交通并不是市长最需要发力的领域。

正是因为资源的有限性以及预算制定的政治性，预算分析师这些"侦探"费尽心思筛选出的项目最终往往无法全部顺利获批。因此，分析师在对自己负责的市政部门唱完"黑脸"之后，还需要代表他们向预算主管唱"红脸"，从而在狭窄的政治空间内，为城市生活不同的领域争取有限的资源。

一次惊心动魄的"无用功"

经过了反复的分析和讨论，预算局做出来的预算草案终于递到了市长面前，等待市政厅的最终批准和公布。一般这时候，分析师的工作也就算是到此结束了。"黑脸"也好，"红脸"也罢，预算局的公务员终于可以休息休息，进入愉快的"悠闲期"了。可有时，预算工作组的组长会突然气喘吁吁地赶来，说："之前做的工作得全部撤回。"

这是怎么回事？

在纽约，政府预算分为两个大类：日常支出预算和大型建设预算。前者负责支付公务员工资、房租和卫生纸之类的运营开销；后者用于修路、搭桥、建公园等市政项目。建设预算涉及的数目大、政治敏感度高，也面临着多种项目改动甚至撤销的风险。

在政府的预算中，时间是个非常重要的概念。建设预算表中除了显示项目名称、金额和资金来源外，还会专门记录时间：一笔钱或批给今年，或批给之后的某一年，其指定的时间会被严格地登记在预算表中。

举个例子，某公园A在2018年得到了纽约市政府的100万美元拨款支持，并计划在当年就投入建设。那么在政府公布的建设计划中，这100万美元就会被记在2018年下。

然而，政府要建一个公园，需要经过设计、采购、建造等多个流程——这些过程通常需要花上好几年的时间。如果公园 A 在 2018 年只完成了设计工作，那么市公园局在 2018 年实际出资的金额也就仅是项目的设计费；这就导致了 2018 年市公园局在该项目的实际出资将会大大低于项目的整体预算。

出资的英文叫作"commitment"。这个词很有意思，既有"投入"的意思，也有"承诺"的意思。在政府预算的语境下，这种一词多义的情况倒是十分贴切的——政府把预算里的钱花出去，即兑现了自己当初制定政策时的承诺。

纽约市政府非常关注出资情况，并会将"出资率"作为考核各部门业绩的标准之一。其计算方法就是用每年具体花出去的钱，除以预算中整个项目一开始始分到的总金额。

对于前文举例的公园 A 这个项目来说，如果 2018 年实际花出去的钱只有设计费 15 万美元的话，那么这个项目在 2018 年的出资率就只有 15%（即 2018 年花的设计费 15 万美元除以总预算中 2018 年分配到的 100 万美元）。在建筑工程行业工作的人都知道，绝大部分的建设项目无法在 1 年内完成。所以如果所有公园项目都是像这样记账的话，公园局在 2018 年的总体出资率会非常低。如果一个部门出资率太低的话，它便会受到预算紧缩的惩罚。这是因为，在预算主管和市长的眼里：

1. 极低的出资率表示该部门花钱的能力不强。一个不怎么花钱的部门，自然不需要在未来拿到更多的项目预算；

2. 每年，各个部门没有花完的建设用款是会被保留并登记到来年的预算中去的。这样一来，如果一个部门今年有很多钱没有用完，便会给人一种"这个部门剩下的钱还有很多"的错觉，因此来年的预算中会减少新进资金的数额。

可是，公园项目的出资率低，其实既不能表示公园局不会花钱，也不能说明公园局之后不需要新的资金——项目周期本身的长度往往才是出资率太低的"罪魁祸首"。

预算局的分析师了解项目的具体运作，因此非常心疼公园局的这种窘境。所以，为了让预算中资金的时间分配能更加合理地反映项目实际的周期，预算分析师会和公园局进行合作，在制定预算时，对资金的时间分布做出精密的调整。

打个比方，如果前文提到的项目 A（总价 100 万美元）将在 2018 年完成设计（15 万美元），在 2019 年完成建设（85 万美元）的话，那么预算分析师就会在预算表中，从原先 2018 年的 100 万美元中拿出 85 万美元放进 2019 年的那一列里。

通过把单个项目的总预算拆成不同的部分，并按照项目的时间线将金额分配到不同的财年内，这个项目每年的出资率将得到大幅度的提升。

这个操作虽然听起来很简单，执行起来可是十分费事的。为了达成预算在时间维度的合理分配，公园局的项目经理和景观建筑师需要为预算局提供高质量的项目时间表。预算分析师收到后，将根据每个项目不同的进度，在庞大的市财政系统里修改各项目的资金的分配。除了新项目以外，正在进行的项目也得被修改，从而提高公园局的整体出资率。因为每个项目的调整幅度不同，所以预算修改无法通过函数来一次性解决；纽约的公园建设预算表中有2000多行信息，这些都得一个个手工输入。

虽然麻烦，但让预算的时间线和实际项目进度保持一致，可以提高公园局的出资率，以免让它们在预算中被"冤枉"——这是一个城市的财政状况健康以及过程公平的体现。

然而，在这一切都做完之后，组长突然接到了市政厅的通知，让预算分析师撤销之前所做的工作，把预算的时间分配改回最初的样子。这样一来，市公园局的出资率会重新回到一个极低的水平。当发现自己工作组好心做的事都成了无用功时，我想不通：市政厅到底为什么会提出这样的建议？

时间即政治

市政厅之所以让预算局做这种看似不可理喻的无用功，主要是基于当时的选举政治。

公园是社区中重要的公共资源，其项目预算牵动居民的神经

在纽约，公园的建设资金通常来自市长、市议会议员和行政区区长的拨款。这些角色都是政治人物，是由纽约市民一人一票选举产生的。每年，政府的预算表都会对市民完全公开。民众可以通过读取预算中的各种信息（项目、金额、时间等），来了解这届政府的政治偏好[1]。

对于许多并非专业人士的选民来说，如果政府把某项目在 2018 年的 100 万美元预算改成了 15 万美元，并把剩下的 85 万美元放到了 2019 年，就意味着该项目被拖延了，而项目的拖延意味着政府忽视了这

---

[1] 第 4 章通过对公园建设的具体分析阐述了官员和预算之间的关系。

政府运作

个公园的重要性、没有履行一开始所做出的承诺。这样一来，选民很有可能会因此对现任的官员丧失信心，并在投票时不再支持这届政府。这便是资金和时间相互作用所产生的奇妙的政治效应——它并非完全的不理性，其存在的原因主要是技术官僚和选民之间的信息不对称。

预算的这种政治性在大选期间会尤为明显。当年组长通知分析师去撤销之前精心做出的预算调整时，正是纽约市的大选前夕——几个月后，市长、市议会议员等职务将进行选举。在大选前的重要关头，官员想要争取连任，因此绝不敢做任何可能影响民意的事。于是，因为调整项目的预算可能会被市民视为项目延期，所以市政厅对预算分析师发出了指令，要求撤回预算表的所有改动。毕竟，资金后移造成的项目延期的外界印象，是有着极高的政治风险的。

但也正是因为这样，市公园局的出资率将不得不再度变低。到头来，公园局的预算将受到"惩罚"，许多新的公园项目将得不到资金支持，选民会满意吗？这则不得而知。

从技术的角度来看，要想达到资金的理性分配，决策者需要将目光放宽，看到整个项目的全部周期；资金的分配只有遵循项目本身在时间线上的进度，才能达到市财政状况的健康。可是，由于技术官僚和广大选民之间存在着信息鸿沟，普通市民不一定知道并理解项目的实际周期，因此，对于官员来说，迫于选举的压力，将目光集中在当前这一年才是最有效的战略，哪怕这种行为会对资金的使用效率和城市的总体建设造成不良的影响。

我问组长，在面对这种矛盾时，预算局究竟该怎么办。组长说："没什么办法。技术理性和政治权力遵循着不同的逻辑，对于'时间'这个概念，两者实在是有着非常不同的理解和安排。"

重新理解政治机器

纽约的"政府"到底是什么？我们该如何理解它？它到底是在监护、统治市民，还是在迎合、服务纽约人？

或许在这座城市，政府既非前者，也不是后者。它的角色，其实像是一个企业。

"政府企业化"并不是一个特别新的概念了。它指的是政府的本质越来越向企业的逻辑靠拢——作为市场环境中的"经济主体"（economic agent），政府和企业一样，在运营上重视效益等各种指标的量化考核，在目的上追求经济体量和利润的增长。甚至，当你在美国的搜索引擎中输入"run government"（运营政府）时，搜索建议的第一条就是"run government like a business"（像运营企业一样运营政府）。政府和企业之间的边界日益模糊，这已是美国的大众思潮。当年特朗普当选总统的承诺之一，正是要像运营企业一样来"运营美国"。

在纽约市政府，这种"企业化"的运营逻辑是极其深入的。预算局是整个市政府的首席财务官：当其他部门向预算局提交新需求时，预算局的分析师会做出"买方研究"式的投资报告；当制定大型市政项目的预算时，预算局会考核各部门的关键绩效指标（如前文提到的出资率）。之所以要像管理企业一样管理各部门，是为了让政府的每一个决策都在经济上站得住脚，避免公共资源的浪费和权力的滥用——说到底，这是让技术理性来为财务健康保驾护航。

这种政府的企业化行为并不只存在于美国等成熟的资本主义市场经济体。在中国，越来越多的学者开始用企业的目光来重新分析并定义地方政府的行为和逻辑。国内政府官员需要促进当地经济发展，同时各省市之间对企业和人才之间的竞争日益加剧，这使得分权制下的地方政府逐渐地像企业那样制定目标、管理资源、执行政策、提高效益。厦门大学教授、前中国城市规划设计研究院副总规划师、前厦门市规划局局长和规划委员会主任赵燕菁在《土地财政：历史、逻辑与抉择》等文章中分析过中国地方政府的企业化行为。[5] 赵燕菁当年在英国的博士论文题目就叫作"The Market Role of Local Governments in Urbanization"（城市化中地方政府的市场角色）。他将地方政府比作企业，其产品即各种公共服务。在论文中，赵燕菁对政府的商业模式、投入 - 产出结构、融资手段、交易成本等进行了阐述和分析，这些是他日后分析中国地方政府的各种现状和变化趋势的理论基础。[6]

但是，政府的运作真的只遵循经济逻辑吗？当我们用看待企业的方式来理解政府时，我们是否会忽略些什么？当我们用运营企业的手段来在现实中运营政府时，我们的公共生活和政策是否会合理？

政府企业化的一个重要侧面就是公共议题的"去政治化"。当经济和金钱的逻辑渗入并且取代了社会、政治和文化生活的方方面面时，政府具体的政策制定和人们更广泛的政治生活将变得仅仅是以效益为重。虽然可行性研究、投资回报率等效益指标可以帮助人们用"理性的"方式来达成一致，但这些手段也同时抹去了不同人、不同群体之间在政治诉求层面的本质区别和他们各自的想象力，逐渐淡化并使人忘记了政治中本该有的激情和冲突。

加州大学伯克利分校政治学家温迪·布朗（Wendy Brown）在《去"民（主）"》（*Undoing the Demos*）一书中认为：这种新自由主义（Neoliberalism）支配的经济逻辑从根本上危害了政治。其原因并不是因为大公司和大财团可以通过经济上的影响力去左右政府的运作和法律的制定，而是因为，如果社会中的每一分子都全然接受了经济逻辑，并像经营企业那样去运营政府、学校、医院甚至每个人自身，那么人们会逐渐忘记对更深刻的政治权力和公共事务的讨论和追求——纵使人们还能在选举中进行投票，实际上却早已麻木，丧失了民主的能力。[7]

或许，纽约预算局中的种种戏剧化过程表明：技术理性和经济化逻辑并不是政策的全部，政治和冲突其实并没有消亡。

预算制定中"黑脸"和"红脸"的轮番登场，以及选举政治给预算局带来的"无用功"，证明了市民、官员和技术官僚对于政策的制定其实还有除了经济效益和技术理性之外的考虑。不同的角色在不同领域之间进行政治互搏，其对抗的声音在纽约这种多元化的社会中显得格外强烈。

在纽约，预算过程中技术理性和"戏剧冲突"之间的摩擦，使得政府这台巨大的机器发出了"咔嚓咔嚓"的噪声。但这可能是最好的状态。或许，我们应该希望政治机器是能够发出这些噪声的，因为它让人意识到了政治的存在，并提醒听见噪声的政客、官僚以及市民都去参与进来，共同改善这台机器的运作。相反，如果人们能仅通过技术理性就对所有政策决议达成一致，那么这台政治机器就不会发出任何声音——但如果一台庞大的政治机器总是安安静静的，你其实难以断定它到底是真的很完美，还是其实早已停止运转、一片死寂了。

24. 勾勒一座城市的权力结构：宪章

城市政治的分量

论"夺眼球",纽约是行家。这座城市虽然并不是美国的政治中心,但来自这个大都会的地方政治,以及其中的政治人物,越来越能引起全美国乃至全世界的关注。

2016 年,特朗普当选了美国总统,震撼了全球——他就是地道的纽约人,从政前是纽约的地产开发商和媒体名人。

2020 年,为了在总统大选时可以扳倒特朗普,前纽约市长、全美资产排名前十的富豪迈克尔·彭博曾宣布加入总统选举大战,一时间使得本就混乱的选情变得更加扑朔迷离。

当时,另一位前纽约市长鲁迪·朱利安尼(Rudy Giuliani)则担任着当时美国总统特朗普私人律师的职务。在那段时间闹得满城风雨的白宫"通乌门"调查和弹劾事件中,朱利安尼的名字在各种证词中被提及的次数只怕仅次于特朗普本人,可谓处于全国政治风暴的绝对中心。

至于 2020 年纽约市的时任市长白思豪,看到前辈们在全国政治舞台上这么招摇,当然也不会闲着。就在 2020 年夏天,他也曾高调宣布参选美国总统,并在全国电视平台上参加了民主党的初选辩论,虽然他最终还是提前退出了竞争激烈的角逐。

这些纽约市长在全国政治舞台上的勇武表现,其实和"城市"这个概念在全球政治以及治理中的地位上升密切相关。毕竟,国家政治越是混乱,地方政治就显得越重要。

在美国,对于普通的人民群众来说,当下的国家政治分化极其严重,政府难以推动改革。尤其是在媒体和网络 24 小时信息轰炸以及整体实际投票率低迷的大环境下,许多人在看待华盛顿的政治事件以及政治人物时,仿佛是在浏览娱乐八卦一般。

纽约市的权力中心——市政厅

    但城市政治不一样。当市民被滞留在晚点的地铁上，抱怨日益老化的基础设施时，或看见市政大楼前为了各种公共服务问题而进行示威、游行的人群时，会深切地感到地方政府职能的重要性。毕竟，城市政府直接影响着人们的衣食住行，地方官员被很多人认为是真正办实事的人。或许也正是因为如此，越来越多的前市长将城市治理的经验视为重要的政治资本。

政治的剧本——城市宪章

地方政治是衣食住行的政治。当华盛顿的官员为了国防、贸易、外交等宏大议题吵得不可开交时,地方政府的官员互相博弈的话题则是修路、小学老师工资、经济型住房等"接地气"、关系民生的公共服务问题。所以,对于很多普通的美国人来说,对他们的生活产生最为直接、深刻影响的,其实是城市政府的权力。

但是,城市政府并不是千篇一律的。在美国的不同城市,地方政府权力的表现形式不尽相同。

在美国的一些城市,市长是形同虚设或是根本不存在的——在这种地方政治形态下,城市被分成多个选区,每个选区的人民投票选出代表该选区的议员,组成这座城市的议会。议会再任命一名职业管理人为"城市经理",这名经理的任务就是代表议会,实行市政府平时的行政职能。议会和城市经理的关系,就像公司董事会和首席执行官的关系一样——首席执行官的职位虽高,但说到底也是在帮董事会打工。在这种城市政治结构中,权力被完全集中在议会的手里,市长的实际权力和存在感为零。

在其他地方,比如纽约,议会和市长的权力则旗鼓相当。市民既要在各自的选区投票选出议员,也要全城一起投票选出一位市长。市长被赋予了很大的独立行政权,受议会的监督制衡(check and balance),但并不听令于议会。市长和议会两者权力的平衡以及他们之间的较量,往往直接影响着一座城市政策制定和实施的方向以及效率。

那么,到底是什么规定了美国不同城市的地方政府权力的表现形式呢?

答案是城市的宪章。就像美国的国家宪法将政府权力的分配进行了明确规定一样(即行政、立法、司法"三权分立"的结构),一座城市的宪章,也将美国地方政府权力的分配进行了规定。市长有多少权力、不同部门之间权力的关系和范围如何,都会在城市宪章中被定义。

纽约的城市宪章就规定了其市长和议会之间的制衡关系。在纽约,市长具有很强的权力,可以制定预算、推行政策以及委任各个市政部门的部长——纽约庞大的人口和经济体量,给了本就被充分赋权的纽约市长更多呼风唤雨的空间。但纽约的市议会也并不是形同虚设——除了具有普遍的立法权以外,纽约的各种重大市政决策(如预算、土地规划等)的最终审批,其实需要议会投票,被掌握在议会的手中。

不过,就像一座城市的物理空间会发生改变一样,地方的权力结构也并不一定是一成不变的。很多人不知道的是,纽约现在的这种权力结构,只有 30 多年的历史而已。在 1989 年,纽约市的市民曾集体投票,对城市宪章进行了史上最为大刀阔斧的修改。在此年之前,纽约地方政府的权力结构完全是另外一个样子。那么,当年纽约为什么要修宪呢?

联邦最高法院判定纽约市政府违宪

1989 年纽约修宪的原委,在现在看来非常不可思议——这座城市决定要改变其地方治理的根本结构,其实是不得已而为之,因为同年美国最高法院判定纽约市当时的政府结构违宪,即纽约的权力框架不符合美国宪法的精神。

从 19 世纪末开始,纽约市的主要政府权力是由一个叫作评议委员会的组织(以下简称老委员会)行使的。老委员会由 8 位民选官员组成:

- 市长(1 人)
- 审计官(1 人)
- 议会主席(1 人)
- 行政区区长(5 人:纽约由 5 个行政区组成,每个区的居民在选举时投票选出各自行政区的区长)

老委员会的权力是巨大而广泛的。事实上,当时纽约最重要的政府决策全都通过老委员会来制定实施,比如政府预算、土地规划、政府采购合同等。政策的通过与否,由这8人投票决定。老委员会投票结构是:市长、审计官、议会主席一人两票,行政区区长一人一票。

然而，老委员会违宪的问题就出在区长一人一票制上。这种投票方式看似给了 5 个行政区均衡的权力，实际上则是造成了反效果。这主要是与纽约市人口分布有关。之前第 7 章介绍过，纽约最大的行政区是布鲁克林，20 世纪 80 年代已有 220 万名居民，最小的区斯塔滕岛则只有 35 万人，后者人口是前者的 1/6；然而他们各自选出来的区长在老委员会中的实际权力（投票时的票数）是相同的，这意味着斯塔滕岛居民对全市政策的影响力度是布鲁克林居民的 6 倍。

这种区与区之间的政府-选民代表性的差别，终于在 20 世纪 80 年代后期受到了法律上的质疑和挑战。通过"老委员会诉莫里斯"（Board of Estimate vs Morris）一案，美国最高法院的大法官在 1989 年一致判定纽约市政府违宪，并在判决书中指出："因为纽约各行政区的人口差别很大，但每个行政区在老委员会中的权力比重是相等的，所以老委员会的权力结构违反了美国宪法中'一人一票'的原则。"

因为原政府权力结构违宪，纽约不得不在法院判决后着手修改自己的宪章，重新定义市政府权力的分配方式。于是，纽约市成立了修宪工作组，为这座全美最大城市未来的政府权力结构寻找新的方案。

纽约 1989 年修宪工作组所要完成的任务，是 20 世纪美国城市政治和治理历史上最难也最有趣的议题之一，包括了复杂的修宪难点、过程、方案以及结果。[8]

修宪的难点

城市宪章是时代的产物，反映特殊时期、特殊地点和特定人群的意志和精神。纽约 1989 年的大修宪，除了要解决老委员会投票机制不符合美国宪法"一人一票"原则这个法律难题以外，还需考虑当时纽约城市政治中更加深刻的社会问题，包括种族问题、少数族裔参政议政问题以及区与区之间平衡的问题。在曾经的纽约，权力是白人、曼哈顿人的地盘；这种权力分配和政治参与度的不均衡如果不做调整，将可能加深社会的割裂，为这座城市埋下巨大的隐患。

同时，修宪并不是由工作组或是当时的政府说了算的——最终决定修宪的结果的权力在人民手上。工作组的任务是提出新的方案，然后纽约市民会对其方案进行全民公投。公投意味着实实在在的拉票政治。毕竟，修宪既是一个在技术上寻求最优解的课题，也是一场赤裸裸的政治和民意的游戏。对于修宪工作组来说，他们不仅仅要制定出符合技术理性的新宪章方案，更要保证其方案能跨越种种政治障碍（比如许多原体制下既得利益者的反对），得到舆论的支持，最终得以通过全民公投的检验，得到大多数纽约选民的投票肯定。

最后需要强调的是：修宪的目的是制定新的政府结构，而不是制定具体的政府政策。城市的宪章规定政府将依照怎样的过程和方式来做决定，但宪章不会讨论政府该做出怎样的具体关于纽约人衣食住行的决定。在纽约，政策制定的细节是官员和选民之间的承诺，而不是直接由宪章或是政府结构决定的；修宪工作组自始至终的任务是（且仅仅是）为纽约这座城市的政治生活提供新的"根基"，而不是设计根基上面的"建筑"。

修宪的过程

正是因为修宪既是一门技术活，又是一场政治游戏，所以修宪工作组不能只关起门来做内部研讨——他们得面向公众，将修宪的过程视为一场选举运动，将各种政治考量和公共关系技巧融入修宪中。在修宪期间，工作组所做的包括：

- 政府听证会：在修宪的初期，工作组在政府举行了 6 场公开的专业听证会，就政府结构和管理等议题向专家收集意见。
- 公众听证会：在修宪的不同阶段，工作组在纽约各个地方举行了

12 场和公众面对面的听证会，让到场的群众就修宪直接提出看法、建议和问题。

· 公众宣传：除了听证会以外，工作组还通过海报、报纸、邮件等形式扩大公众的参与度。

只有这种面向公众、公开透明的修宪过程，才能在最终公投时得到广泛的支持。终于，在 1989 年 8 月，工作组完成了修宪提案。于是，在接下来的 3 个月内，工作组展开了大规模的宣传运动，向公众"推销"修宪提案。

任何一场政治运动都会有不同的声音。修宪不乏诸多反对者，其中就包括老制度下的既得利益者们。修宪工作组自然非常清楚公投的种种难点，于是他们在宣传工作中重点寻求城市中有影响力的组织、个人、意见领袖和媒体的支持。

同时，和官员参加大选一样，赢得选票的重点是在选民中组成联盟，将潜在的支持者团结在一起，削弱反对派的势力——哪怕这些支持者各自并不互相认同。在纽约 1989 年的修宪运动中，少数族裔、时任市长、皇后区的区长、支持政府改革的群体和个人以及两家平时论调截然不同的报社纷纷成为修宪方案的支持者。这些不同的群体的政策偏好和行动纲领肯定是不同的，这意味着要想让他们都投赞成票，修宪方案必定在多种不同的偏好中找到了平衡点，而不只去满足某个利益群体狭隘的愿望。修宪组后来总结道："如果有人百分百（对我们的方案）满意了的话，那我们百分百是（把修宪工作）做错了[①]。"⁹

修宪的方案

修宪需要在技术理性和政治赢面之间找平衡点。技术上"好"的制度，不一定会是多数人所支持的，反之亦然。最终的修宪提议是多方权

[①]英文原文为"If anybody were 100 percent pleased, we'd be 100 percent wrong."。

衡的结果，其提出的改革主要由以下几部分组成：

- **彻底取消老委员会**

在最高法院判定老委员会的投票机制违反了美国宪法中"一人一票"的原则之后，出于诸多考量，纽约修宪工作组建议取消老委员会，并将老委员会手中的重要权力重新设计分配到其他政府部门。

- **增强市议会的权力**

议会是纽约市的立法机构，其成员（议员）由各个选区的选民一人一票选出，是最能代表民意的政治角色。城市政府的主要职责是提供公共服务，以前这些服务由老委员会来投票，一锤定音，但修宪工作组认为，在纽约法治社会中，公共服务等政策的制定，应该要在最能代表民意的立法部门进行决议和投票。

于是，修宪工作组建议将重要的政策决议职能集中在市议会。其中最值得一提的就是在第 17 章详细分析的土地利用规划。在纽约这座超级大都市，地产开发和城市规划建设对居民、社区以及整个城市的发展所带来的影响是极其深远的，因此土地如何使用属于政策决议和立法的范畴。所以在新的制度下，土地规划的最终决定权不是掌握在市长或规划局局长手中，而是掌握在议会手中。

同时，除了重新分配权力以外，修宪工作组还对市议会自身的组成结构和选举细节做出了调整，使其更具代表性，力求合理反映城市中少数族裔的声音。

- **将行政区区长的权力从"后期"调到"前期"**

在之前的老委员会制度中，区长所拥有的巨大权力处于决策的后期——当老委员会成员就城市预算、土地规划方案、合同等议题投票时，其起到的是作为最终审判人"一锤定音"的作用。当老委员会被废除、主要市政决策权集中到了议会之后，区长丧失了对关键问题的投票权，权力被大幅削减。

但为了更加有意义地保持各个行政区在公共服务决议中的声音，修宪工作组建议将区长发声的环节设计在政策决议的前期（比如让区长在土地规划的前期提建议），化被动为主动。

- **给予市长最大额度的行政权**

在修宪工作组的提案中，市长完整地得到了原本是由老委员会掌握的那部分行政权，比如对所有政府采购合同的审批权。修宪工作组认为，既然市长是行政部门的一把手，行政权就应该被集中到他身上，而不是下放到区长或是分配一部分到议会。这是因为，当存在有效制衡时，合理的权力集中可以使得行政职能变得更加高效可靠。如果行政权被拆分到不同部门，那么到头来就没有人可以被问责。

靠着这几项关键的改革措施以及其他具体的细节方案，修宪工作组将之前老委员会掌握的立法和行政权重新分配，制定了新的纽约市政治游戏规则。

修宪的结果

1989 年 11 月 7 日早上 6 点，纽约市修宪公投开始，当天晚上 9 点投票结束。最终投票结果表示，纽约通过了修宪方案，支持的票数占 55%，反对的票数占 45%。同年 12 月 13 日，美国联邦司法部通过了纽约的修宪方案，这座城市的宪章正式被改写，从此纽约将按照新的权力结构发展下去。

修宪成功后，工作组的组长写道：

"新的宪章并不是完美的；没有任何城市的宪章可以达到完美。新的宪章也无法解决我们面对的每一个问题；宪章不会告诉我们路面如何才能更平整、街道如何才能更干净。但我相信，新的宪章确实为城市政府打下了根基，使得政府能够更好地满足我们的需求，代表民意，参与到决策过程中。现在，就该让我们的民选官员、监察机构以及每一个纽约市民来共同努力，实现这些目标了[①]。" [10]

[①] 英文原文为 "The new Charter is not a perfect document; no Charter can be. Nor will it solve every problem we face; the Charter does not say how potholes are to be filled or streets cleaned. But I believe that it does lay a foundation for City government that will be responsive to all our needs, represent us better, and give us greater opportunities to influence the decisions that affect our lives. Now it is up to our elected officials, the government watchdog organizations and all of us as citizens of New York to work to fulfill those goals."。

2019 年纽约修宪听证会现场

论一座城市的制度设计

时间来到 30 年后，2019 年 11 月 5 日，纽约再次进行了修宪公投，这是继 1989 年以来纽约首次修宪。

这次修宪并不是像 30 年前那样是由外部的法律危机造成的，而是一场从政府内部发出、以当时的议会为主导的对城市治理框架的主动更新。和 1989 年相比，2019 年的修宪并未对政府权力结构做出根本性的改动，而是针对选举制度、政府预算、土地规划等具体议题做出了框架性的调整。

我当时参加了这次纽约修宪过程中的听证会。听证会上，代表不同声音的专家发言陈词，代表政府各部门的官员提问、答问。当我在市政厅里看着这座城市的专家、政客和公众进行着辩论时，突然感受到了制度设计的神奇：城市的发展和人们生活的方方面面，都要受到一个时代、一个地方特殊的政策决议和治理方式的影响；不管一个人的地位有多高、野心有多大，其政治权力的来源和使用，都要受限于社会所接受的权力分配框架——在纽约，宪章就是市民所认同的终极权力框架。

然而，权力的结构并不是"天定"或不可更改的。存在不一定即合理。改变制度有时是因为外力不得已而为之，有时则是源于社会内部自身的追求。但无论原因如何，程度怎样，对权力的框架做出更改都需要勇气和谋略。人们在尊重制度的同时，也可以抱着野心、创意以及专业精神，共同去挑战既定的权力框架，定义新的制度，寻求属于他们那个时代的共识。

25.　　　　最后，从纽约城市制度的起源说起

我非常理解不喜欢研究历史的人。历史上的事件和人物离当下的生活那么遥远，对现代人的衣食住行怎能有直接的影响呢？时过境迁，古人的方式方法又哪会对我们面临的种种实际问题——包括住房、经济、环境等——有帮助？所以，当我决定用纽约 200 多年前的历史来作为这本书的结尾时，我自己也感到吃惊。

毫无疑问，纽约最引以为傲的是它的创新。在这座现代、繁华、耀眼的超级大都市里，摩天楼和经济总产值越来越高，街道和社区的面貌也在不停地刷新。但是，仔细回想这座城市的各种发展轨迹，才会发现：尽管纽约的城市面貌一直在快速地改变，但其创造力本身或许就是这座城市中唯一不变的东西。甚至，纽约的历史表明，哪怕是在这座城市才刚刚成立的最初期，其发展的模式就已经颠覆了常理。"创造"正是这座城市最古老的制度基因。所以，回到最早的原点，用这座城市的起源来为这本关于纽约城市创造力的书做结尾，或许反倒是再合适不过的了。

纽约 18 世纪的水域产权交易

纽约的早期近代史起源于公元 16 世纪。当时，来自欧洲各国的探索者和征服者陆续统治过这片土地。但其城市政府制度发展最重要的分水岭是获得英国国王颁发的特许状。

18 世纪上半叶，美国仍然处于英国殖民时期，还不是独立国家。1730 年，英国国王乔治二世（King George II）颁发了皇家的特许状，批准并确立了纽约作为一座城市所享有的特权①。

---

① 在 1730 年之前，纽约市已于 1686 年和 1708 年有过当时英国国王给予的特许状。历史学家们认为 1730 年的特许状扩大了之前特许状所涉及的范围，是纽约市确立政府权力的关键。[11]

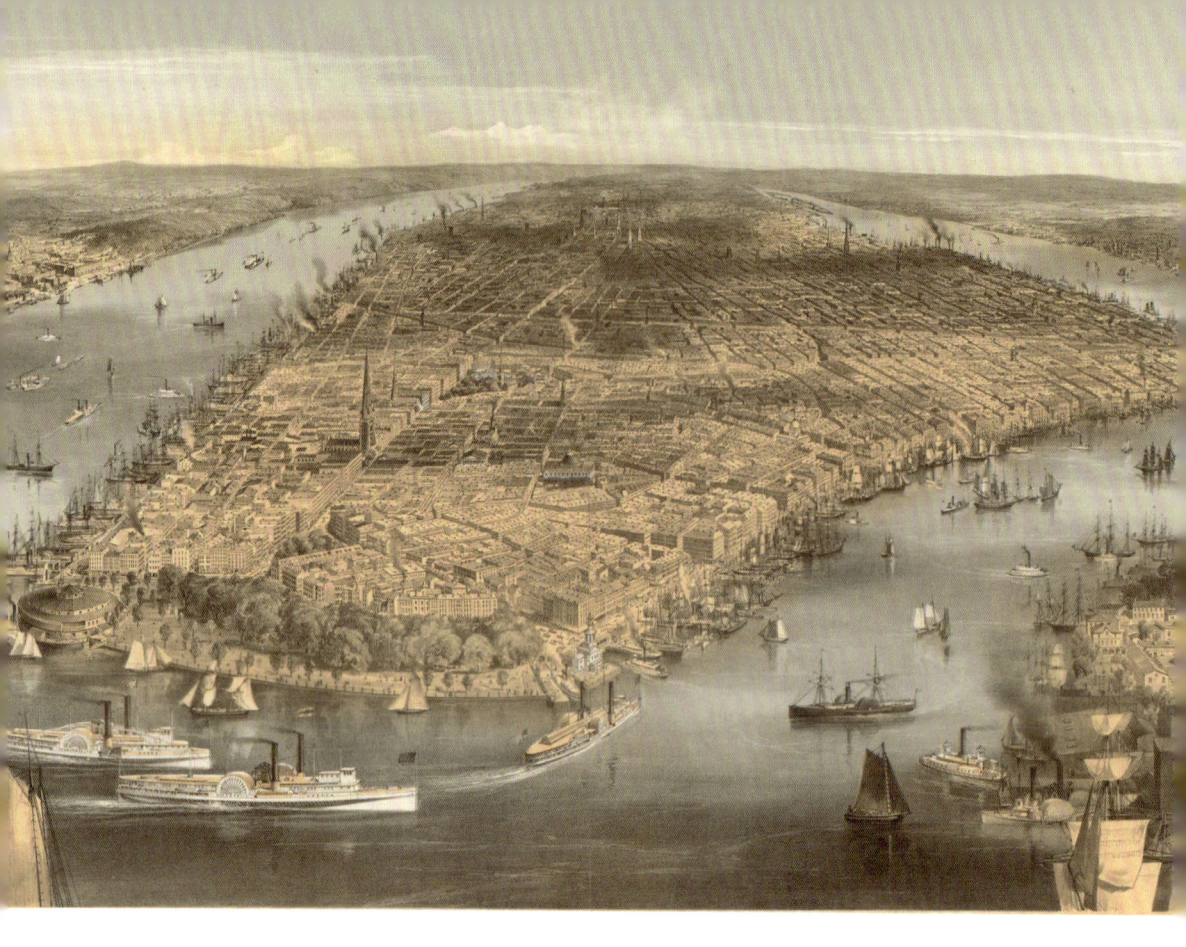

近代纽约

图片来源：City of New York, ca. 1856 / sketched and drawn on stone by C. Parsons. Published by N. Currier. Photograph. https://www.loc.gov/item/90715981/.

    皇家特许状是由君主签发授权给个人或团体的文书。许多英美著名的城市、镇、大学和公司都是通过皇家特许状的形式成立的，包括在历史上曾垄断贸易、统治英国殖民地的东印度公司和美国知名学府哥伦比亚大学等机构。

    亨德里克·哈托格教授在其著作《公共财产与私人权力：美国法律中作为法人团体的纽约市，1730—1870》（*Public Property and Private Power: The Corporation of the City of New York in American Law, 1730-1870*）中通过研究皇家特许状对制度的影响，详细分析了纽约 18 世纪政府的职能。1730 年，纽约获得的皇家特许状明确了三项大事：身份、权力和财产。

首先，皇家特许状正式确立了纽约（市）作为一个法人和政治团体（body corporate and politic）的属性。这意味着：就像其他的法人一样，纽约可以拥有财产，可以与其他个人和团体进行交易，是一个具有法律义务和能力的独立个体。从此，"纽约"不再只是一个自然和地理意义上的人口和商业聚集区。作为法人的它，可以执行实权，具备了主动参与到社会发展、法律运作和经济生产中来的身份。

其次，特许状给予了纽约广泛的公共权力，包括在城市范围内修建道路、管理集市、为私人企业颁发执照、对各类市场中的商品进行监察、修建监狱以及设置法院的权力。作为公共利益的代表和执行者，纽约通过这份特许状明确了自身的职责。

最后——也是纽约市政府起源中最重要也最耐人寻味的一点，特许状给予了纽约一系列属于其法人团体的财产。这些财产既包括土地（包括第16章中提到的后来被用于在曼哈顿扩张网格状道路的大片公地），也包括水域底下的领域——对水域土地的所有权继而包括了在水上运输乘客和货物的权利。皇家特许状将纽约变成了拥有实际资产的个体，并且其资产数量颇丰。

在18世纪的英美法律框架中，纽约名下的资产属于私有财产。在当时的法律语境下，纽约（作为法人）通过皇家特许状而得到的拥有某块土地的权利和一位地主或私人企业拥有某栋楼房的权利是一样的——这些不动产的产权都是完整的、绝对的、不受限制的且永久享有的，是无条件的既得权。[12] 甚至，有历史学家认为，产权是18世纪的纽约得以作为法人个体存在的根本。1730年的皇家特许状的实质并不只是政府权力从英国王室向殖民地城市的转移，其归根到底是一笔资产交易。财产的存在定义了个体的存在；通过持有从皇家获得的公地、水域等产权，纽约市才得以以法人和政治主体的形式实际存在并执行其权力。[13]

纽约的皇家特许状为这座城市的早期发展打造了一种独特的制度基因，这种制度将法人私有产权和政府公权力紧密地揉捏在了一起。虽然现在的纽约市政府也拥有自己的土地和房屋，但在18世纪早期的纽约，财产并不只是政府日常运营所需打理的一部分资源而已。在那时，纽约作为法人个体所持有的产权是新兴政府当时最核心、最根本的权力来源，决定了纽约市政府治理这座城市的逻辑和方式。[14]

对于 18 世纪的纽约来说，其政府事务中最重要的一项就是处置它名下的各种资产——当时纽约议会的请愿记录中甚至有高达 3/4 的事务与政府的产权有关。[15] 然而，纽约并不只是静静地持有其不动产而已；相反，它积极主动地和其他私人主体进行地产交易。租赁、买卖、签订授权使用协议……当时的纽约市政府就像个私人地主一样，通过把名下的土地出售给其他个人与企业赚得现金流。但和普通私人地主行为模式不同的是，18 世纪的纽约市政府之所以要执行产权交易不仅是为了赚钱。纽约市政府通过私人交易的形式，最终达成了城市规划、经济发展等公共目的。

举例来说，纽约是座港口城市，当时纽约市政府的资产中有很大一部分是临河土地向外延伸的水域本身。因为水运是这座城市经济的命脉，所以若是在临河的水域上搭建码头，那么载客和运货的船只就都得向码头的主人缴纳费用。于是，对于纽约的地主和商人来说，政府持有的水域产权——以及其背后的收益潜能——是非常具有吸引力的。政府看透了这个道理，因此陆续地将水域的产权授予给私人主体。

私人业主为了获得纽约水域的产权，需要向政府按水域的面积支付转让金。但除此之外，当时的纽约市政府还会在水域产权的交易文件中附加很多条款，要求私人地主用自己的资金在临河的土地上修建公共道路，并且对这些道路持永久维护的义务。有些交易除了要求地主修路以外，还要求在水域上建造公众可以免费使用的渡船码头或泊船港。

纽约今天金融区的历史街区南街港口区就是由当年的水域产权交易打造出来的街区。1719 年，纽约市政府和富商杰勒德·比克曼（Gerard Beekman）签订了全城第一个水域交易契约，[16] 并附上协议，要求比克曼必须沿着水域土地边界建造新的供公众使用的渡船码头。后来，随着城市的填河发展，当年的渡船码头变成了两旁建满房屋的街道，形成了今日南街港口历史街区的中心地带。[17]

有时候，政府制定的这些建造公共设施的规则很明显是在考虑未

位于曼哈顿沿河的南街港口区

来——而不是当下——的城市发展。比如，在一项1773年的水域出让交易中，政府在要求了私人地主建设两条街道以及一个巨大的泊船港后，还要求："协议签订20年后，或者泊船港停满之后，产权人需要建设第三条公共街道。"这样的条例将经济发展的时间维度和基础设施的阶段性规划紧密结合，让城市建设不是一次性全部投入，而是跟随需求一步一步地铺开。

通过产权出让，18世纪的纽约借助私人主体的人力、物力和财力，规划并建设了城市的公共领域，并从中赚得政府收入。若是没有这些产权交易，纽约就不会发展成港口中心，也不会拥有逐步完善的临河基础设施。政府通过出售产权并在交易中安插附加条件的形式，不花政府一分钱即换来了城市发展所需的种种硬件设施。并且，这种借助私人之力的城市基础设施建设极度受到市场本身的制约——商业的发展和人口的流动决定了哪块水域具有市场需求和经济潜力，纽约则需要根据这些市场的需求来循序渐进地交易水域产权，发展临河土地，无法武断地将规划的步伐迈得太大。[18]

18世纪的纽约水域产权交易并非政府强制力的体现。相反，当政府和私人主体签订契约时，双方是平等的"甲方"和"乙方"法人主体。这份协议本身并非政府制定的法令，而是一份普通的私人产权买卖合同。就像两个私人地主在买卖不动产时可以附加一系列双方均认可、

18 世纪的纽约地图,可以看到岸边有众多码头

图片来源:Ratzer, Bernard, and Thomas Kitchin. To His Excellency Sr. Henry Moore, Bart., captain general and governour in chief in & over the province of New York & the territories depending thereon in America, chancellor & vice admiral of the same, this plan of the city of New York is most humbly inscribed. [London: s.n., ?, 1767] Map. https://www.loc.gov/item/91684092/.

合法的合同条款一样,政府在出让水域产权时所加上的种种基础设施条款并不是新的法律,而只是受到当时既有财产法制约的"私人"交易条款而已。

通过与私人进行的最基本的交易模式——产权买卖——来推动城市的治理和发展,纽约体现了一种 18 世纪盛行的政治精神:政府的职能并不是大兴土木,主管一切,而是在充分认可并实践私人权力的同时,维护社会的和平;而政府用来维护社会和平的途径,并不是直接加大政府投入,而是让私人满足各自对社会应尽的公共义务。[19] 这种思想在 18 世纪的纽约也是有不得已而为之的原因的——毕竟当时纽约市政府还只是一个新兴主体,不具备足够的财政资源和官僚体系来直接承包社会变

纽约的天际线

迁和城市发展的繁多任务。于是，当时的纽约市政府选择并不做公共服务的直接提供者，而是成为私人行为的影响者——通过影响私人的行为，18世纪的纽约市政府借助私人的力量促进了社会的稳定和发展。[20]

在200多年前的纽约，政府既拥有公共的权力和责任，同时又是一个在法律上和私人主体无差的产权持有人。纽约市政府"公共"的属性使其制定了其行动的目标——维护和发展这座城市，但真正帮助纽约达成这项目标的，是其"私有"产权。水域本是政府所有，通过将其出让给私人地主和企业家，18世纪的纽约换来了港口城市赖以生存的码头、道路以及维护它们的人力物力。

这种利用私有产权达成公共目的的手段和利用传统的公权力来执行政策的行政范式有着本质上的不同。在传统的政府"工具箱"里，为了达成公共目的，政府要么得动用自身财政资源进行直接投资，要么得动用国家机器惩罚不利于公共发展和社会稳定的行为。但通过私有产权交易，政府不需要投资，也不需要下强制令；18世纪的纽约只需将自己的产权以及其背后的经济潜力作为诱饵，就能吸引私人主体通过和政府进行交易来自愿成为城市发展和公共资源的出资者、建设者和维护者。这就是 200 多年前纽约的城市制度创新。

美国城市政府的两面性

在美国，城市政府的本质是一种"法人团体"，这个英文词和现代语境下的"公司"是相同的（均为"corporation"）。美国城市政府——包括纽约——的法律定义为"市政公司"。现在，一些美国城市政府的官方网站域名并不是以代表政府机构的".gov"结尾，而是以普通私人企业或组织常用的".com"或是".org"作为结尾①。市政府和私人企业具有高度的相似性：政府也好，私人企业也好，这些法人团体都是获得了法律承认、可以执行权利和承担义务的单一法人实体，并且这个实体的"人格"和"存在"与其内部包含的自然人个体（企业的股东、政府辖区里的市民）是不同的②。[21]

美国城市在法律意义上的本质与私人企业同源，两者并非泾渭分明。18 世纪的纽约作为一个享有私人产权、不断与私人进行交易的法人团体，将市政府和私人团体之间的这种模糊性展现得淋漓尽致。市政府与私人组织相似的法人团体属性体现了一种自下而上的政治观。在这种世界观里，政府的本质是私人之间的自由集结（voluntary association），让分散的公民团结起来，找到一种共同处理问题、

---

① 例子：纽约市公园局的政府网站为"http://www.nycgovparks.org"，密歇根州的安娜堡市的政府网站为"https://www.a2gov.org/"，南卡罗来纳州的默特尔海滩市的政府网站为"https://www.cityofmyrtlebeach.com/"。
② 摘自美国法律界使用最广泛的字典对"法人团体"（corporation）的定义："An artificial person or legal entity created by or under the authority of the laws of a state or nation, composed, in some rare instances, of a single person and his successors, being the incumbents of a particular office, but ordinarily consisting of an association of numerous individuals, who subsist as a body politic under a special denomination, which is regarded in law as having a personality and existence distinct from that of its several members, and which is, by the same authority, vested with the capacity of continuous succession, irrespective of changes in its membership, either in perpetuity or for a limited term of years, and of acting as a unit or single individual in matters relating to the common purpose of the association, within the scope of the powers and authorities conferred upon such bodies by law."

行使权力、执行义务的自治途径。19 世纪法国思想家亚历西斯·托克维尔将民众自由集结视为美国公民政治生活的根基。直到今天，纽约市政府系统中的社区委员会、议会、行政区仍体现着不同规模的自下而上的治理逻辑，让市民或直接或间接地参与到政策的制定中来，解决问题，提供公共服务。

虽然美国最早的市政府和私人组织同源，但随着社会、政治、哲学、法律等思想的发展，以公共目的为核心的政府法人团体与纯粹的私人团体之间的区别变得越加明显，将两者总是混为一谈将会产生许多问题。毕竟，市政公司是政府，是国家机器的一部分，具有约束个人行为的强制性权力（coercive power）。在自由主义的思想中，政府的强制力意味着它和私人公司不能被混为一谈，需要被区别对待：私人公司的自由是神圣不受侵犯的基本权利，而市政公司的权力则应被控制，否则，有权监管市场交易和影响社会生活的市政公司将有可能限制私人公司的自由。于是，在这套思想的影响下，以市政公司为代表的"公共法人团体"（public corporation）和私人公司（private corporation）成为不同的法律概念；如今，美国法律和政治界的基本认知是保护私人法人团体的自由且约束公共法人团体的权力。[22] 在美国城市法领域影响深远的法官约翰·福雷斯特·狄龙（John Forrest Dillon）认为：只有将公共法人团体与私人法人团体区分开来，才能让政府真正地以公共利益为目的。因为只有这样，才能确保政府不受强大的私人利益团体的影响，并同时保证私有经济不受政府的过度干预和控制。[23]

当法人团体被分成公共与私人这两种不同的属性时，市政府是一种自上而下的管理机制，其权力和本质上的合法性并不是市民的集结，而是更高一级政府的赋权。就像在18世纪，当美国还是英国殖民地时，纽约的法人实体是由英国国王赋权产生的；在现代的美国，市政府也均由更高级的权力——各个州政府——塑造而成。这意味着，市政府的职能由州政府决定，其权力是有限的、受州约束的。[24] 这种"地方政府只能行使州政府明确赋予的权力"的法律原则叫作狄龙定理。在狄龙定理影响的法律框架里，市政府存在的意义是代州政府执行权力，而不像私人企业那样拥有既有的自然权；[25] 哪怕市政府再庞大，也必须得听州政府的话。

城市作为一种自上而下的、具有强制力的治理机制，却因为受更高一级的政府的牵制而缺乏本质上的实权——这在第 21 章分析的亚马逊进驻纽约计划中得到了充分体现。2018年，政府为了吸引大型科技企业进驻纽约，而强势地将项目规划让州政府牵头，允许亚马逊的总部开发计划不需经过纽约市政府的规划审批程序，这彻底剥夺了当地市民和市议会在如此庞大的项目中通常会享有的监督和决策权。第12章分析的纽约地铁系统，也同样体现了市政府在州政府面前的无力感。这个全美最大的城市公共交通系统的决定权并不是掌握在市政府的手里，而是由州政府控制；长期的州长与市长之间的政治矛盾以及两级政府本身的利益区别导致了这座城市的地铁系统变得年久失修，一度瘫痪。第14章在介绍拥堵费时也提到，纽约市政府能否对车辆征收额外的过路费用于缓解交通，得由州政府最终定夺。

美国城市作为市政公司，既有自下而上的、依靠公民自治的社会基因，又有自上而下的、由州政府赋权的法律基因。这种多面性——或者说是矛盾——意味着公共与私人之间的关系并不直截了当。在自由主义的思想中，私人与公权力本应是二元对立的：前者被统治，后者是统治者；被统治一方的权利需要被保护，统治者的权力则需被限制。但美国城市作为一种特殊的公共法人团体则介于纯粹的私人与绝对的公权力之间。市政府虽然有权统治城市中的方方面面，但自身被州政府所统治；同时，相较于高高在上的美国联邦或州层面的政治系统，城市也是许多私人团体和个人直接参与到公共政策中来的最方便的地方。私人领域和公共权力的二元对立，在城市中变得模糊不清了。[26]

介于"公"与"私"之间的纽约

公共与私人的界限在美国城市的治理中变得越来越模糊。但或许，"公"与"私"之间的灰色地带正是城市发展的根基。

纽约是一座依靠公共和私人这两股力量相互糅合而创造出来的城市。早在18世纪时，纽约市政府就通过产权交易让私人地主承担了港口基础设施建设的任务，从而达成了城市规划和经济发展的公共目的。今天，作为全美规模最大的市政公司的纽约市政府虽然已在法律属性上和 18 世纪有了本质区别，变得不再依靠土地产权作为其执政的基础，并且有了更加广泛的权力和责任以及更加庞大的官僚系统，但其仍然一直通过各种方式与私人组织和个人互动、合作、博弈。纽约 18 世纪的水域产权交易模式在今天仍不乏各种一脉相承的变体。私人领域和公共权力之间模糊的界限，仍是纽约这座城市当下的制度基因。

18 世纪时，纽约市政府将名下的水域产权出售给看中了运输利润的私人地主，并在财产交易协议中规定买家必须在岸边修建道路、维护公共设施。公众获利了，得到了城市发展所需的基础设施；私人资本方获得的利益则是开发水运系统带来的现金流。政府"引诱"地主靠的是土地产权，其合作的方式是卖家和买家之间的地产交易。

今天，纽约市政府通过规划局将各种住宅和商业地产项目中额外的容积率授予想建更高、更大楼房的地产开发商，并规定获得额外容积率的开发商需要提供相应的公共利益。在第 5 章分析的地产开发案例中，额外的公共利益是供市民和游客自由使用的公共空间，包括由开发商出资建设和运营的私有公共空间以及公园界的新"网红"多米诺公园；在第 19 章分析的规划政策中，公共利益则是给中低收入人群居住的经济型住房。同时私人资本方在这些项目中获得了超出原规划所允许的开发面积带来的额外收益，或经济型住房带来的房地产税减免。政府"引诱"开发商所依靠的不再是土地产权本身，而是政府对土地利用和开发强度的控制权。公私之间合作的方式也不再是直接的买卖交易，而是规划审批程序中的规则和谈判。

从 18 世纪到今天，纽约市政府完成了从资产交易到政策交易的转型。在 18 世纪的公私交易中，政府直接把其名下的土地出让给开发商。今天，政府在和开发商交易时，拿出来的则是政策。值得一提的是，今天政府提供额外的容积率和开发权给开发商，这虽然看起来对政府来说并没有当即兑现的直接成本，但从长远的眼光来看，加大地产开发强度、吸引更多的人口进驻，意味着政府在未来得投入额外的公共服务，这需要长

布鲁克林中心区的高层地产项目需按规划局的要求提供经济型住房

期稳定的财政支出。

  除了通过区划法规来让开发商直接修建公园、经济型住房等公共福利以外，纽约市政府还会通过其他手段来让地产商和地产项目为公家创造现金流，用于支持公共资源的建设、运营和维护。

  第 16 章介绍的曼哈顿的路网系统就是政府让私人地产来为公共资源买单的最早大型案例之一。早在 19 世纪初，当曼哈顿半岛的大部分还很荒凉时，纽约绘制了跨越整个曼哈顿的 100 多条道路的规划，但没有足够的政府修路资金能拿来将计划变成现实。于是，政府计算了这些新的道路将对于周边土地产生的价值提升幅度，并以此为基准向规划道路周边的地主征收增值费，即用地产未来的价值为铺路所产生的成本买单。

第 20 章介绍的哈德逊广场采用了相似的逻辑，勾画出了基础设施和地产开发之间的价值闭环。新的地铁、公园等基础设施会提升周边土地和地产的价值，这部分地产增值可以被"捕获"起来，帮助基础设施的融资。纽约市政府为了促成哈德逊广场这个全美最大的私人地产开发项目，投入了数十亿美元用来修建地铁和打造新的公共空间——哪怕是再强再富的纽约市政府，也很难从自己的市政腰包里掏出如此大的金额。于是，让哈德逊广场内私人地产增值的部分来帮助支付庞大的公共投入，成为整个项目得以成功推进的关键点。

同理，在第 1 章介绍的布鲁克林大桥公园的案例中，政府规划了占地 34 公顷的超大型市政公园，却不想为这座公园将产生的高昂的运营成本投入纳税人的钱。于是，政府在公园土地上画出了 7 个地块专门租给开发商做私人地产开发。把公园面积 10% 的土地交给开发商的这种操作曾让许多一开始支持公园计划的市民和团体大跌眼镜，觉得政府这样做破坏了公园的蓝图，损害了公众的利益。但政府这样把土地租给开发商的模式，确保了这座纽约最受欢迎的大型临河公园能平均每年从开发商那里收来 1600 万美元的地租用来支持公园的维护和运营。若是没有政府主动地把开发商"邀请"到公园里来，这座大型公园不可能做到财务自持。

布鲁克林大桥公园的管理机构叫作布鲁克林大桥公园集团，这是一个介于公共和私人之间的组织。通过处于公与私之间的第三方机构来运营城市是纽约的又一大特点。这种组织与市政公司一样是为了公共目的而设置的，但是以私人公司来运营。除了布鲁克林大桥公园集团之外，哈德逊广场背后的基础设施公司以及在亚马逊总部项目中负责整合纽约市政府资源的纽约市经济发展署都是类似的机构。同理，第 13 章介绍的掌管纽约区域港口和机场的港口署以及纽约地铁系统的掌管者大都会交通署亦是如此。这些组织的责任重大，决定着大型公共资源的运营和相关政策的制定。它们通常像私企一样由各自的董事会负责决策，但其董事会的成员通常由市长或州长等官员委任，因此这些机构最终代表的是政府的利益。不过，凭借专业的管理团队，这些组织可以高效地处理

布鲁克林大桥公园

复杂项目的运营，并在人事、采购、发债以及其他与私企互动的领域比传统的政府机构有更高的灵活性。因此，美国地方政府法界的泰斗哈佛大学杰拉德·弗鲁格（Gerald Frug）教授评价道：这些组织被认为更像是私人企业而不是市政府，实际上它们的操作也是如此[①]。[27]

像哈德逊广场基础设施公司和大都会交通署这样的组织，有着私人企业的框架，目的是执行政府的任务。但在纽约，还有另外一种如假包换的以公共目的为己任的私人组织——综合改善区（简称"BID"）。BID 也是一种由董事会和专业管理团

[①] 英文原文为 "These organizations are thought of – and are run – more like private corporations than city governments."。

队组成的非营利组织，负责对其所在辖区的公共空间提供增值服务。如第 10 章所分析的，不管是知名且繁华的第五大道、时代广场，还是皇后区和布鲁克林的邻里商业区，这些街区都依靠着各自 BID 提供的保洁、宣传、运营等服务，而变得更加生机勃勃。

BID 虽然享有一定的公权力，但和像纽约市经济发展署和大都会交通署这样的靠政府拨款、由政府官员委任董事会成员——实际上受政府掌控——的机构不同，BID 是一种更加纯粹的自下而上的治理模式。BID 的运营资金来自区域内地产所有者缴纳的费用，其董事会也是由当地的业主和租户组成（政府官员有权提名一定名额的董事会成员）。通过扎根于街区的运营，BID 将公共与私有的利益变得更加一致。它以公共领域运营为理由，给私人附加了额外的税赋责任；但这种私人运营、私人决策、私人融资的模式也为业主和租户提供了更加直接参与改善其所在街区内公共服务质量的机会；而良好的公共领域，最终也是私人财产得以保值和增值的原因。

用私心和私利来创造公共价值，这套逻辑是塑造纽约城市各方各面的基石。有时，这套系统甚至不需要政府强制或是直接参与到交易中来——当政府制定好了一开始的游戏规则后，接下来的动作会靠市场自己来实现。

比方说，第 18 章分析的房地产开发权转移机制将原本锁定在各个地块的房地产开发权给盘活了，允许业主将自己未使用完的容积率通过市场价卖给其他的地块。这套机制不需政府直接参与到开发权交易中，却创造了新的市场，使得容积率这一纽约地产开发中的宝贵资源得以按供求关系流向更有价值的地方。但这套政策不仅是帮地产开发商创造了价值。当文物古迹、歌剧行业等濒危产业通过出售自己多余的开发权来赚得现金流时，这套政策实际上帮助公众实现了文物保护和扶持特色产业的宏观愿景。这样一来，纽约再度依靠开发商的私利达成了公共目的。

诚然，有时依靠开发商和大企业来推动城市发展也会侵蚀公共利益。哈德逊广场是曼哈顿最后一个创造新的大型社区的机会，然而政府动用了数以亿计的政府资金，促成的作品却是一个让全球富豪积累财富、让公众感到格格不入的私人堡垒。在亚马逊总部计划中，政府为了吸引这个科技巨头落户纽约，抛出了同样是数以亿计的优惠条件，甚至不惜绕过传统的规划审批流程，彻底剥夺公众对项目的参与权。类似的政府为了特定的经济目的而采取强硬措施的例子还有很多。如第 11 章所描述的，在 20 世纪 40 年代，政府为了吸引大都会保险公司来推动贫民窟改造计划、建设全美最大规模的租赁小区——史岱文森镇，给出了极为丰厚，甚至在当时并不合法的政府优惠条件。以哈德逊广场、亚马逊总部以及史岱文森镇为代表的这些项目虽然都是政府和社会资本的合作（public-private partnership），但在这些合作中，大企业、大资本的私人利益占据了主动权，并压制了社区和普通市民的公共利益。这是因为：资本是城市争相竞逐的稀缺资源；在私人企业和政府的谈判桌上，资本是最有力的筹码[①]，哪怕这意味着公众的利益需要被牺牲。并且，往往越是意义重大、对城市未来格局和市民生活影响深远的项目，其规模和所需资源也越大，资本的分量也就会相应地越重。

为了发展，纽约必须与私人合作——为了其资本、其技术和其能动性。当公众和私人的利益高度重合时，它们共同绘制的发展蓝图将创造一个更加美好的城市。但当两者的利益有分歧时，如何定义"发展"的权力则紧紧地被握在了资本的手中，哪怕公众对城市的想象还有许多其他的可能性……

创造自己想要的城市

纽约的城市发展轨迹似乎表明：有时，模糊和矛盾是创造力的来源。当事物触及的范围超出了其本身的常规定义时，可能性将是无限的。

[①] 哈佛大学弗鲁格教授在分析城市经济发展时指出，美国市政府高度依靠私有资本的力量是一种制度必然。由于州政府对市政府财政和借款能力的制约（参考第 12 章对纽约市财政危机的分析），以及普通市民和企业对额外税赋的反对，市政府通过公共财政来筹钱的能力有限，因此不得不依靠私人企业、开发商和资本市场来为大型项目融资。[28]

纽约的城市密度、经济体量和公共资源——既包括其令人享受、惊叹的地方，也包括其令人指责、遗憾的地方——都离不开公共和私人之间的互相渗透。在这座城市里，政府时而是秩序的制定和维护者，时而又直接参与到私企之间的市场交易中。在公私合作的治理基因中，手握大量资本的纽约企业——包括地产商、金融业、科技巨头等——也不停地将自己的利益、目的和手段注入这座城市运作的核心。

或许，对于纽约市民来说，作为普通的个体，为了发出自己的声音，创造自己想要的城市，也需进入介于公与私之间的模糊地带。

在传统的语境下，城市里，个人的体量是零散的，其存在的领域是与集体分离的私人空间。但正像政府也有私人的一面、企业也有某种公权力一样，个人的存在也有其公共性。纽约市民为了影响城市发展，也得找寻、定义和享受其自身介于公共和私人之间的身份。

有时，通过将城市中单独的个体团结起来，纽约人组成了新的集体。第 8 章分析的街区协会把邻近的住户和商业组织汇聚在一起，为本来并没有明确物理边界的纽约街区塑造了具体的人格。在第 2 章分析的高线公园的案例中，志同道合的市民通过组建"高线之友"这种非营利组织，为藏在个人内心的愿望找到了新的共同表达窗口。在史岱文森镇的案例中，租户协会为散落在庞大小区里的个体赋予了团体身份。

通过加入这些以特定的地理范围或是特定的项目为锚点的集体组织，纽约人得以更有效地组织集体行动，将他们对社区和城市未来发展的愿景表达出来。当政府一开始考虑在废弃的码头上盖高楼时，正是代表当地居民意见的布鲁克林高地协会提出了建造布鲁克林大桥公园的想法。倘若没有这股来自民间的力量以及其创造力，纽约将失去其今天最成功的公共空间之一。

强有力的私人和社区团体，甚至可以直接掌管运营一些改善社区状况的项目。高线公园是纽约最吸引游客的公园之一，其运营完全依靠高线之友的人力、物力和财力。在第 6 章介绍的开放街道项目中，城市里新步行街的地点取决于社区组织的提议，并且许多步行街的策划、运营和管理也由私人组织全权负责。

政府运作

对于体量超出社区组织承接范围的大型政策和项目——比如市政府预算制定、房地产开发、基建投资等，纽约人也通过集体表达个体的声音。比方说，第 9 章介绍的社区委员会机制就给了市民直接参与政策制定和与政府经常对话的渠道。

街区协会、非营利组织、社区委员会这些机构皆是介于彻底的"私人"和完全的"公共"之间。它们把硕大的城市公共体打碎，再靠着共同利益所产生的引力，把碎片拼接成体量较小的新团体。这些小团体最终把分散在各家各户的市民的声音、力量和资源汇集了起来。

诚然，这些团体和民众的声音也存在其缺陷。

首先，在巨大的政府或私企力量面前，社区有时仍是无力的。比方说，纽约社区委员会在参与预算规划等重要的政策制定时，只有建议权，没有投票或是否决权。第 3 章在介绍社区花园时，也以纽约著名的伊丽莎白街花园为例，分析了哪怕是自我运营再良好的社区组织，在面对规划和开发议题时的无能为力。

其次，团体组织虽然是汇聚市民声音的渠道，但其组织成员并不一定能够很好地代表整个社区实际的声音。毕竟，一个组织只能代表主动参与到那个组织中去的人的声音，纽约诸多社区组织以及社区委员会的核心成员构成与整个社区实际人口构成相差甚远。

最后，当社区的声音过于洪亮时，有时也会阻碍城市的整体利益。如在第 13 章介绍拉瓜迪亚机场快线时分析的，有时个别社区的利益是狭隘的，或是会与全市更多其他地区的市民的利益起冲突，这时，社区过多的主动权将不利于城市的发展。第 17 章在分析纽约的城市规划制度时也讨论了类似的问题。规划是法律，因此规划的决定权掌握在最能代表民意的立法机构手上；然而，由于纽约的制度将规划问题的决定权交给了代表地方意见——而不是全市整体利益——的立法者，造成了少数人可将项目一票否定的实际效果。因此，在纽约这种自治和分权的制度下，城市整体的发展目标有时会被自私的个人和团体给牵制，进而加剧了社会中的不公平。

幸好，无论是个体的主观能动性，还是社区组织的运作和城市宏观制度的框架，这些元素在纽约都不是一成不变的。第 24 章阐述了纽约通过修改其宪章彻底改变了整个城市权力面貌、处理了旧制度所产生的问题的例子。其实，许多更小、更缓慢的改变也一直在同时发生，并形成了这座城市永恒的脉搏。每一项细小的政策的制定、每一栋楼房的规划、每一条道路的修建、每一场社区会议的举行、每一个公园的运营……这些事件并不只是纽约制度产生的结果而已。它们所涉及的每一次决策、博弈、沟通和妥协的过程，都在为这个城市的人们提供新的启发，并一点点地对纽约这座巨大的堡垒进行维护、修葺和更新，逐步形成未来的新制度。纽约永不静止。

行走在纽约，感受到的是这座城市里繁华和挣扎共存的冲突感。纽约由各种模糊和矛盾组成：模糊带出了这座城市的诸多可能性，矛盾则创造出了它的种种惊艳、巧思和不完美。

在纽约各个最具特点的场所、政策和项目中，公共和私人并不是二元对立的。相反，纽约的公共权力、公共目的与私人利益、私人主观能动性总是相辅相成、不断结合。政府并不只把自己当作凌驾于公民社会之上的权力结构，而是主动地去与私人主体交涉、协作；个人和企业也并不只是自扫门前雪，而是不断地参与到公共议题的决策和执行中来。

或许，纽约最擅长的就是在公共和私人之间挖掘新的空间。这片模糊、矛盾的空间对于纽约的创造力至关重要。纵使没有人能百分之百地预言这片充满不确定性的空间究竟会带来怎样的结果——甚至没人可断定其结果对所有人都是有利的，但纽约总是抱以开放的态度，邀请政府、企业和生活在这座城市中的个体都走到那个空间里去，一起探索其中未知的领域，开拓新的天地。

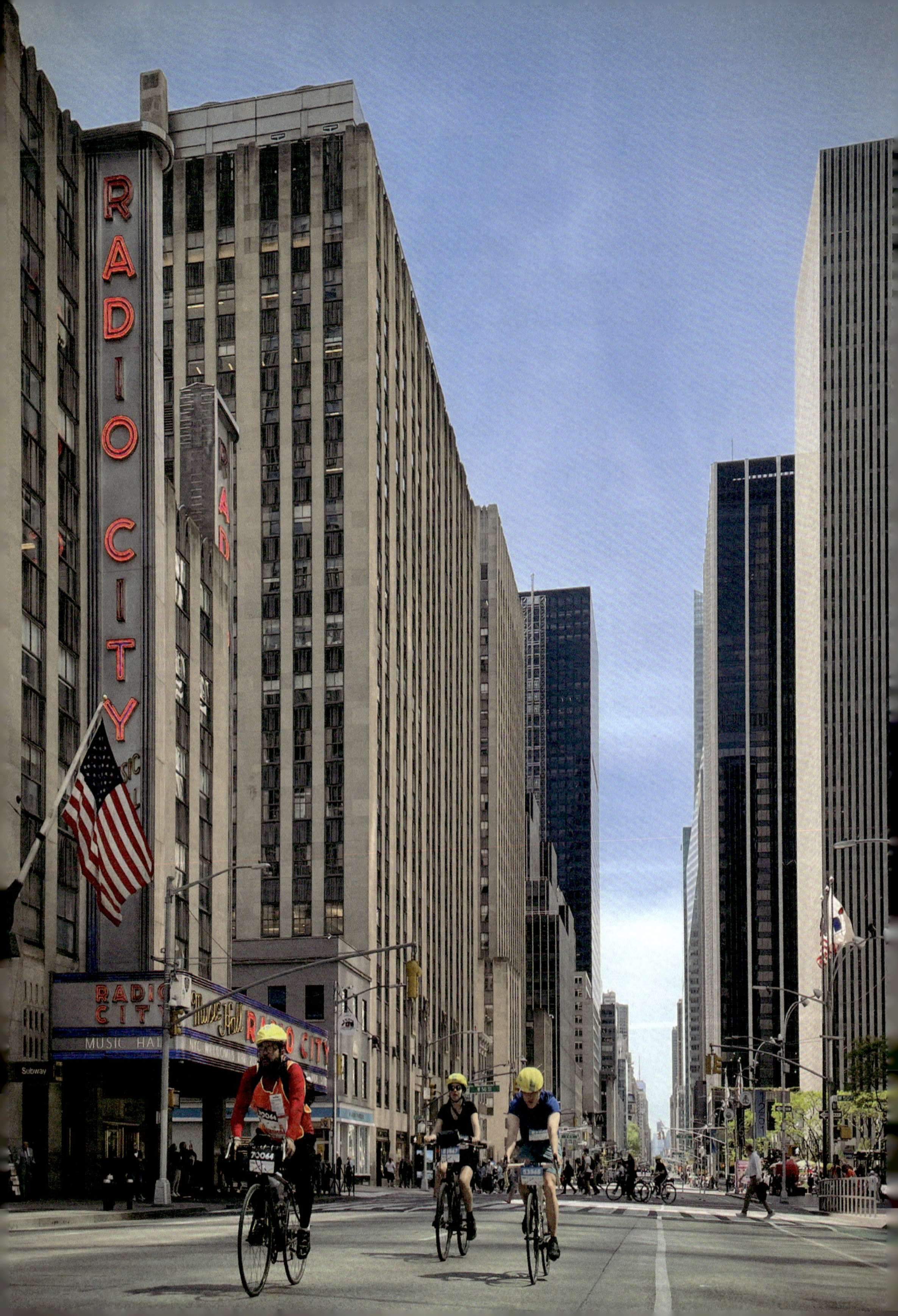
RADIO CITY
RADIO CITY
MUSIC HALL
Subway

参考文献

一 公共空间

1. Brooklyn Bridge Park Development Corporation. "Brooklyn Bridge Park Financial Plan." Brooklyn Bridge Park, Jan 29, 2009. https://www.brooklynbridgepark.org/wp-content/uploads/2020/10/Financial-Plan-Presentation.pdf.

2. Brooklyn Bridge Park Conservancy. "2019 Season Wrap Up: 260,000+ Attend Events & Public Programs." Brooklyn Bridge Park, Jan 14, 2020. https://www.brooklynbridgepark.org/about/press-releases/2019-season-wrap-up-260000-attend-events-public-programs/.

3. De Tocqueville, Alexis. *De la démocratie en Amérique*. Pagnerre, 1850.

4. Webster, Nancy and David Shirley. *A History of Brooklyn Bridge Park: How a Community Reclaimed and Transformed New York City's Waterfront*. Columbia Scholarship, 2016.

5. Hand, Scott M., and O. Pratt Pearsall. "The Origins of Brooklyn Bridge Park, 1986–1988." *Brooklyn Historical Society Catalogue*, 2014. https://thebha.org/wp-content/uploads/2018/05/13_1986_OriginsBrooklynBridgePark-1.pdf.

6. Lyons, Richard D.. "In Brooklyn Heights, a Spotlight on 87 Neglected Acres." *The New York Times*, October 27, 1985. https://www.nytimes.com/1985/10/27/realestate/in-brooklyn-heights-a-spotlight-on-87-neglected-acres.html.

7. Webster, Nancy and David Shirley. *A History of Brooklyn Bridge Park: How a Community Reclaimed and Transformed New York City's Waterfront*. Columbia Scholarship, 2016.

8. Rohde, David. "Neighborhood Report: Downtown Brooklyn/Brooklyn Heights—Update;Lumberyard Can Remain Park's Unlikely Center." *The New York Times*, February 2, 1997. https://www.nytimes.com/1997/02/02/nyregion/lumberyard-can-remain-park-s-unlikely-center.html.

9. Webster, Nancy and David Shirley. *A History of Brooklyn Bridge Park: How a Community Reclaimed and Transformed New York City's Waterfront*. Columbia Scholarship, 2016.

10. Gregor, Alison. "Condos That Fund a Brooklyn Park." *The New York Times*, November 22, 2013. https://www.nytimes.com/2013/11/24/realestate/condos-that-fund-a-brooklyn-park.html.

11. Brooklyn Bridge Park Development Corporation. "Brooklyn Bridge Park Financial Plan." Brooklyn Bridge Park, Jan 29, 2009. https://www.brooklynbridgepark.org/wp-content/uploads/2020/10/Financial-Plan-Presentation.pdf.

12. Brooklyn Bridge Park Corporation. "Financial Statements (Together with Independent Auditors' Report)." Brooklyn Bridge Park, September 2019. https://www.brooklynbridgepark.org/wp-content/uploads/2020/10/FY19-Audited-Financial-Statements.pdf.

13. Webster, Nancy and David Shirley. *A History of Brooklyn Bridge Park: How a Community Reclaimed and Transformed New York City's Waterfront.* Columbia Scholarship, 2016.

14. 赵燕菁，《城市化 2.0 与规划转型——一个两阶段模型的解释｜宏论》，《城市规划》2017（3）。

15. David, Joshua. *Reclaiming The High Line*. Design Trust for Public Space with Friends of the High Line, 2002. https://www.solaripedia.com/files/1048.pdf.

16. 同上。

17. 同上。

18. Demonchaux, Thomas. "How Everyone Jumped Aboard a Railroad to Nowhere." *The New York Times*, May 8, 2005. https://www.nytimes.com/2005/05/08/arts/design/how-everyone-jumped-aboard-a-railroad-to-nowhere.html.

19. Hammond, Richard. "High Line: The Inside Story of New York City's Park in the Sky." Harvard University Graduate School of Design, November 8, 2011. https://www.youtube.com/watch?v=3x4e1dALkhc.

20. 同上。

21. Smalley Bowen, Ted, and Adam Stepan. "Public-Private Partnerships for Green Space in NYC." Case Consortium @ Columbia University, May 2014. https://ccnmtl.columbia.edu/projects/caseconsortium/casestudies/128/casestudy/www/layout/case_id_128.html.

22. Plitt, Amy, Zoe Rosenberg, and Ameena Walker. "The High Line's Transformative Real Estate Boom, Mapped." *Curbed New York*, September 5, 2018. https://ny.curbed.com/maps/nyc-high-line-construction-map.

23. Quintana, Mariela. "Changing Grid: Exploring the Impact of the High Line." StreetEasy, August 8, 2016. https://streeteasy.com/blog/changing-grid-high-line/.

24. Hammond, Richard. "High Line: The Inside Story of New York City's Park in the Sky." Harvard University Graduate School of Design, November 8, 2011. https://www.youtube.com/watch?v=3x4e1dALkhc.

25. Quintana, Mariela. "Changing Grid: Exploring the Impact of the High Line." StreetEasy, August 8, 2016. https://streeteasy.com/blog/changing-grid-high-line/.

26. Department of City Planning. "West Chelsea Zoning Proposal - Approved!" New York City Department of City Planning, n.d. https://www1.nyc.gov/assets/planning/download/pdf/plans/west-chelsea/westchelsea.pdf.

27. City Planning Commission. "N 050161(A) ZRM." New York City Department of City Planning, May 25, 2005. https://www1.nyc.gov/assets/planning/download/pdf/about/cpc/050161a.pdf.

28. Reichl, Alexander J. "The High Line and the ideal of democratic public space." *Urban Geography* 37, no. 6 (2016): 904-925.

29. Navarro, Mireya. "In Chelsea, a Great Wealth Divide." *The New York Times*, October 3, 2015. https://

www.nytimes.com/2015/10/25/nyregion/in-chelsea-a-great-wealth-divide.html?_r=0.

30. DiNapoli, Thomas P. "Parkland Alienation." Office of the New York State Comptroller, 2014. https://www.osc.state.ny.us/files/local-government/audits/2017-11/lgsa-audit-swr-2015-Parkland-global.pdf.

31. 同上。

32. 罗雨翔，《纽约社区花园 vs 深圳城中村：社区组织和开发商之间的拉锯战》，《澎湃新闻》，2018 年 5 月 31 号，https://www.thepaper.cn/newsDetail_forward_2141923。

33. 同上。

34. Department of Parks and Recreation. "About the New York City Department of Parks & Recreation." New York City Department of Parks and Recreation, n.d. https://www.nycgovparks.org/about.

35. Campbell, Jon, Christopher Robbins, and Lylla Younes. "How Gramercy Park Became A Private Playground For NYC's Elite." *Gothamist*, June 27, 2018. https://gothamist.com/news/how-gramercy-park-became-a-private-playground-for-nycs-elite.

36. 同上。

37. Department of City Planning. "New York City's Privately Owned Public Spaces." New York City Department of City Planning, n.d. https://www1.nyc.gov/site/planning/plans/pops/pops-plaza-standards.page.

38. Robbins, Christopher, Lylla Younes, and Jon Campbell. "How Gramercy Park Became A Private Playground For NYC's Elite." *Gothamist*, June 28, 2018. https://gothamist.com/news/how-gramercy-park-became-a-private-playground-for-nycs-elite.

39. Campbell, Jon, Christopher Robbins, and Lylla Younes. "How Gramercy Park Became A Private Playground For NYC's Elite." *Gothamist*, June 27, 2018. https://gothamist.com/news/how-gramercy-park-became-a-private-playground-for-nycs-elite.

40. 罗雨翔，《疫论·空间｜纽约'封锁'：把车道开放给市民散步晒太阳》，《澎湃新闻》，2020 年 5 月 8 号，. https://www.thepaper.cn/newsDetail_forward_7289667。

41. DiNapoli, Thomas P. "The Restaurant Industry in New York City: Tracking the Recovery." Office of the New York State Comptroller, September 2020. https://www.osc.state.ny.us/files/reports/osdc/pdf/nyc-restaurant-industry-final.pdf.

42. Department of Transportation. "NYC Open Restaurants." New York City Department of Transportation, n.d. https://experience.arcgis.com/experience/ba953db7d541423a8e67ae1cf52bc698.

43. Demerjian, Dave. "Study Says Closing Roads Might Cut Congestion. Huh?" Wired, October 9, 2008. https://www.wired.com/2008/10/study-shows-tha.

44. Edelman, Chet. "New Study Finds That Road Closures Can Alleviate Congestion in Dense Urban Areas." State Smart Transportation Initiative, February 11, 2019. https://ssti.us/2019/02/11/new-study-finds-that-road-closures-can-alleviate-congestion-in-dense-urban-areas/.

45. Wells, Pete. "New York Loves Outdoor Dining. Here's How to Keep the Romance Alive." *The New York Times*, November 16, 2021. https://www.nytimes.com/2021/06/29/dining/outdoor-dining-nyc.html.

二 社区社会

1. Soniak, Matt. "Was Manhattan Really Bought for $24?" Mental Floss, October 2, 2012. https://www.mentalfloss.com/article/12657/was-manhattan-really-bought-24.

2. Britannica, T. Editors of Encyclopaedia. "Manhattan." *Encyclopedia Britannica*, November 23, 2018. https://www.britannica.com/place/Manhattan-New-York-City.

3. Wallenfeldt, J.. "Brooklyn." *Encyclopedia Britannica*, March 28, 2022. https://www.britannica.com/place/Brooklyn-borough-New-York-City.

4. Britannica, T. Editors of Encyclopaedia. "Queens." *Encyclopedia Britannica*, September 8, 2020. https://www.britannica.com/place/Queens-New-York.

5. Lask, Thomas. "The Queens That Gatsby Knew." *The New York Times*, October 3, 1971. https://www.nytimes.com/1971/10/03/archives/the-queens-that-gatsby-knew-west-egg-to-the-city-the-route-gatsby.html.

6. Mollenkopf, John, Joseph Pereira, and Steven Romalewski. "'Communities of Interest' in New York City." CUNY Center for Urban Research, February 2013. https://www.gc.cuny.edu/Page-Elements/Academics-Research-Centers-Initiatives/Centers-and-Institutes/Center-for-Urban-Research/CUR-research-initiatives/Communities-of-Interest-in-New-York-City.

7. Olson, Mancur. *Logic of collective action: Public goods and the theory of groups* (Harvard economic studies. v. 124). Harvard University Press, 1965.

8. Cusumano, Katherine. "How to Start a Neighborhood Association." *The New York Times*, June 6, 2020. https://www.nytimes.com/2020/06/06/smarter-living/how-to-start-a-neighborhood-association.html.

9. Forman, Seth. "Community Boards." Gotham Gazette, n.d. https://www.gothamgazette.com/lessons/boards.shtml.

10. Jacobs, Jane. *The death and life of great American cities.* Vintage, 1964.

11. 同上。

12. Forman, Seth. "Community Boards." Gotham Gazette, n.d. https://www.gothamgazette.com/lessons/boards.shtml.

13. Katz, Miranda. "Why Do NYC Community Boards Have So Little Power?" *Gothamist*, April 12, 2016. https://champ.gothamist.com/champ/gothamist/news/why-do-nyc-community-boards-have-so-little-power.

14. Holliday Smith, Rachel, and Ann Choi. "Does Your Community Board Reflect You and Your Neighbors? Find Out." The City, January 29, 2020. https://www.thecity.nyc/government/2020/1/29/21210566/does-your-community-board-reflect-you-and-your-neighbors-find-out.

15. Boustan, Leah Platt. "Was postwar suburbanization 'white flight' ? Evidence from the black migration." *The Quarterly Journal of Economics* 125, no. 1 (2010): 417-443.

16. Massey, Douglas, and Nancy A. Denton. *American apartheid: Segregation and the making of the underclass*. Harvard University Press, 1993.

17. Mohl, Raymond A. "Urban expressways and the racial restructuring of postwar American cities." *Jahrbuch für Wirtschaftsgeschichte/Economic History Yearbook* 42, no. 2 (2001): 89-104.

18. Logan, John R. and Harvey Molotch. *Urban fortunes: The political economy of place*. University of California Press, 2007.

19. Hoyt, Lorlene, and Devika Gopal‐Agge. "The business improvement district model: A balanced review of contemporary debates." *Geography Compass* 1, no. 4 (2007): 946-958.

20. Fogelson, Robert M. *Downtown: its rise and fall, 1880-1950*. Yale University Press, 2001.

21. Hoyt, Lorlene. "Importing ideas: The transnational transfer of urban revitalization policy." *Intl Journal of Public Administration* 29, no. 1-3 (2006): 221-243.

22. Department of Small Business Services. "FY20 NYC Business Improvement District Trends Report." NYC Department of Small Business Services, 2021. https://www1.nyc.gov/assets/sbs/downloads/pdf/neighborhoods/fy20-bid-trends-report.pdf.

23. Department of Small Business Services. "Does Your Community Board Reflect You and Your Neighbors? Find Out." Starting a BID, n.d. https://www1.nyc.gov/site/sbs/neighborhoods/starting-a-bid.page.

24. 央广网，《住建部：逐步打开封闭小区和单位大院》，新华网 2016 年 02 月 25 日，http://www.xinhuanet.com/politics/2016-02/25/c_128750030.htm。

25. Zipp, Samuel. *Manhattan projects: The rise and fall of urban renewal in cold war New York*. Oxford University Press, 2010.

26. Cooper, Lee. "Uprooted Thousands Starting Trek from Site for Stuyvesant Town." *The New York Times*, March 3, 1945. https://timesmachine.nytimes.com/timesmachine/1945/03/03/94018227.pdf?pdf_redirect=true&ip=0.

27. Zipp, Samuel. *Manhattan projects: The rise and fall of urban renewal in cold war New York*. Oxford University Press, 2010.

28. Speed, Elizabeth. "Stuyvesant Town: Evaluating the Beneficiaries and Victims of an Act of Urban Renewal for the Middle Class." Duke University, Trinity College, April 2018. https://dukespace.lib.duke.edu/dspace/bitstream/handle/10161/16772/Speed%20Stuyvesant%20Town%20Thesis.pdf?sequence=1&isAllowed=y.

29. Zipp, Samuel. *Manhattan projects: The rise and fall of urban renewal in cold war New York*. Oxford University Press, 2010.

30. Speed, Elizabeth. "Stuyvesant Town: Evaluating the Beneficiaries and Victims of an Act of Urban Renewal for the Middle Class." Duke University, Trinity College, April 2018. https://dukespace.lib.duke.edu/dspace/bitstream/handle/10161/16772/Speed%20Stuyvesant%20Town%20Thesis.pdf?sequence=1&isAllowed=y.

31. Bagli, Charles V. *Other People's Money: Inside the Housing Crisis and the Demise of the Greatest Real Estate Deal Ever Made*. Plume Books, 2014.

32. 同上。

33. 同上。

34. 同上。

三 交通出行

1. Rosenthal, Brian, Michael LaForgia, and Emma Fitzsimmons. "How Politics and Bad Decisions Starved New York's Subways." *The New York Times*, November 18, 2017. https://www.nytimes.com/2017/11/18/nyregion/new-york-subway-system-failure-delays.html.

2. Fitzsimmons, Emma G. "Key to Improving Subway Service in New York? Modern Signals." *The New York Times*, May 1, 2017. https://www.nytimes.com/2017/05/01/nyregion/new-york-subway-signals.html.

3. Tempey, Nathan. "Cuomo Denies Controlling the MTA despite Controlling the MTA." *Gothamist*, May 19, 2017. https://gothamist.com/news/cuomo-denies-controlling-the-mta-despite-controlling-the-mta.

4. Johnson, Corey. *Let's Go: A Case for Municipal Control and a Comprehensive Transportation Vision for the Five Boroughs*. New York City Council, March 5, 2019. http://council.nyc.gov/wp-content/uploads/2019/07/LetsGo_TransitReport_05.pdf.

5. Chung, Jen. "FAA Approves Cuomo's $2.1 Billion LaGuardia AirTrain Project." *Gothamist*, July 21, 2021. https://gothamist.com/news/faa-approves-cuomos-21-billion-laguardia-airtrain-project.

6. Barone, Richard, Alyssa Pichardo, and Jeffrey Zupan. "Upgrading to World Class: The Future of the Region's Airports Revisited." Regional Plan Association, June 2018. https://rpa.org/uploads/old-site/library.rpa.org/pdf/RPA-Upgrading-to-World-Class-Revisited.pdf.

7. Economic Development Research Group, Inc. "Failure To Act: Closing The Infrastructure Investment Gap For America's Economic Future." American Society of Civil Engineers, 2016. https://www.infrastructurereportcard.org/wp-content/uploads/2016/05/ASCE-Failure-to-Act-Report-for-Web-5.23.16.pdf.

8. McBride, James, and Anshu Siripurapu. "The State of U.S. Infrastructure." Council on Foreign Relations, November 8, 2021. https://www.cfr.org/backgrounder/state-us-infrastructure.

9. Dreyfus, Daniel A. "NEPA: the Original Intent of the Law." *Journal of Professional Issues in Engineering* 109, no. 4 (1983): 249-250.

10. Lindsey, Brink, and Samuel Hammond. "Reviving Innovation and Dynamism." Niskanen Center, 2020. https://www.niskanencenter.org/faster_fairer/reviving_innovation_and_dynamism.html.

11. Federal Aviation Administration. "LaGuardia Airport Access Improvement Project Environmental Impact Statement." Federal Aviation Administration, November 13, 2019. https://static1.squarespace.com/static/5c36586cee175949fd76ec7c/t/5dd309a6541f0838126e7397/1574111663754/Community_Leaders_Meeting__Alternatives_Screening_Presentation_Nov_13_2019.pdf.

12. Federal Aviation Administration. "Draft EIS Comment Responses." Federal Aviation Administration, March 2021. http://ricondoprojects.com/LGAAccess/final/Appendix%20S_DEIS%20Comment%20Responses.pdf.

13. Howard, Philip K. "Statement of Philip K. Howard: 'Modernizing NEPA for the 21st Century.'" U.S. House of Representatives House Committee on Natural Resources, November 29, 2017. https://republicans-naturalresources.house.gov/uploadedfiles/testimony_howard.pdf.

14. Klein, Ezra, and Jerusalem Demsas. "How Blue Cities Became So Outrageously Unaffordable." *The New York Times*, July 23, 2021. https://www.nytimes.com/2021/07/23/opinion/ezra-klein-podcast-jerusalem-demsas.html

15. Olson, Mancur. *Logic of collective action: Public goods and the theory of groups* (Harvard economic studies. v. 124). Harvard University Press, 1965.

16. Howard, Philip K. "Statement of Philip K. Howard: 'Modernizing NEPA for the 21st Century.'" U.S. House of Representatives House Committee on Natural Resources, November 29, 2017. https://republicans-naturalresources.house.gov/uploadedfiles/testimony_howard.pdf.

17. Summers, Lawrence, and Rachel Lipson. "A Lesson on Infrastructure from the Anderson Bridge Fiasco." The Boston Globe, May 25, 2016. https://www.bostonglobe.com/opinion/2016/05/25/lesson-infrastructure-from-anderson-bridge-fiasco/uKS6xQZxFBF0fZd2EuT06K/story.html.

18. Einstein, Katherine Levine, Maxwell Palmer, and David M. Glick. "Who participates in local government? Evidence from meeting minutes." *Perspectives on politics* 17, no. 1 (2019): 28-46.

19. Federal Highway Administration. "What Is Congestion Pricing?" U.S. Department of Transportation, n.d. https://ops.fhwa.dot.gov/congestionpricing/cp_what_is.htm.

20. Topham, Gwyn. "London Congestion Charge Expected to Rise by at Least 15%." *The Guardian*, January 6, 2014. https://www.theguardian.com/politics/2014/jan/06/london-congestion-charge-to-rise-fifteen-per-cent.

21. Smothers, Ronald. "Koch Considers Car Bans to Cut Burning of Fuel." *The New York Times*, July 17, 1979. https://www.nytimes.com/1979/07/17/archives/koch-considers-car-bans-to-cut-burning-of-fuel-need-for-cooperation.html.

22. Confessore, Nicholas. "Congestion Pricing Plan Dies in Albany." *The New York Times*, April 7, 2008. https://cityroom.blogs.nytimes.com/2008/04/07/congestion-pricing-plan-is-dead-assembly-speaker-says/.

23. Holliday Smith, Rachel. "How Does Congestion Pricing Work? What to Know About the Toll System Taking Manhattan." The City, September 15, 2021. https://www.thecity.nyc/2021/9/15/22674371/how-does-congestion-pricing-work-toll-system-in-manhattan.

24. Jones, Christopher, Kate Slevin, Rachel Weinberger, Jeff Zupan, Dave Zackin, Ellis Calvin, Lauren Tsuboyama, and Tom Wright. "Congestion Pricing in NYC." Regional Plan Association, September 2019. https://rpa.org/work/reports/congestion-pricing-in-nyc.

25. Gold, Michael. "Congestion Pricing Is Coming to New York. Everyone Has an Opinion." *The New York Times*, October 21, 2021. https://www.nytimes.com/2021/09/29/nyregion/nyc-congestion-pricing.html.

26. 同上。

27. 同上。

28. 同上。

29. Tuchman, Lindsay. "Queens Officials, Residents Express Strong Opposition to Congestion Pricing Proposal." NY1, January 21, 2018. https://www.ny1.com/nyc/all-boroughs/news/2018/01/21/queens-officials--residents-express-strong-opposition-to-congestion-pricing-proposal.

30. Kuntzman, Gersh. "Congestion Pricing Opponents Reveal They Are Completely Out of Ideas — And Easily Flustered, Too!" Streets Blog NYC, March 24, 2019. https://nyc.streetsblog.org/2019/03/24/congestion-pricing-opponents-reveal-they-are-completely-out-of-ideas-and-easily-flustered-too/.

31. Gottheimer, Josh. "Release: Gottheimer Announces Federal Legislation To Fight Back Against New York Congestion Tax And To Protect New Jersey Residents, Commuters." U.S. Congressman Josh Gottheimer, August 11, 2021. https://gottheimer.house.gov/news/documentsingle.

aspx?DocumentID=2639.

32. 同上。

33. Murphy, Jarret. "Debate Fact Check: Is Congestion Pricing Regressive?" City Limits, September 7, 2017. https://citylimits.org/2017/09/07/debate-fact-check-is-congestion-pricing-regressive/.

34. McDonough, Annie. "We Watched 18 Hours of Congestion Pricing Hearings so You Don't Have to." City and State, October 7, 2021. https://www.cityandstateny.com/policy/2021/10/we-watched-18-hours-worth-congestion-pricing-hearings-so-you-dont-have/185934/.

35. Jones, Christopher, Kate Slevin, Rachel Weinberger, Jeff Zupan, Dave Zackin, Ellis Calvin, Lauren Tsuboyama, and Tom Wright. "Congestion Pricing in NYC." Regional Plan Association, September 2019. https://rpa.org/work/reports/congestion-pricing-in-nyc.

36. 同上。

37. Ecola, Liisa, and Thomas Light. "Equity and Congestion Pricing." RAND Corporation, 2009. https://www.rand.org/content/dam/rand/pubs/technical_reports/2009/RAND_TR680.sum.pdf.

38. McDonough, Annie. "We Watched 18 Hours of Congestion Pricing Hearings so You Don't Have to." City and State, October 7, 2021. https://www.cityandstateny.com/policy/2021/10/we-watched-18-hours-worth-congestion-pricing-hearings-so-you-dont-have/185934/.

39. 同上。

40. Petropoulos, Georgios. "Courts Should Regulate Uber Not Ban It." *LSE Business Review*, 2016. http://blogs.lse.ac.uk/businessreview/2016/03/03/courts-should-regulate-uber-not-ban-it/.

41. Fitzsimmons, Emma G. "Key to Improving Subway Service in New York? Modern Signals." *The New York Times*, May 1, 2017. https://www.nytimes.com/2017/05/01/nyregion/new-york-subway-signals.html.

42. Hartmans, Avery. "Uber Says It Has Over 80% of the Ride-Hailing Market in the U.S.." *Business Insider*, 2016. http://www.businessinsider.com/uber-majority-ride-hailing-market-share-lyft-us-2016-8.

43. Manjoo, Farhard. "Uber Case Could Be a Watershed for Women in Tech." *The New York Times*, 2017. https://www.nytimes.com/2017/03/01/technology/uber-case-could-be-a-watershed-for-women-in-tech.html?_r=0.

44. Petropoulos, Georgios. "Courts Should Regulate Uber Not Ban It." *LSE Business Review*, 2016. http://blogs.lse.ac.uk/businessreview/2016/03/03/courts-should-regulate-uber-not-ban-it/.

45. Solomon, Brian. "Is Uber Trying to Kill Lyft with a Price War?" *Forbes*, 2016. https://www.forbes.com/sites/briansolomon/2016/01/25/is-uber-trying-to-kill-lyft-with-a-price-war/#c43a1fb65736.

46. Alesci, Cristina, and Kate Trafecante. "Uber Prices Surge on New Year's Eve." *CNN Business*, January 2, 2015. https://money.cnn.com/2015/01/02/technology/uber-surge-pricing/.

47. Fitts, Alexis Sobel, "Can Uber Keep Your Data Safe? It's Trying." *The Huffington Post*, 2015. http://www.huffingtonpost.com/entry/uber-data-security_us_55d230b7e4b07addcb43a7d8.

48. Huet, Ellen. "What Happens to Uber Drivers and Other Sharing Economy Workers Injured on the Job?" *Forbes*, 2015. https://www.forbes.com/sites/ellenhuet/2015/01/06/workers-compensation-uber-drivers-sharing-economy/#55fa5e6f42c7.

49. de Blasio, Bill. "For-Hire Vehicle Transportation Study." New York City Office of the Mayor, January 2016. https://www1.nyc.gov/assets/operations/downloads/pdf/For-Hire-Vehicle-Transportation-Study.pdf.

50. Dagenais, Travis. "Why City Blocks Work." *The Harvard Gazette*, January 9, 2017. https://news.harvard.edu/gazette/story/2017/01/why-city-blocks-work/.

51. 同上。

52. Department of Transportation. "Strategic Plan." New York City Department of Transportation, n.d. https://www.nycdotplan.nyc/public-realm.

53. Koolhaas, Rem. *Delirious New York*. The Monacelli Press, 1994.

54. Koeppel, Gerard. *City on a grid: how New York became New York*. Da Capo Press, 2015.

55. Museum of the City of New York. "Building the Grid: From Paper to Street, Block and Lot." The Greatest Grid, 2015. https://thegreatestgrid.mcny.org/greatest-grid/opening-streets.

56. Koeppel, Gerard. *City on a grid: how New York became New York*. Da Capo Press, 2015.

57. Dagenais, Travis. "Why City Blocks Work." *The Harvard Gazette*, January 9, 2017. https://news.harvard.edu/gazette/story/2017/01/why-city-blocks-work/.

58. Freudenberg, Robert, Ellis Calvin, Rachel Weinberger, and Carlos Mandeville. "Re-Envisioning the Right-of-Way." Regional Plan Association, October 2021. https://rpa.org/work/reports/re-envisioning-right-of-way#realizing-the-public-benefits-of-the-right-of-way.

59. Department of Transportation. "Sidewalks." New York City Department of Transportation, n.d. https://www1.nyc.gov/html/dot/html/infrastructure/sidewalkintro.shtml.

60. ---. "NYC Plaza Program." New York City Department of Transportation, n.d. https://www1.nyc.gov/html/dot/html/pedestrians/nyc-plaza-program.shtml.

61. Sadik-Khan, Janette. JANETTE SADIK-KHAN, n.d. http://www.jsadikkhan.com/.

62. Hartog, Hendrik. *Public Property and Private Power: The Corporation of the City of New York in American Law, 1730-1870*. Cornell University Press, 1983.

63. Bridges, William. *Map of the City of New York and Island of Manhattan: With Explanatory Remarks and References*. author, 1811.

64. 同上。

65. Hartog, Hendrik. *Public Property and Private Power: The Corporation of the City of New York in American Law, 1730-1870*. Cornell University Press, 1983.

66. 同上。

67. Koeppel, Gerard. *City on a grid: how New York became New York*. Da Capo Press, 2015.

68. Hartog, Hendrik. P*ublic Property and Private Power: The Corporation of the City of New York in American Law, 1730-1870*. Cornell University Press, 1983.

69. Adams, John. "From John Adams to Mercy Otis Warren, 16 April 1776." Founders Online, April 16, 1776. https://founders.archives.gov/documents/Adams/06-04-02-0044.

四 地产开发

1. Real Estate Board of New York. "THE INVISIBLE ENGINE: 2019 Economic Impact of New York City's Real Estate Industry." Real Estate Board of New York, January 2, 2020. https://www.rebny.

com/content/rebny/en/research/real_estate_policy_reports/2019_Economic_Impact_of_New_York_Citys_Real_Estate_Industry.html.

2. Been, Vicki. "Testimony of Vicki Been before the New York City Council's 2019 Charter Revision Commission." Charter 2019 NYC, March 21, 2019. https://www.charter2019.nyc/s/Meeting_Testimony_3_21_19.pdf.

3. Office of Planning & Community Development. "Seattle 2035 Comprehensive Plan." Seattle Office of Planning & Community Development, n.d. http://www.seattle.gov/opcd/ongoing-initiatives/seattle-2035-comprehensive-plan.

4. Division of Local Government Services. "Zoning and the Comprehensive Plan." New York State Department of State, 2015. https://dos.ny.gov/system/files/documents/2021/09/zoning-and-the-comprehensive-plan.pdf.

5. Barr, Jason. "Revisiting 1916 (Part I): The History of New York City's First Zoning Resolution." Building the Skyline, March 27, 2019. https://buildingtheskyline.org/revisiting-1916-i/.

6. Department of City Planning. "Zoning Resolution." New York City Department of City Planning, December 15, 2021. https://zr.planning.nyc.gov/.

7. West, John. "New York City Should Have a Comprehensive Plan." *Gotham Gazette*, 2019. https://www.gothamgazette.com/authors/130-opinion/8449-new-york-city-should-have-a-comprehensive-plan.

8. Murphy, Jarrett. "Hopes Grow (and Doubts Remain) That New York City Will Adopt Comprehensive Planning." City Limits, March 21, 2019. https://citylimits.org/2019/03/21/nyc-comprehensive-planning-charter/.

9. Reynoso, Antonio. "Council Member Antonio Reynoso Testimony on Behalf of the NYC Council Progressive Caucus." Charter 2019 NYC, March 21, 2019. https://www.charter2019.nyc/s/Meeting_Testimony_3_21_19.pdf.

10. Department of City Planning. "How Much Housing Is Built As-Of-Right?" New York City Department of City Planning, 2019. https://www1.nyc.gov/assets/planning/download/pdf/planning-level/housing-economy/how-much-housing-is-built%20as-of-right.pdf.

11. Lago, Marisa. "Statement by Marisa Lago, Chair of the NYC City Planning Commission and the Director of the NYC Department of City Planning to 2019 Charter Revision Commission." Charter 2019 NYC, March 21, 2019. https://www.charter2019.nyc/s/Meeting_Testimony_3_21_19.pdf.

12. Municipal Art Society. "Accidental Skyline." Municipal Art Society, October 14, 2017. https://www.mas.org/wp-content/uploads/2017/10/accidental-skyline-report-2017.pdf.

13. Department of City Planning. "Zoning Resolution." New York City Department of City Planning, December 15, 2021. https://zr.planning.nyc.gov/.

14. Division of Local Government Services. "Zoning and the Comprehensive Plan." New York State Department of State, 2015. https://dos.ny.gov/system/files/documents/2021/09/zoning-and-the-comprehensive-plan.pdf.

15. Adams, Rose. "Industry City Withdraws Rezoning Application." *Brooklyn Paper*, September 22, 2020. https://www.brooklynpaper.com/industry-city-withdraws-rezoning-application/.

16. Schill, Michael. "Removing Regulatory Barriers: One City's Experience." Furman Center, September 2005. https://furmancenter.org/research/publication/removing-regulatory-barriers-one-citys-experience.

17. Salama, Jerry, Michael Schill, and Martha Stark. "Reducing the Cost of New Housing Construction in

New York." Furman Center, 1999. https://furmancenter.org/files/publications/NYCHousingCost.pdf.

18. Department of City Planning. "The Geography of Jobs: NYC Metro Region Economic Snapshot." New York City Department of City Planning, July 2018. https://www1.nyc.gov/assets/planning/download/pdf/planning-level/housing-economy/nyc-geography-jobs-0718.pdf.

19. 同上。

20. Logan, John R. and Harvey Molotch. *Urban fortunes: The political economy of place*. University of California Press, 2007.

21. 罗雨翔,《纽约商业地产开发和城市更新中的博弈与经验》，新建筑 4, no. 197 (2021)。

22. Mangin, John. "The new exclusionary zoning." Stan. L. & Pol'y Rev. 25 (2014): 91.

23. Been, Vicki, Josiah Madar, and Simon McDonnell. "Urban Land‐Use Regulation: Are Homevoters Overtaking the Growth Machine?." *Journal of Empirical Legal Studies* 11, no. 2 (2014): 227-265.

24. 同上。

25. Kazis, Noah, Jay Cullen, Adam George, and Charles McNally. "Who Decides." NYU Furman Center, 2021. https://furmancenter.org/files/publications/302.6_Who_Decides_-_Final.pdf.

26. Stahl, Valerie E. "Local Participatory Institutions in Two New York City Neighborhood Rezonings."*Zoning: A Guide for 21st-Century Planning* (2019): 133.

27. Laremont, Anita. "Statement by Anita Laremont, Executive Direct, NYC Department of City Planning to 2019 Charter Revision Commission." Charter 2019 NYC, March 21, 2019. https://www.charter2019.nyc/s/Meeting_Testimony_3_21_19.pdf.

28. OECD. *The Governance of Land Use in Korea: Urban Regeneration*. Paris: OECD Publishing, 2019.

29. Tanaka, Makiko Takahashi. "First Attempt with Participatory Planning: Case of the Komae City Municipal Master Plan." *In Innovations in Collaborative Urban Regeneration*, pp. 111-131. Springer, Tokyo, 2009.

30. Department of City Planning. "A Survey of Transferable Development Rights Mechanisms in New York City." New York City Department of City Planning, February 26, 2015. https://www1.nyc.gov/assets/planning/download/pdf/plans-studies/transferable-development-rights/research.pdf.

31. 同上。

32. City Planning Commission. "Minutes of Meeting of the City Planning Commission, Held in Room 16, City Hall, Wednesday, May 1, 1968." New York City Department of City Planning, 1968. https://www1.nyc.gov/assets/planning/download/pdf/about/cpc/19680501.pdf.

33. Department of City Planning. "A Survey of Transferable Development Rights Mechanisms in New York City." New York City Department of City Planning, February 26, 2015. https://www1.nyc.gov/assets/planning/download/pdf/plans-studies/transferable-development-rights/research.pdf.

34. 同上。

35. 同上。

36. 同上。

37. 同上。

38. Municipal Art Society. "Accidental Skyline." *Municipal Art Society*, October 14, 2017. https://www.mas.

org/wp-content/uploads/2017/10/accidental-skyline-report-2017.pdf.

39. Been, Vicki. "Buying Sky: The Market for Transferable Development Rights in New York City." NYU Furman Center, October 2013. https://furmancenter.org/research/publication/buying-sky-the-market-for-transferable-development-rights-in-new-york-city.

40. Campion, Sean. "Think Your Rent Is High? Documenting New York City's Severest Rent Burdens." Citizens Budget Commission, October 11, 2018. https://cbcny.org/research/think-your-rent-high.

41. New York City Housing Authority. "NYCHA 2020 FACT SHEET." New York City Housing Authority, March 2020. https://www1.nyc.gov/assets/nycha/downloads/pdf/NYCHA-Fact-Sheet_2020_Final.pdf.

42. Department of Housing Preservation and Development. "Area Median Income." New York City Department of Housing Preservation and Development, n.d. https://www1.nyc.gov/site/hpd/services-and-information/area-median-income.page.

43. Department of Housing Preservation and Development. "Housing New York Units by Project." NYC Open Data, October 15, 2021. https://data.cityofnewyork.us/Housing-Development/Housing-New-York-Units-by-Project/hq68-rnsi.

44. Adams, Eric. "A Decade Later in Downtown Brooklyn." Brooklyn Borough President, 2016. http://web.archive.org/web/20211102223929/https://www.brooklyn-usa.org/wp-content/uploads/2016/02/Downtown-Brooklyn-2004-Rezoning_Final.pdf.

45. Department of Housing Preservation and Development. "2020 Awards for 9% Low Income Housing Tax Credits." New York City Department of Housing Preservation and Development, 2020. https://www1.nyc.gov/assets/hpd/downloads/pdfs/services/tax-credits-awarded-2020-funding-round.pdf.

46. Small, Andrew. "The Gentrification of Gotham." *Bloomberg CityLab*, April 28, 2017. https://www.bloomberg.com/news/articles/2017-04-28/nyc-comptroller-data-reveals-nyc-gentrification.

47. Brand, David. "NYC Council Approves de Blasio's Massive Gowanus Rezoning." City Limits, November 23, 2021. https://citylimits.org/2021/11/23/nyc-council-approves-de-blasios-massive-gowanus-rezoning.

48. Related. "Hudson Yards." Related, n.d. https://www.related.com/our-company/properties/hudson-yards.

49. Kimmelman, Michael. "Hudson Yards Is Manhattan's Biggest, Newest, Slickest Gated Community. Is This the Neighborhood New York Deserves?" *The New York Times*, March 14, 2019. https://nyti.ms/2Vfyxii.

50. Hudson Yards Development Corporation. "Rezoning." Hudson Yards Development Corporation, n.d. https://www.hydc.org/rezoning.

51. Plitt, Amy. "Hudson Yards Opening: Timeline of the Megaproject's Major Moments." *Curbed*, March 13, 2019. https://ny.curbed.com/2019/3/13/18252323/hudson-yards-new-york-construction-timeline.

52. Spitzer, Eliot. "MTA Seeks Proposals to Transform Rail Yards." Metropolitan Transportation Authority, July 13, 2007. http://web.mta.info/mta/news/releases/ny.html.

53. Penner, Larry. "The Missing Hudson Yards New York City Transit #7 Intermediate Subway Station Six Years Later." Mass Transit, September 28, 2021. https://www.masstransitmag.com/rail/infrastructure/blog/21239994/oped-the-missing-hudson-yards-new-york-city-transit-7-intermediate-subway-station-six-years-later.

54. Kiernan, Peter. "Report on the Financing of the Hudson Yards Infrastructure Project." New York City Bar, May 16, 2007. https://www.nycbar.org/pdf/report/NYC_265356_5.pdf.

55. German, Lourdes, and Allison Ehrich Bernstein. "土地价值捕获：为城市未来发展提供资金的工具". 北京大学-林肯研究院, September 2018. https://plc.pku.edu.cn/info/1142/1985.htm.

56. Cerciello, Amy F. "The Use of Pilot Financing to Develop Manhattan's Far West Side." *Fordham Urb. LJ* 32 (2004): 795.

57. Fisher, Bridget, and Flávia Leite. *The Cost of New York City's Hudson Yards Redevelopment Project*. Schwartz Center for Economic Policy Analysis (SCEPA), Department of Economics, the New School for Social Research, 2018.

58. Hudson Yards Development Corporation. "Hudson Park & Boulevard Phase I and II." Hudson Yards Development Corporation, n.d. https://www.hydc.org/hudson-park-boulevard-phase-i-and-ii.

59. Balderrama Morley, Jake. "Hudson Yards Park Set to Be the Priciest per Acre in New York's History." *The Architect's Newspaper*, September 10, 2018. https://www.archpaper.com/2018/09/hudson-yards-park-boulevard-expensive-mvva/.

60. Department of City Planning. "Discussion of Property Acquisition and Relocation." New York City Department of City Planning, n.d. https://www1.nyc.gov/assets/planning/download/pdf/plans/hudson-yards/acquisition_discussion.pdf.

61. Hudson Yards Infrastructure Corporation. "Second Indenture Revenue Bonds." Hudson Yards Infrastructure Corporation, 2017. https://www1.nyc.gov/assets/hyic/downloads/hyic-2017ab-os.pdf.

62. 同上。

63. Haag, Matthew, and Dana Rubinstein. "How the Pandemic Left the $25 Billion Hudson Yards Eerily Deserted." *The New York Times*, February 6, 2021. https://www.nytimes.com/2021/02/06/nyregion/hudson-yards-nyc.html.

64. McGeehan, Patrick, and Kirk Semple. "Rules Stretched as Green Cards Go to Investors." *The New York Times*, December 18, 2011. https://www.nytimes.com/2011/12/19/nyregion/new-york-developers-take-advantage-of-financing-for-visas-program.html?_r=3&.

65. Capps, Kriston. "The Hidden Horror of Hudson Yards Is How It Was Financed." *Bloomberg CityLab*, April 12, 2019. https://www.bloomberg.com/news/articles/2019-04-12/the-visa-program-that-helped-pay-for-hudson-yards.

66. Mayor's Office of Management and Budget. "The City of New York Executive Budget Fiscal Year 2023." New York City Mayor's Office of Management and Budget, 2022. https://www1.nyc.gov/assets/omb/downloads/pdf/sum4-22.pdf.

67. Fisher, Bridget, and Flávia Leite. *The Cost of New York City's Hudson Yards Redevelopment Project*. Schwartz Center for Economic Policy Analysis (SCEPA), Department of Economics, the New School for Social Research, 2018.

68. Economics Research Associates, and Cushman & Wakefield. *Hudson Yards Redevelopment Economic Overview and Demand Forecast*, 2003. https://www1.nyc.gov/assets/planning/download/pdf/plans/hudson-yards/cw-era-study.pdf.

69. Appleseed. "An Investment That's Paying Off: The Economic and Fiscal Impact of the Development of Hudson Yards," May 2016.

70. Baird-Remba, Rebecca. "Large Vacancies Loom in Midtown as Tenants Relocate to Downtown and

Far West Side." *Commercial Observer*, March 29, 2017. https://commercialobserver.com/2017/03/large-vacancies-loom-in-midtown-as-tenants-relocate-to-downtown-and-far-west-side/.

71. Fisher, Bridget, and Flávia Leite. *The Cost of New York City's Hudson Yards Redevelopment Project*. Schwartz Center for Economic Policy Analysis (SCEPA), Department of Economics, the New School for Social Research, 2018.

72. 同上。

73. 同上。

74. 同上。

75. Kimmelman, Michael. "Hudson Yards Is Manhattan's Biggest, Newest, Slickest Gated Community. Is This the Neighborhood New York Deserves?" *The New York Times*, March 14, 2019. https://nyti.ms/2Vfyxii.

76. Greenstone, Michael, Richard Hornbeck, and Enrico Moretti. "Identifying agglomeration spillovers: Evidence from winners and losers of large plant openings." *Journal of Political Economy* 118.3(2010): 536-598.

77. Lewis, Rebecca. "The New York City Council Didn't Mind Being Cut out before." City and State New York, November 15, 2018. https://www.cityandstateny.com/politics/2018/11/the-new-york-city-council-didnt-mind-being-cut-out-before/177923/.

78. Warekar, Tanay. "Queens Officials Come out against Amazon's HQ2 in Long Island City." *Curbed*, November 13, 2018. https://ny.curbed.com/2018/11/13/18090668/amazon-hq2-long-island-city-opposition-nyc.

79. Casselman, Ben. "A $2 Billion Question: Did New York and Virginia Overpay for Amazon?" *The New York Times*, November 13, 2018. https://www.nytimes.com/2018/11/13/business/economy/amazon-hq2-va-long-island-city-incentives.html.

80. Amazon Staff. "Update on Plans for New York City Headquarters." Amazon, February 14, 2019. https://www.aboutamazon.com/news/company-news/update-on-plans-for-new-york-city-headquarters.

81. Andrews, Jeff. "How Amazon Can Milk Even More Tax Breaks out of HQ2." *Curbed*, November 16, 2018. https://ny.curbed.com/2018/11/16/18095578/amazon-hq2-new-york-opportunity-zones-long-island-city.

82. Sisson, Patrick. "Amazon HQ2 Subsidies Are Deeply Unpopular, but Far from Uncommon." *Curbed*, November 14, 2018. https://archive.curbed.com/2018/11/14/18093046/amazon-hq2-corporate-subsidy-incentive.

83. 陆铭,《大国大城：当代中国的统一、发展与平衡》,上海：上海人民出版社 , 2016。

84. 同上。

五 政府运作

1. Grotto, Jason. "Methodology: How Bloomberg News Examined New York City's Valuation of Class 2 Residential Properties." *Bloomberg*, October 14, 2021. https://www.bloomberg.com/graphics/2021-new-york-property-tax-benefits-rich/methodology.html.

2. Grotto, Jason, Caleb Melby, Mira Rojanasakul, and Paul Murray. "How a $2 Million Condo in Brooklyn Ends Up With a $157 Tax Bill." *Bloomberg*, October 14, 2021. https://www.bloomberg.com/graphics/2021-new-york-property-tax-benefits-rich/?srnd=premium.

3. Department of Finance. "NYC Residential Property Taxes, Class One." New York City Department of Finance, n.d. https://www1.nyc.gov/assets/finance/downloads/pdf/brochures/class_1_guide.pdf.

4. Machiavelli, Nicolo. *The Prince*. Antonio Blado d'Asola, 1532.

5. 赵燕菁，《土地财政：历史、逻辑与抉择》，城市发展研究 21, no. 1 （2014）。

6. Zhao, Yanjing. "The Market Role of Local Governments in Urbanization." PhD diss., Cardiff University, 2009.

7. Brown, Wendy. *Undoing the demos: Neoliberalism's stealth revolution*. MIT Press, 2015.

8. Schwarz Jr, Frederick AO, and Eric Lane. "The policy and politics of Charter making: the story of New York City's 1989 Charter." NYL Sch. L. Rev. 42 (1998): 723.

9. 同上。

10. 同上。

11. Hartog, Hendrik. *Public Property and Private Power: The Corporation of the City of New York in American Law, 1730-1870*. Cornell University Press, 1983.

12. Frug, Gerald E. "The City as a Legal Concept." *Harvard Law Review* 93, no. 6 (1980): 1057–1154.

13. Hartog, Hendrik. *Public Property and Private Power: The Corporation of the City of New York in American Law, 1730-1870*. Cornell University Press, 1983.

14. 同上。

15. 同上。

16. Itzkowitz, Laura. "Vintage New York: The South Street Seaport." Untapped New York, November 28, 2011. https://untappedcities.com/2011/11/28/vintage-new-york-the-south-street-seaport/.

17. Landmarks Preservation Commission. "South Street Seaport Historic District Designation Report." City of New York, 1977. http://s-media.nyc.gov/agencies/lpc/lp/0948.pdf.

18. Hartog, Hendrik. *Public Property and Private Power: The Corporation of the City of New York in American Law, 1730-1870*. Cornell University Press, 1983.

19. Maitland, Frederic William. Township and Borough: Being the Ford Lectures Delivered in the University of Oxford in the October Term of 1897.

20. Hartog, Hendrik. *Public Property and Private Power: The Corporation of the City of New York in American Law, 1730-1870*. Cornell University Press, 1983.

21. Garner, Bryan A. *Black's Law Dictionary*, (Black's Law Dictionary [Standard Edition]. Vol. 1805. Thomson West: Toronto, ON, Canada, 2004.

22. Frug, Gerald E. "The City as a Legal Concept." *Harvard Law Review* 93, no. 6 (1980): 1057–1154.

23. Dillon, John Forrest. *Treatise on the Law of Municipal Corporations*. J. Cockcroft, 1872.

24. Frug, Gerald E. "The City as a Legal Concept." *Harvard Law Review* 93, no. 6 (1980): 1057–1154.

25. Hartog, Hendrik. *Public Property and Private Power: The Corporation of the City of New York in American*

Law, 1730-1870. Cornell University Press, 1983.

26. Frug, Gerald E. "The City as a Legal Concept." *Harvard Law Review* 93, no. 6 (1980): 1057–1154.
27. Frug, Gerald E. The city: Private or public. LSE Cities Working Papers: London, UK, 2017.
28. 同上。

* 所有地图由作者绘制，数据来源为纽约市政府公开数据（NYC Open Data）。

索引

#

1811 委员会规划　Commissioners' Plan of 1811　*231，233-235，239，248*

A

埃莉诺·奥斯特罗姆　Elinor Ostrom　*44*

艾芬豪剑桥集团　Ivanhoé Cambridge　*183*

艾莉森·希尔斯　Alison Hills　*80*

爱彼迎　Airbnb　*228*

安德鲁·科莫　Andrew Cuomo　*203*

B

BQE 改造联盟　Coalition for the BQE Transformation　*125，126，130，139*

白思豪　Bill de Blasio　*183，216，220，354*

贝德福德－史岱文森区　Bedford-Stuyvesant　*295*

贝莱德集团　BlackRock　*173*

彼得·库珀村　Peter Cooper Village　*165，168，173，178*

不当诱因　perverse incentive　*200*

布莱恩特公园　Bryant Park　*155，156*

布莱恩特公园集团　Bryant Park Corporation　*155*

布朗克斯区　The Bronx　*89，97*

布鲁克菲尔德资产管理公司　Brookfield Properties　*68*

布鲁克林区　Brooklyn　*13，42，44，49，88，89，96，97，124，291*

布鲁克林大桥公园　Brooklyn Bridge Park　*12–27，39，110，127，130，321，377，378，381*

布鲁克林大桥公园初步规划　Brooklyn Bridge Park Illustrative Master Plan　*17*

布鲁克林大桥公园管理委员会　Brooklyn Bridge Park Conservancy　*18*

布鲁克林大桥公园集团　Brooklyn Bridge Park Corporation　*17，19，21，39，377*

布鲁克林大桥公园开发集团　Brooklyn Bridge Park Development Corporation　*17*

布鲁克林大桥公园联盟　Brooklyn Bridge Park Coalition　*16*

布鲁克林高地　Brooklyn Heights　*16，110，111，126–132，139，148*

布鲁克林高地设计师展厅　Brooklyn Heights Designer Showhouse　*133*

布鲁克林高地协会　Brooklyn Heights Association　*126，133，138，139，381*

布鲁克林高地走廊　Brooklyn Heights Promenade　*126*

布鲁克林水岸开发集团　Downtown Brooklyn Waterfront Local Development Corporation　*17，23*

布鲁克林中心区　Downtown Brooklyn　*111，118，291，376*

布什维克　Bushwick　*103*

C

长岛　Long Island　*104，218*

长岛市　Long Island City　*104，111，118，314，315，317，318，321，323*

陈倩雯　Margaret Chin　*48*

成文法　statutory law　*257，258*

城市更新公司法　Redevelopment Companies Law　*172*

城市经理　City Manager　*356*

城市艺术协会　Municipal Art Society　*263*

出资率　commitment rate　*347，348，350，351*

从价税　ad valorem tax　*332*

D

搭便车　free riding　*135，137，151，153*

大都会交通署　Metropolitan Transportation Authority　*192，303，307，309，377–379*

大都会人寿保险公司　Metropolitan Life Insurance Company　*169，171-173，175，177，178*

大型建设预算　capital budget　*346*

代表性　representativeness　*62，139，358，361*

黛安娜·冯·弗斯滕伯格　Diane von Fürstenberg　*31*

德卡尔布大道　DeKalb Avenue　*196，292，293*

德兰西　DeLancey　*231*

低收入住宅收入所得税抵免　Low Income Housing Tax Credit　*294*

狄龙定理　Dillon's Rule　*373*

迪勒、斯科菲迪奥和伦弗洛事务所　Diller Scofidio + Renfro（DS+R）　*32*

地产估值　property assessment　*333*

地产税替代费　payment in lieu of taxes　*19*

地方政府开发集团　Local Development Corporation　*17*

地块　parcel　*4，19，21，35，37，65，72，75，152，171，231-233，243，263，274-278，280-285，291，292，295，300，306，307，319，377，379*

地块合并　zoning lot merger　*263，281，283*

地役权　easement　*29-32，37*

地租　ground lease　*19-22，26，27，377*

帝国商店　Empire Stores　*22*

东村　East Village　*144，287*

东哈林区　East Harlem　*295*

东河　East River　*13，15，110，127*

董事会　Board of Directors　*17，132，159，193，194，356，377-379*

独立产权公寓　condominium　*335*

多米诺公园　Domino Park　*12，71-77，375*

F

法人和政治团体　body corporate and politic　*367*

反拥堵费法　Anti-Congestion Tax Act　*216*

房（地）产税　property tax　*19，27，35，37，66，75-78，154，158-160，172，178，180，278，289，290，295，297，303，304，310，318，322，330-340，375*

非正式制度　informal institution　*44，268，269*

费曼中心　Furman Center　*267*

分权治理　decentralization　*147，148*

枫叶街社区花园　Maple Street Community Garden　*12，42–46，49，50*

弗莱森广场　Verizon Plaza　*70*

弗兰克·劳埃德·赖特　Frank Lloyd Wright　*230*

富豪街　Billionaires' Row　*281*

G

港口事务管理署　Port Authority　*16，203*

高桥区　High Bridge　*111，115*

高盛集团　Goldman Sachs　*68*

高线公园　High Line　*2–5，7，12，28–30，32–41，142，280，305，381*

高线开发权转移走廊　High Line Transfer Corridor　*37*

高线之友　Friends of the High Line　*31，32，35，39–41，142，381*

格拉梅西公园　Gramercy Park　*12，63–66，68，74–78*

格拉梅西公园街区协会　Gramercy Park Block Association　*65*

公地　Common Lands　*43，45，49，232，233，247，367*

公地悲剧　Tragedy of the Commons　*43–45，49*

公共法人团体　public corporation　*373，374*

公共品　public goods　*43，150，151*

公共设计委员会　Public Design Commission　*237*

公园大道　Park Avenue　*115，282，283，306*

公园坡　Park Slope　*102*

功能区　zoning district　*259*

共和主义　Republicanism　*239*

共建华埠　Assembly for Chinatown　*86*

共享福利　collective goods　*134–136*

古弗尼尔·莫里斯　Gouverneur Morris　*233*

股权投资　equity investment　*57，174，175，181，293，294*

广场政策　Plaza Program　*237，245，249*

规划委员会　City Planning Commission　157，170，265，266

郭瓦纳斯　Gowanus　111，112，296

国会　Congress　61，120，130，216，307，321

国家环境政策法　National Environmental Policy Act　206–208

国家征用权　power of eminent domain　171，172，182，306

H

哈德逊公园大道　Hudson Park and Boulevard　304

哈德逊广场　Hudson Yards　298–313，377，379，380

哈德逊广场基础设施公司　Hudson Yards Infrastructure Corporation　304，306，310，378

哈林区　Harlem　308

豪斯顿街　Houston Street　233

合作协议　Memorandum of Understanding　39，130，317

黑石集团　The Blackstone Group　183

亨德里克·哈托格　Hendrik Hartog　243，366

环境审批法　(state) environmental review law　321

环境影响报告　Environmental Impact Statement　206–209

皇后区　Queens　97，104–106，110，113，114，118，124，125，139，142，155，188，201，203，205，206，214，215，218，314，315，317，321，323，360，379

惠特尼美国艺术博物馆　Whitney Museum of American Art　35

J

既有合规开发　as-of-right development　261–265，268，269，272，281–283，285，306

监督制衡　check and balance　356

监管俘虏　regulatory capture　208

检察官　District Attorney　109

简·雅各布斯　Jane Jacobs　143

建设计划　capital plan　341，346

建筑规章　building code　321

街块　street block　64，152，165，168，171，172，263，281，296

街区邻里　neighborhood　*110*

街区协会　neighborhood association　*65，66，124–126，130–132，134，138–140，209，245，268，381，382*

杰克逊高地　Jackson Heights　*111，113，114*

杰拉德·弗鲁格　Gerald Frug　*378*

杰勒德·比克曼　Gerard Beekman　*368*

金融城　Financial District　*67，68，121，309*

进步主义　progressivism　*82，83，245*

经济型住房　affordable housing　*4，5，22，38，40，47，48，72，145，172，183，270，286–297，356，375，376*

经济主体　economic agent　*351*

剧场特区　Theater Subdistrict　*278–280*

郡　county　*1，109，216*

K

卡尔·马克思　Karl Marx　*81*

开放餐厅　Open Restaurants　*84–87，89，90，237*

开放街道　Open Streets　*79，81–84，86，87，89–91，161，249，381*

凯西·霍楚尔　Kathy Hochul　*209*

康奈尔大学科技校区　Cornell Tech　*111*

科技三角区　Tech Triangle　*317，318*

可以被转移的土地开发权　transferable development rights　*274*

克里斯托弗·马尔特　Christopher Marte　*48*

肯尼迪机场　JFK Airport　*201，203*

昆斯博罗桥　Queensboro Bridge　*104*

L

拉瓜迪亚机场　LaGuardia Airport　*201–205，207–209*

拉瓜迪亚机场快线　AirTrain LaGuardia　*201–204，207–209，218，382*

来福车　Lyft　*220，221*

莱克星顿大道　Lexington Avenue　*229*

劳伦斯·萨默斯　Lawrence Summers　*209*

雷姆·库哈斯　Rem Koolhaas　*230*

累进税　progressive tax　*150, 336*

累退税　regressive tax　*216, 217*

历史街区　Historic District　*110, 131, 266, 368*

立法部门　legislative branch　*45, 61, 120, 203, 257, 265, 272, 325, 336, 361*

联邦航空管理局　Federal Aviation Administration　*201*

联合广场联盟　Union Square Partnership　*160*

脸书　Facebook　*139, 223*

两棵树管理公司　Two Trees Management　*71–74*

邻里统计区　Neighborhood Tabulation Area　*113*

鲁迪·朱利安尼　Rudy Giuliani　*354*

伦佐·皮亚诺　Renzo Piano　*35*

罗伯特·哈蒙德　Robert Hammond　*31*

罗伯特·摩西　Robert Moses　*42, 169, 170*

罗斯福岛　Roosevelt Island　*110, 111*

罗斯福新政　New Deal　*170*

洛克菲勒中心　Rockefeller Center　*173*

M

马基雅维利　Machiavelli　*343*

玛丽萨·拉戈　Marisa Lago　*262*

迈克尔·彭博　Michael Bloomberg　*32, 211, 354*

麦迪逊大道　Madison Avenue　*229*

曼哈顿区　Manhattan　*96, 97, 141*

曼哈顿下城　Lower Manhattan　*6, 116, 121, 156, 317, 318*

曼瑟尔·奥尔森　Mancur Olson　*134*

煤气房区　Gas House District　*168*

美国独立战争　The American Revolution　*97, 239, 247*

美国土木工程师协会　American Society of Civil Engineers　*205*

木边街区　Woodside　*139*

目标就业区　Targeted Employment Area　*307–309*

N

南街港口区　South Street Seaport District　*368, 369*

纽瓦克机场　Newark Airport　*201*

纽约市地标保护委员会　NYC Landmark Preservation Commission　*276, 277, 279*

纽约市公园局　NYC Department of Parks and Recreation　*42, 49, 130, 372*

纽约市规划局　NYC Department of City Planning　*37, 71, 146, 258–260*

纽约市环境保护局　NYC Department of Environmental Protection　*145, 236*

纽约市活动管理办公室　NYC Mayor's Office of Citywide Event Coordination and Management　*237*

纽约市建设局　NYC Department of Design and Construction　*236*

纽约市建筑局　NYC Department of Buildings　*236, 237*

纽约市健康局　NYC Department of Health and Mental Hygiene　*237*

纽约市交通局　NYC Department of Transportation　*59, 79, 83, 84, 86, 89, 124–128, 130, 145, 203, 212, 236, 237, 239, 245, 342, 345, 346*

纽约市经济发展署　NYC Economic Development Corporation　*59, 315, 317, 377, 379*

纽约市老年局　NYC Department for the Aging　*145, 310*

纽约市市民委员会　Citizens Committee for New York City　*140*

纽约市市长管理与预算办公室（预算局）　NYC Mayor's Office of Management and Budget　*19, 144, 146, 341–348, 350–352*

纽约市卫生局　NYC Department of Sanitation　*236, 237*

纽约市文化局　NYC Department of Cultural Affairs　*237*

纽约市消防局　NYC Fire Department　*236, 237*

纽约市消费者保护局　NYC Department of Consumer and Worker Protection　*237*

纽约市小企业服务局　NYC Department of Small Business Services　*145, 157, 158*

纽约市学校建设局　NYC School Construction Authority　*145*

纽约市住宅开发局　NYC Department of Housing Preservation and Development　*47, 145, 293, 294, 342*

纽约市住宅开发署　NYC Housing Development Corporation　*293*

纽约市住宅局　New York City Housing Authority　*47, 145, 170, 171, 286, 287*

纽约中央铁路公司　New York Central Railroad　*28*

P

平等主义　egalitarianism　*239*

评估委员会　Commission of Appraisals and Estimates　*234*

评议委员会　Board of Estimate　*357*

普通城市法　General City Law　*257*

普通法　common law　*257–259*, *261*

Q

强制包容性住宅政策　Mandatory Inclusionary Housing　*293*

强制性权力　coercive power　*373*

乔尔·斯滕菲尔德　Joel Sternfeld　*31*

乔舒亚·大卫　Joshua David　*31*

乔希·戈特海默　Josh Gottheimer　*216*

切尔西区　Chelsea　*28*, *29*, *40*, *142*

区划　zoning　*38*, *259*, *261*, *262*, *264*, *265*, *269*, *270*, *276*, *281*, *283*, *291*, *295*, *297*, *300*, *306*, *319*

区划地块　zoning lot　*281*

区划法规　Zoning Resolution　*69*, *258*, *259*, *261*, *262*, *264*, *265*, *270*, *281*, *285*, *290*, *321*, *376*

区划提升　upzoning　*291*, *293*, *295–297*, *301*, *313*

区域管理协会　District Management Association　*159*, *239*

区域规划协会　Regional Plan Association　*201*, *218*

全面区划提升　comprehensive rezoning　*300*

全要素生产率　total factor productivity　*316*

R

人口普查区域　Census Tracts　*113*

日常支出预算　expense budget　*346*

日落公园　Sunset Park　*111*, *121–123*

容积率　floor area ratio　*37*, *38*, *71–73*, *75*, *259*, *261–264*, *275*, *281*, *284*, *291*, *293*, *295–297*, *306*, *307*, *319*, *375*, *379*

肉类加工区　Meatpacking District　*28*

软规则　soft institutions　*44*

S

塞缪尔·拉各斯　Samuel Ruggles　*64*

三一教堂　Trinity Church　*231*

上东区　Upper East Side　*111，115，232，243*

上空权　air rights　*274*

"设计倡导者"组织　Design Advocates　*86，89*

社区规划委员会　Community Planning Board　*143，144*

社区花园　community garden　*7，12，42–52，382，388*

社区片区　Community District　*120*

社区通道　Community Portal　*146*

社区委员会　Community Board　*16，31，119–123，141–149，157，158，161，209，265，266，268，319，373，382*

社区需求声明　Statement of Community District Needs　*144–146*

社区预算申请　Community Board Budget Request　*144，146*

圣巴多罗买教堂　St. Bartholomew's Church　*277*

时代广场　Times Square　*7，101，155，156，237–239，245，278，321，379*

时代广场联盟　Times Square Alliance　*239*

史岱文森镇　Stuyvesant Town　*165–168，172–183，298，380，381*

市场价住宅　market-rate housing　*178，288，293*

市议会　City Council　*48，54，62，119，120，144，147，157，195，205，220，265，266，269，270，319–322，325，336，339，357，361，374*

市议会选区　City Council District　*54，119–123*

市议员　Council member　*54，56–62，119，130，149，158，175，205，267，321*

市政公司　municipal corporation　*372–375，377*

收入所得税抵免　tax credit　*293*

首席执行官　Chief Executive Officer（CEO）　*54，356*

水晶城　Crystal City　*315*

税收增额融资制度　Tax Increment Financing　*303*

税务豁免权　tax exemption　*278*

税务减免　tax abatement　*318*

私有产权　private property　*40，78，152，165，277，338，367，371*

私有公共空间　Privately Owned Public Space（POPS）　*68-70，375*

斯塔滕岛　Staten Island　*97，106-109，142，155，214，358*

T

唐纳德·特朗普　Donald Trump　*116，351，354*

特区　Special District　*278-281*

特殊利益集团　special interest group　*323*

特许状　charter　*365-367*

铁狮门　Tishman Speyer Properties　*173-175，177-181，183*

通行权　righ-of-way　*29，30*

土地利用　land use　*21，257，321，325，361，375*

土地利用统一审批过程　Uniform Land Use Review Procedure　*264，269*

W

威廉斯堡　Williamsburg　*71，111，116，117*

委托-代理问题　Principal-Agent Problem　*193，195，198*

温迪·布朗　Wendy Brown　*352*

五点区　Five Points　*112*

X

西格拉姆大厦广场　Seagram Building Plaza　*68*

西切尔西特别规划区　Special West Chelsea District　*38，39*

希拉里·克林顿　Hillary Clinton　*175*

下东区　Lower East Side　*46，47，144，165，166，168，171，172，175，183，213，243，271*

现代艺术博物馆　Museum of Modern Art　*32*

宪章　charter　*54，108，143，144，234，354，356-359，362，364，383*

小彼得·瓦洛内　Peter Vallone Jr.　*205*

索引　411

"小集团"公共品　club goods　*151*

小意大利　Little Italy　*91，121*

"心目华埠"组织　Think! Chinatown　*86*

新自由主义　Neoliberalism　*352*

信托　trust　*65*

行政部门　executive branch　*61，62，325，362*

行政区　borough　*54，55，96–100，102，108–110，122–124，126，142，143，212，214–216，265，293，357，358，361，373*

行政区区长　Borough President　*157，158，265，349，357，361*

修宪工作组　Charter Revision Commission　*358–362*

需求建议书　Request for Proposals（RFP）　*26*

Y

亚历西斯·托克维尔　Alexis de Tocqueville　*373*

亚马逊　Amazon　*314–325，373，374，377，380*

洋基体育场　Yankee Stadium　*107*

伊丽莎白街花园　Elizabeth Street Garden　*12，46–50，382*

伊曼努尔·康德　Immanuel Kant　*80*

移民改革法案　Immigration Reform Act　*113*

溢出效应　spillover　*316，317，322*

英国国王乔治二世　King George II　*365*

优步　Uber　*220–228*

"游乐场咖啡店"组织　Playground Coffee Shop　*89*

预算收支平衡　balanced budget　*332*

约翰·福雷斯特·狄龙　John Forrest Dillon　*373*

约翰·斯图尔特·密尔　John Stuart Mill　*80*

约翰·亚当斯　John Adams　*247，248*

Z

扎哈·哈迪德　Zaha Hadid　*35*

詹姆斯·科纳场域运作事务所　James Corner Field Operations　*32, 71*

占领华尔街　Occupy Wall Street　*67, 68*

战略规划　Strategic Plan　*257*

珍妮特·萨迪克-卡恩　Janette Sadik-Khan　*239*

正式公园用地　mapped parkland　*44, 45, 49*

正式制度　formal institution　*44, 268, 269*

正统派犹太教徒　Orthodox Jews　*116*

政府和社会资本的合作　public-private partnership　*380*

指导委员会　Steering Committee　*157, 158*

制度失灵　institutional failure　*197*

中城　Midtown　*232, 256, 278, 302, 309, 338*

中城西区　Midtown West　*317, 318*

中国城　Chinatown　*85, 86, 111–114, 121, 123, 144, 156*

中国城联盟　Chinatown Partnership　*157*

中央车站　Grand Central　*154, 155*

中央车站联盟　Grand Central Partnership　*154*

自由集结　voluntary association　*15, 16, 372, 373*

自由意志主义　Libertarianism　*82, 83, 90*

自由主义　Liberalism　*373, 374*

自治市公园　Borough Park　*111, 116*

综合改善区　Business Improvement District　*41, 150, 151, 156, 236, 237, 239, 378*

总体规划　Comprehensive Plan　*255–260, 265, 272, 297*

总统　President　*61, 99, 191, 192, 207, 351, 354*

租户协会　Tenants Association　*175–177, 183, 381*

租金管制　rent control　*176, 178*

租金稳定　rent stabilization　*176*

组织成本　organizational cost　*137*

祖科蒂公园　Zuccotti Park　*12, 67–69, 73–77*

图书在版编目（CIP）数据

创造大都会：纽约空间与制度观察 / 罗雨翔著 .-- 上海：上海三联书店，2024.7
　　ISBN 978-7-5426-8492-9

Ⅰ.①创... Ⅱ.①罗... Ⅲ.①城市发展－研究－纽约 Ⅳ.① F299.712

中国国家版本馆 CIP 数据核字 (2024) 第 087960 号

创造大都会：纽约空间与制度观察
罗雨翔 著

责任编辑 / 宋寅悦　徐心童
策划编辑 / 张露柠
特约编辑 / 张露柠
装帧设计 / 何昳晨　李　易
内文制作 / 李　佳
责任校对 / 张大伟
责任印制 / 姚　军
出版发行 / 上海三联书店
　　　　　（200041）中国上海市静安区威海路 755 号 30 楼
邮　　箱 / sdxsanlian@sina.com
邮购电话 / 编辑部 :021-22895517
　　　　　　发行部 :021-22895559
印　　刷 / 天津裕同印刷有限公司
版　　次 / 2024 年 7 月第 1 版
印　　次 / 2024 年 7 月第 1 次印刷
开　　本 / 720mm × 1000mm 1/16
字　　数 / 475 千字
印　　张 / 26.25
书　　号 / ISBN 978-7-5426-8492-9/F·915
定　　价 / 138.00 元

如发现印装质量问题，影响阅读，请与印刷厂联系：010-84483866